Jolien Janzing

Die geheime Liebe der Charlotte Brontë

JOLIEN JANZING

Die geheime Liebe der Charlotte Brontë

Aus dem Niederländischen
von Wibke Kuhn

Langen*Müller*

Die Originalausgabe »De Meester« erschien 2013 bei De Arbeiderspers.

Flemish Literature Fund

Diese Übersetzung wurde von Flemish Literature Fund gefördert.
Wir bedanken uns herzlich.

MIX
Papier aus verantwortungsvollen Quellen
FSC® C014496
FSC www.fsc.org

Umschlaggestaltung: Wolfgang Heinzel
Umschlagmotiv: Trevillion Images
Karte von Brüssel: David Rumsey Map Collection, www.davidrumsey.com
Satz: EDV-Fotosatz Huber/Verlagsservice G. Pfeifer, Germering
Gesetzt aus: 11,75/14,75 pt Adobe Garamond
Druck und Binden: GGP Media GmbH, Pößneck
Printed in Germany
ISBN 978-3-7844-3387-5
Auch als e book

www.langen-mueller-verlag.de

Für Paul
Für Serge und Alessandra

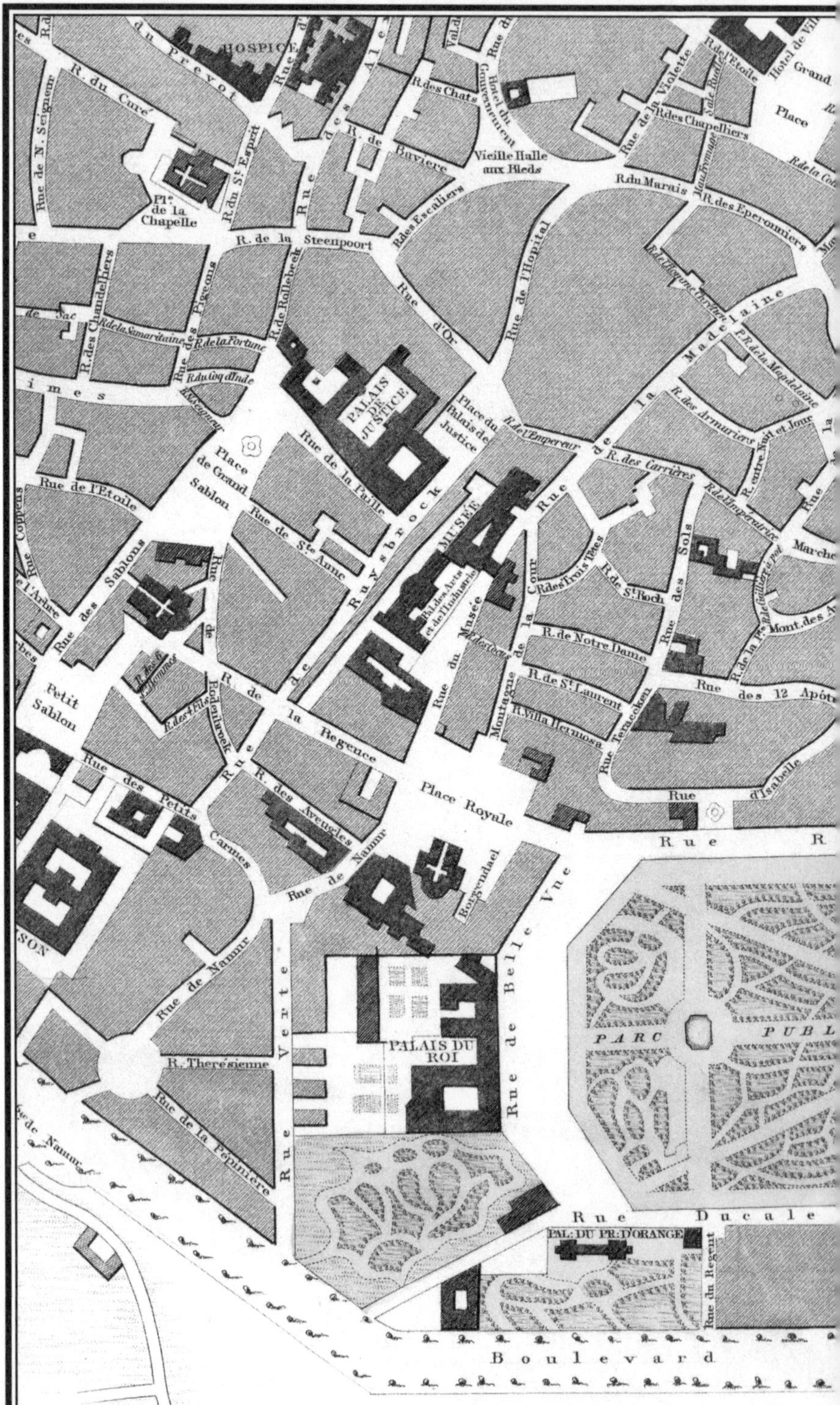
HOSPICE
du Prevot
R. du Curé
Rue de N. Seigneur
R. du St Esprit
Pl. de la Chapelle
R. de la Steenpoort
Rue des Alexiens
R. de Baviere
R. des Chats
Hotel du Gouvernement
Vieille Halle aux Bleds
R. des Escaliers
R. du Marais
Rue de la Violette
R. de l'Etoile
Hotel de Ville
Grand Place
R. des Chapelliers
Rue du Fromage
R. des Eperonniers
R. de la Colline
Rue de l'Hopital
Rue d'Or
R. de Rollebeek
Rue des Pigeons
R. des Chandelliers
R. de la Samaritaine
R. de la Fortune
R. du Coq d'Inde
R. de l'Homme Chretien
Rue de la Madelaine
P. R. de la Madelaine
PALAIS DE JUSTICE
Place du Palais de Justice
R. de l'Empereur
R. des Armuriers
R. entre Nuit et Jour
R. des Carrières
R. de l'Impératrice
Place de Grand Sablon
Rue de la Paille
Rue de Ruysbroeck
MUSÉE
Pal. des Arts et de l'Industrie
Rue de la Cour
R. des Trois Tetes
R. de St Roch
Rue des Sols
Marché
Mont. des Aveugles
Rue de l'Etoile
Rue Coppens
Rue des Sablons
Rue de St Anne
Rue de l'Arbre
R. de Notre Dame
R. de St Laurent
Rue des 12 Apôtres
Rue du Musée
Montagne de la Cour
R. Villa Hermosa
Rue Terarcken
Petit Sablon
R. des 6 Jeunes Hommes
R. des 4 Fils
Rue de Bodenbroek
Rue de la Regence
Place Royale
Rue d'Isabelle
Rue Royale
Rue des Petits Carmes
R. des Aveugles
Rue de Namur
Borgendael
Rue de Belle Vue
PARC PUBLIC
Rue Verte
PALAIS DU ROI
R. Therésienne
Rue de la Pepinière
Rue Ducale
PAL: DU PR: D'ORANGE
Rue du Regent
Boulevard

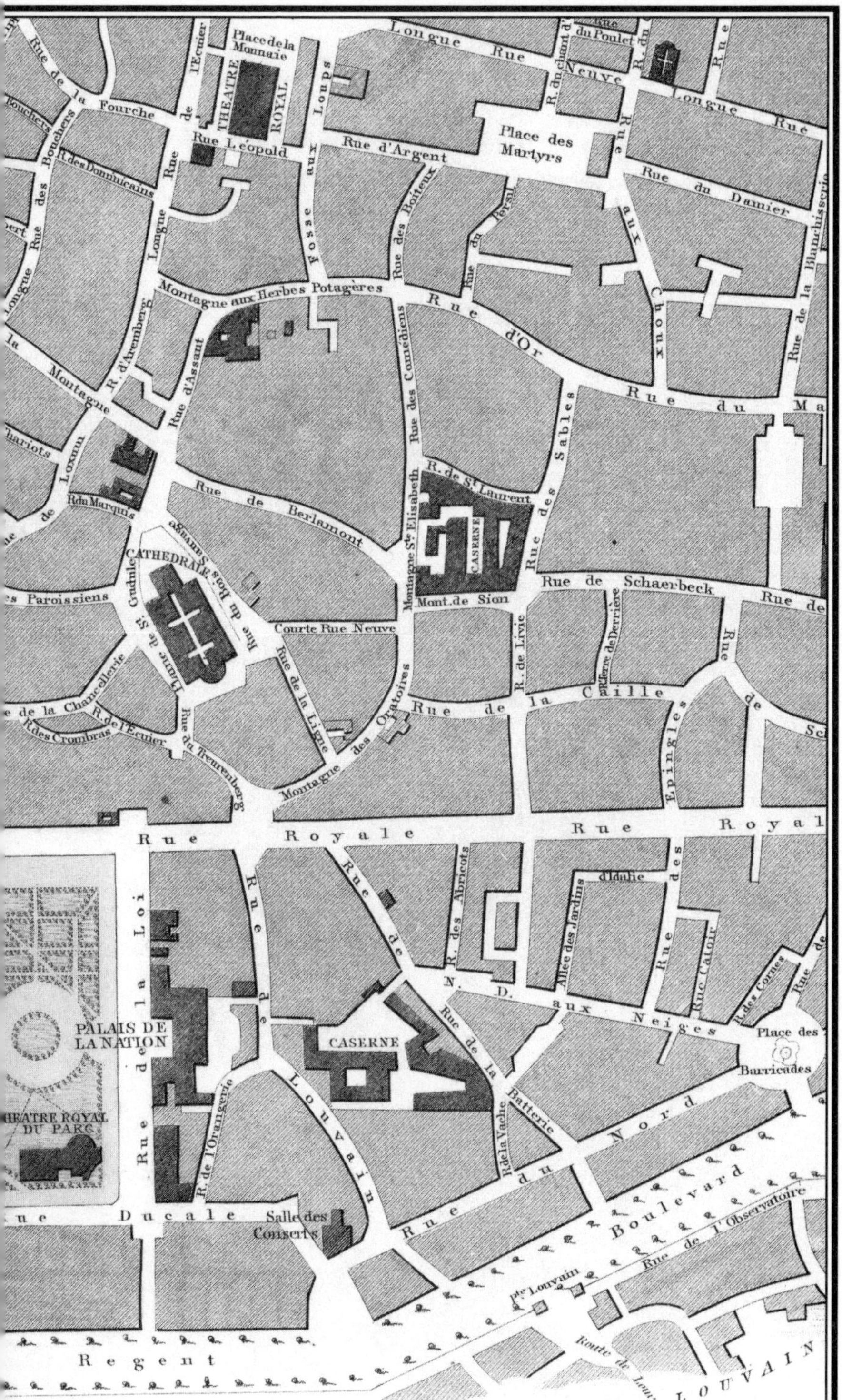

Place de la Monnaie
THEATRE ROYAL
Rue de la Fourche
Rue des Bouchers
R. des Dominicains
Rue Léopold
Rue de l'Ecuier
Rue Longue
Fosse aux Loups
Longue Rue Neuve
du Poulet
R. du chant d'
Rue d'Argent
Place des Martyrs
Rue du Damier
Rue de la Blanchisserie
Rue des Boiteux
Rue du Persil
Rue aux Choux
Montagne aux Herbes Potagères
Rue d'Or
R. d'Arenberg
Rue d'Assaut
Montagne
Rue des Comédiens
Rue des Sables
Rue du Ma
R. de St. Laurent
Montagne St. Elisabeth
CASERNE
Rue de Berlamont
Rdu Marquis
Rue de Loxum
CATHEDRALE
Rue du Bois Sauvage
Parvis de St. Gudule
es Paroissiens
Mont. de Sion
Rue de Schaerbeck
Courte Rue Neuve
R. de Livie
Rue de la Caille
Rue de la Ligne
Montagne des Oratoires
Rue des Epingles
Rue de Sc
de la Chancellerie
R. de l'Ecuier
R. des Crombras
Rue du Treurenberg
Rue Royale
Rue de la Loi
PALAIS DE LA NATION
THEATRE ROYAL DU PARC
Rue de Louvain
R. des Abricots
d'Idalie
Allée des Jardins
Rue des Jardins
N. D. aux Neiges
Rue Catoir
R. des Cornes
Place des Barricades
Rue de la Batterie
R. de la Vache
R. de l'Orangerie
Rue du Nord
Boulevard
Rue de l'Observatoire
Rue Ducale
Salle des Conserts
Pte. Louvain
Regent
Route de Louvain
FAUBOURG DE LOUVAIN

Erfahrung ist der Name,
den die Menschen ihren Irrtümern geben.
Oscar Wilde

PERSONEN

Charlotte Brontë: Tochter eines englischen Predigers, Schülerin, Gouvernante und begabte angehende Schriftstellerin
Emily Brontë: Charlottes Schwester, Schülerin, Genie, Dichterin und angehende Schriftstellerin

Haworth, England

Patrick Brontë: englischer Prediger, Witwer von Maria Branwell und Vater von Charlotte, Branwell, Emily und Anne
Branwell Brontë: Charlottes Bruder, Sorgenkind und einziger Sohn Patrick Brontës
Anne Brontë: Charlottes Schwester und jüngste Tochter von Patrick Brontë
Tante Elizabeth: Schwester der verstorbenen Maria Branwell, Schwägerin von Patrick Brontë
Tabby: das betagte Dienstmädchen des Pfarrhauses
Martha: das junge Dienstmädchen

Brüssel, Belgien

Monsieur Constantin Heger: Lehrer für französische Literatur am Athénée Royal und dem Pensionnat Heger
Madame Claire Heger: Direktorin des Pensionnats Heger und Ehefrau Constantin Hegers
Marie, Louise, Claire, Prospère und Julie Marie Heger: ihre Kinder
Louise de Bassompierre: Schülerin, eng befreundet mit Emily Brontë
Arcadie Claret: äußerst attraktive Tochter des Majors Charles Claret
Charles Claret: Major der Belgischen Armee und Schatzmeister des Kriegsministeriums von der Witwen- und Waisen-Kasse der Belgischen Armee
Henriette Claret: Mutter von Arcadie, Ehefrau von Major Charles Claret
Jos: Kutscher der Familie Claret

Schloss Koekelberg

Mary Taylor: englische Schülerin und teure Freundin von Charlotte Brontë
Martha Taylor: Marys jüngere Schwester

Vieux Marché

Emile: Arbeiter, der den Französischunterricht bei Constantin Heger besucht

Königspalast

Leopold I.: ab 1831 erster König Belgiens, Witwer der Prinzessin Charlotta Augusta von Wales und Ehemann von Louise-Marie von Belgien
Louise-Marie: Tochter des französischen Königs Louis Philippe und der Königin Marie Amélie von Bourbon und Neapel-Sizilien, erste Königin Belgiens und Ehefrau Leopolds I.
Jules van Praet: persönlicher Sekretär Leopolds I., des ersten Königs der Belgier

I

Die Glocken von Saint-Michael und Sainte-Gudula schlagen zwölf Uhr, man schreibt das zweiundvierzigste Jahr des neunzehnten Jahrhunderts. Eine Zeit, in der die Taftröcke der Damen rauschen, wenn sie die Treppe im Theater hinunterschreiten, in der die Straßen mit Gaslaternen beleuchtet werden, der Samen verheirateter Männer nicht auf den Boden fallen darf und arme Mädchen ihre langen Zöpfe verkaufen. Sie werden Zeuge einer Liebesgeschichte werden, einer verbotenen Romanze. Zu Bündeln geschnürte Briefe mit gelblichen Schleifen zeugen von dieser geheimen Liebe, dieser Leidenschaft, die nicht sein durfte, aber nicht einfach auszulöschen war. Die Geschichte spielt sich in einem derart kleinen und absurden Königreich ab, dass man es für ein reines Produkt der Fantasie halten könnte: Belgien. Der Name scheint wie aus einem Märchen entnommen, aber schon Caesar sprach über die »Belgae« und schrieb, dass sie die tapfersten aller Gallier seien. Dieses kleine Land, eine Laus im Pelz Europas, ist jedoch besonders fruchtbar, mit fetten Weiden und fetten Kühen und Gänsen so dick und wohlgenährt, dass man sie kaum heben kann. Während die meisten Bauern und Arbeiter kaum genug zu essen haben, um wirklich Fleisch auf ihre Knochen zu bringen, sind die Herren dick und stramm, und die Damen haben üppige Hüften und Brüste und rosige, runde Gesichter. Diese guten Menschen von Belgien verstehen sich untereinander nicht immer unbedingt, denn der König spricht gerne mal Deutsch, die Aristokratie und das Bürgertum spricht Französisch, das Volk im Süden des Landes plappert ein Patois des Französischen, und im Norden spricht man Flämisch – was wiederum eine saftige Variante des Niederländischen ist. So viel babylonisches Geschnatter bringt freilich Verwirrung und Uneinigkeit mit sich. Wenn Sie ein Exemplar der unterdrückten Klasse der flämischen Arbeiter treffen, achten Sie auf die starken, aber trotzig hochgezogenen Schultern. Der Kopf ist leicht nach vorne gereckt, in einer Haltung beständig argwöhnischen Lauschens, die Augenbrauen zu einem Blick voll stillen Aufruhrs gerunzelt. Belgien, das Land, in dem die Zwietracht regiert. Und obwohl es ein lächerlich kleines Land ist, hat es eine Hauptstadt, die schrecklich schnell wächst: Brüssel! Eine Stadt mit einem Herz aus weiten Plätzen und breiten Straßen, die sich lotrecht schneiden, von Palästen und vornehmen Häusern und einem herrlichen Park mit schattigen Alleen – ein würdiger Wohnort für die Reichen und das Bürgertum. Von den Rändern dieses Herzens schlängeln sich die Straßen des gemeinen Volkes nach außen, und hie und da stößt man auf die immer zahlreicher werdenden feuchten Mietskasernen der Plebs, wie Druckstellen an einer überreifen Frucht. Und durch die Wasserstraßen der Stadt, zwischen den Häusern sowohl der Adeligen als auch der Armen, fließt ein schmales Flüsschen, das modrig grün ist und abscheulich stinkt.

Aber bevor Sie mit der Heldin dieser Geschichte ins wuchernde Brüssel reisen – mit dem Dampfschiff über die Nordsee und mit der Postkutsche durchs flache Flandern –, gestatte ich Ihnen einen Blick auf ihre Zukunft an genanntem Ort.

Schauen Sie, wie die junge Lehrerin durch die Straßen von Brüssel streift. Der Tag war anstrengend heiß, und die Dunkelheit lässt noch auf sich warten. Sie will noch nicht ins Pensionat zurückgehen. Dröhnendes Glockengeläut reißt sie aus ihren Gedanken. Es ist die hypnotische Stimme der Kirche Saint-Micheal und Sainte-Gudula, die die Gläubigen zur Vesper ruft. Sie weiß nicht, was sie überkommt, aber sie läuft rasch in Richtung Kirche, durch die Rue de la Chancellerie und die lange Kalksteintreppe hinauf. Neben dem Portal steht ein Bettler und streckt die Hand aus, und sie gibt ihm eine Münze, nicht für sein Seelenheil, sondern für ihres.

Wie kühl es in der Kirche ist! Frauen mit Rosenkränzen zwischen den Fingerspitzen sitzen vereinzelt auf den Bänken. Sie würde sich am liebsten auf die Fliesen legen, aber sie setzt sich ans äußerste Ende einer Bank und wartet, bis das Abendgebet zu Ende ist. In einer verlassenen Ecke der Kirche wird die Beichte abgenommen. Die Beichte! Sie ist eine Sünderin und muss ihre Geschichte erzählen. Jemand muss sie anhören. Eine einfache Frau aus dem Volk nähert sich dem Beichtstuhl, sie ordnet sich das fettige Haar, indem sie es sich glatt an den Schädel streicht, und zupft ihre Schürze zurecht. Kann der Priester sie denn sehen? Ist die Beichte nicht anonym?

Sie kann es sich noch überlegen: Sie kann wieder auf die Straßen zurückgehen, auf denen sie niemand kennt. Doch sie bleibt lieber sitzen und wartet. Die Frau kommt mit der Andeutung eines Lächelns auf den Lippen wieder aus dem Beichtstuhl.

Sie steht auf, weiß kaum, was sie da tut. Diese Tradition ist ihr fremd – wie muss sie den Priester überhaupt ansprechen? Sie schlüpft in den Beichtstuhl, lässt den rotsamtenen Vorhang hinter sich herabfallen und wird beinahe überwältigt vom Geruch nach Weihrauch, Pfeifentabak und altem Schweiß. Es dringt gerade genug Licht ins Innere des Beichtstuhls, um vage das Gesicht hinter dem geflochtenen Gitter wahrnehmen zu können.

»*Mon père*«, sagt sie, und das Blut steigt ihr ins Gesicht. »Ich habe gesündigt.«

»Sind Sie Ausländerin?«, fragt der Priester streng, offenbar überrascht von ihrem Akzent.

Sie bejaht, und sie fügt hinzu, dass sie protestantisch erzogen ist. Er will wissen, ob sie immer noch Protestantin ist, und sie nickt, was er anscheinend nicht sieht, deswegen räuspert sie sich und flüstert: »*Oui, mon père.*« Als er erklärt, dass sie dann auch nicht beichten kann, steigen ihr die Tränen in die Augen. Wenn er sie jetzt fortschickt, ohne sie ihre Geschichte erzählen zu lassen, wird sie wahnsinnig. Das sagt sie ihm und fleht ihn an, sie anzuhören.

»*Ma fille*«, sagt der Priester sanft, und sie erstickt fast an ihren Tränen. »Beichten Sie und lassen Sie dies Ihren ersten Schritt in die wahre Kirche sein.«

Sie erzählt ihm alles, sie überschlägt sich fast dabei. Vom sicheren, aber doch einengenden Leben im Haus ihres Vaters, und wie sie ihm entkommen ist. Wie sie in Brüssel ihre Freiheit genießen wollte, sich jedoch in ein Pensionat einschließen ließ. Das Gesicht des Priesters kommt näher an das Gitter, sie fühlt seinen Atem auf ihrer Wange.

»Erzählen Sie mir, was Ihre Sünde ist.«

Und sie erzählt es ihm. Sie erzählt ihm alles.

DIE REISE

II

Lassen Sie Ihren Blick über England gleiten, bis Sie bei den windigen, baumlosen Hügeln von West Yorkshire sind. Dort, in der überbevölkerten Industriestadt Haworth, oben an der steilen, zugigen Hauptstraße und hinter der Kirche mit ihrem Schachbrett aus moosbewachsenen Grabsteinen, steht das Pfarrhaus, in dem eine junge Frau – fünfundzwanzig Lenze zählt sie – im Garten ihre weißen Unterröcke von der Wäscheleine abnimmt. Sie heißt Charlotte Brontë und ahnt noch nichts von dem Ruhm, der ihr einst zuteilwerden wird – oder von der Leidenschaft, die sie im fernen, zügellosen Brüssel erwartet.

Charlotte ist beschäftigt mit ihrer Wäsche, was uns Gelegenheit gibt, sie in aller Ruhe zu betrachten. Sie ist nicht schön, das wollen wir gleich vorwegnehmen: Sie ist nicht bildschön, reich und verwöhnt wie Blanche Ingram oder verführerisch wie Ginevra Fanshawe – Figuren aus ihren späteren Romanen. Kein wallendes goldenes Haar fällt ihr auf die Schultern, kein Rosenmund wartet darauf, geküsst zu werden. Aber wird die Bedeutung körperlicher Schönheit nicht schrecklich übertrieben? Setzen Sie sich zu mir ans Fenster des White Lion oder des Black Bull, zwei beliebten Pubs in Haworth, oder von mir aus in irgendein beliebiges Café in einer Metropole wie Paris, und schauen Sie sich mit mir die vorüberlaufenden Menschen an. Wie viele Schönheiten sind darunter? Wie viele Frauen mit ganz symmetrischen Zügen und einer Nase ohne die geringste Krümmung, wie viele klassische Athleten mit gesundem Haar und makelloser Haut? Stundenlang könnten wir dort sitzen, ohne einen einzigen zu sehen – und dann, ganz plötzlich, eine Perle. Die Schönheiten sind selten, und es wäre lächerlich, sich mit der Frage des schönen Aussehens zu quälen, wenn sie den meisten Menschen ja doch nicht gegeben ist.

Es mag also sein, dass sie nicht besonders schön ist, das Fräulein Brontë, aber sie ist ganz bestimmt auch nicht unattraktiv. Ihr dickes, weiches Haar (kaninchenbraun, mit einem Hauch Fuchsrot darin) mit dem strengen Mittelscheitel, zwei Flechten über jedem Ohr, zu tiefsitzenden Schnecken aufgerollt, die mit dem Rest ihrer Locken am Hinterkopf aufgesteckt sind. Ihr Gesicht ist eine fast jungfräuliche Leinwand, der nur die lebhaften, dunklen Augen und der gefühlvolle Mund Farbe verleihen. Es liegt ein gewisser Charme in diesen Gesichtszügen, und sie hat eine sehr weibliche Art, sich zu bewegen. Sie nimmt die hölzernen Wäscheklammern von der Leine und beugt sich geschmeidig, um den Unterrock in den Korb zu legen. Sie streckt sich nach dem zweiten Rock und entblößt dabei ihre Fußknöchel – in der Eile hat sie ganz vergessen, Strümpfe anzuziehen, sie trägt nur hölzerne Gartenpantoffeln –, und ihre Knöchel sind zierlich und hübsch. Was für eine zarte Frau – auch die Gelenke ihrer weißen Hände sind kaum breiter als die eines Kindes. Obwohl es gerade Februar ist, liegt schon ein Hauch von Frühling in der Luft, und Charlotte wendet ihr Gesicht einen Moment der Sonne zu.

»Emily!«, ruft sie in Richtung der offen stehenden Küchentür. »Komm mal raus.«

Ihre Schwester kommt jedoch nicht, und Charlotte verabschiedet sich allein von den Gänsen, und als Keeper, Emilys Hund, seinen Kopf an ihren Bauch schmiegt und leise brummt, krault sie ihm den Nacken und zieht dort sanft an einer Hautfalte. Hat sie wohl noch Zeit, ein wenig auf der Heide spazieren zu gehen? Die Melancholie, die sie erfüllt, weil sie morgen ihr Zuhause verlassen wird, wird durch ihre nach dem Aufbruch drängende Ungeduld gemildert. Sie wird keine Zeit mehr haben, das weiß sie, und sie setzt den Korb ab und läuft zum Hof vor dem Haus: eine Wiese mit ein paar wilden Brombeersträuchern an der Mauer, ein Fliederbusch und vereinzelte Tannen.

Eine Lücke zwischen den Tannen gibt den Blick frei auf die Kirche von St. Michael and All Angels, das hat sie nie anders gekannt: Das ist die Kirche, in der ihr Vater predigt, und in ihrer Kindheit dachte sie, dass der Turm der höchste in ganz England wäre. Nachdem sie den Dom von York gesehen hat, ist der Kirchturm in ihrer Achtung gesunken, und seine braune Farbe erinnert sie überdies an einen faulen Zahn. Zwischen der Kirche und der Gartenmauer liegt ein Ausläufer des Friedhofs, hie und da steht ein Grabstein aufrecht, doch die meisten liegen flach auf dem Boden, als ob die Lebenden verhindern wollten, dass die Toten aus dem Grab kriechen. Charlottes Mutter und ihre älteren Schwestern Maria und Elizabeth liegen in einem Grabgewölbe nahe dem Altar der Kirche. Ihre Mutter war achtunddreißig, als sie starb – gar nicht mal so jung, wenn man sich vor Augen hält, dass die meisten Bewohner von Haworth noch viel früher abtreten müssen. Maria und Elizabeth waren gerade mal elf und zehn Jahre alt, als der Typhus sie dahinraffte.

Charlotte öffnet das Gartentor, und in dem Blick, den sie über die Landschaft schweifen lässt, liegt eine gewisse Zuneigung, obwohl sie es nicht erwarten kann, möglichst viel Abstand zwischen sich und das Städtchen zu legen. Sie wird nicht zurückkommen – wenn es nach ihr geht, wird sie niemals zurückkommen.

»Ich hoffe ja, dass das milde Wetter anhält.«

Sie dreht sich um. Da kommt ihr Vater, ein Prediger der Church of England, in der Hand Bibel und Gebetbuch für den Abendgottesdienst. Trotz seiner vierundsechzig Jahre ist er noch immer ein beeindruckender Mann: hochgewachsen und gut aussehend, das widerspenstige rote Haar mittlerweile aber fast ganz silberweiß. Er macht noch immer dieselben Riesenschritte, aber in letzter Zeit hat sich die Andeutung eines Zögerns in seine Bewegungen eingeschlichen. Das nordische Blau seiner Augen wird zunehmend vom Star getrübt.

»Na, nimmst du Abschied, meine Tochter?«

Als sie die ruhige, tiefe Stimme hört, wallt die Rührung in ihr auf, und sie kann nicht antworten. Er legt ihr die Hand auf die Schulter und scheint sich kurz auf sie zu stützen, obwohl sie so klein und zerbrechlich ist.

»Das ist ein schlechter Moment für mich, meine Gemeinde zu verlassen«, sagt er. Es gibt Murren über die Kirchensteuer, die für viele Menschen zu hoch ist. Sie fühlt, dass sie etwas über die Armen in Haworth sagen sollte – wie schrecklich sie es findet, dass die Menschen so viel erdulden müssen. Aber ihr fehlt der Mut. Sie hat in den letzten Wochen viel Zeit und Energie in die Spendensammlung gesteckt, und anschließend in die Verteilung von Kleidung, Decken und fünfzig Paar Schuhen, hundert Säcken Haferflocken und zweihundert Ladungen Kohle. Sie hat so viele graue Gesichter gesehen, so viele magere, zitternde Hände, und dann das Husten, Räuspern und Niesen in all diesen dunklen Höhlen! Sie schämt sich für das Unbehagen, das sie im Umgang mit den Armen verspürt, und für den Groll, den sie gegen die Mütter hegt, die trotz ihrer Bedürftigkeit jedes Jahr wieder ein Kind bekommen. Ein Kind, das wiederum aufwachsen wird, um später schlecht bezahlte Arbeitskraft in einer der Textilfabriken am Fluss zu werden, lange Tage an einem Webstuhl zu sitzen oder in einer muffigen Dachkammer Wolle zu kämmen. Sie wünschte, sie könnte mehr Mitgefühl aufbringen, aber sie kann sich nicht verleugnen. Bei einem Besuch am Sterbebett eines Familienvaters – sie brachte der Familie Steinkohle, Brot und Gänseeier aus dem Pfarrhaus – fühlte sie, wie auf einmal die schmutzig klamme Hand eines Kindes in ihre glitt. Die Kleine trug ein schmuddeliges Nachthemd, und aus der Nase lief ihr der grüne Rotz, und Charlotte zog aus schierem Ekel ihre Hand jäh zurück.

Krankheit ist allgegenwärtig in Haworth. Die Behausungen der Arbeiter sind überbelegt, oft wohnen mehrere Familien in einer Hütte. An der Straße stehen die hölzernen Toiletten, die sich mehrere Haushalte teilen, und der Inhalt läuft in einem offenen Abwasserkanal den Hügel hinunter. Ihre Freundin Ellen hat einmal bemerkt, dass die Luft in Haworth doch sehr gesund sein muss, denn die Stadt liegt hoch auf den Hügeln des Penninengebirges, aber es ist ein nasskalter, windiger Ort, an dem es oft regnet und schneit.

Obwohl Charlotte Nordengland noch nie verlassen hat und abgesehen von ein paar Jahren im Internat ihr ganzes Leben in Haworth verbrachte, ist sie in ihrer Fantasie fast täglich geflohen. Wenn sie am Tisch vorm Kamin sitzt und zum Stift greift, stellen Entfernung und Geldmangel kein Hindernis mehr dar, und sie kann reisen, wohin sie möchte. Dann kommen die Bilder von mediterranen Küsten mit Olivenhainen, Palmen und vanilleduftenden Blumen. Oder sie irrt durch die Alleen und Gassen, zwischen den hohen Kirchen und Herrenhäusern von Städten wie London und Paris.

»Morgen Abend sind wir schon in London, Papa«, sagt sie, lauter als beabsichtigt, und sie wendet ihren Blick resolut von der braunen Kirche und den Gräbern ab, läuft an ihrem Vater vorbei und geht durch die Küchentür hinein.

Es kann noch lange nicht Morgen sein, aber Charlotte bekommt kein Auge mehr zu. Ihr Bett ist zu warm, sie richtet sich vorsichtig auf und schlägt die Decke zurück. Emilys Atemzüge machen leicht pfeifende Geräusche, wie der Wind, der durch das zerbrochene kleine Fenster des Kirchturms zieht. Es war eine schlechte Idee, wieder das Bett mit ihr zu teilen. Es hat etwas Altjüngferliches, wenn sie wieder so mit ihrer Schwester im Bett liegt. Ein Mann sollte neben ihr liegen, ein Ehemann.

Ihr steckt Unruhe in den Beinen, sie will aufstehen, aber der Dielenboden knarrt oft so schrecklich laut, und dann weckt sie Emily. Sie legt sich auf den Rücken und denkt, dass sie schon einen Mann will, aber ohne Kinder. Ohne den säuerlichen Milchgeruch, die Masern und Krupp und das ständige nervende Geschrei in der Nacht. Sie hat genug taufrische Mädchen gesehen, die sich im ersten Jahr ihrer Ehe in nervöse Hausmütterchen verwandelten, das baumwollene Kopftuch nachlässig um den Kopf geschlungen und ein quengelndes Baby auf dem Arm. Aber es gibt keinen Weg, Mutterschaft und Haushalt zu entkommen, wenn man sich mit einem Mann zusammentut.

Charlotte fährt mit den Fingerspitzen über die Verzierung der Decke und zieht zwei Bommeln so fest auseinander, dass ein Riss in der Wolle entsteht. Sie muss schlafen, denn morgen erwartet sie die erste Etappe ihrer Reise. Ihr Vater wird Emily und sie begleiten, erst nach London und drei Tage später dann mit dem Passagierschiff nach Ostende. Er will sichergehen, dass sie gut zurechtkommen, obwohl es eigentlich keinen Grund zur Besorgnis gibt, denn ihre Freundin Mary und deren Bruder John begleiten sie, und die haben diese Reise schon mehrmals gemacht.

Im ersten Morgengrauen sieht sie ihre Reisekleider am Kleiderschrank hängen. Ist die einfache Kleidung aus Yorkshire wohl für eine mondäne Stadt wie Brüssel geeignet? Emily weigert sich, ihre altmodischen Kleider mit den riesigen Puffärmeln zu Hause zu lassen, sie gibt kein Jota auf ihr Äußeres, weil sie nicht erkennt, dass sie beide im ersten Moment eben sehr wohl danach beurteilt werden. Und überhaupt, es gibt noch mehr Gründe, warum sie in Brüssel wohl ab und zu Schwierigkeiten haben werden. Das Bürgertum spricht dort Französisch, eine Sprache, die sie ganz anständig schreiben kann, aber sie hat bis jetzt nur mit Lehrerinnen gesprochen, die noch nie einen Fuß aufs europäische Festland gesetzt haben. Emily kann ein wenig Französisch lesen, aber keine Unterhaltung führen. Dazu kommt, dass Belgien ein katholisches Land ist, in dem andere Sitten und Gebräuche herrschen.

Auf einmal beginnt Emily zu husten. Sie richtet sich auf, hebt einen Arm vor den Mund und hustet in den Ärmel.

»Geht es?« Charlotte legt alle Kopfkissen aufeinander, sodass ihre Schwester etwas aufrechter liegen kann.

»Em – meinst du, es ist eine gute Idee, dass wir nach Brüssel ziehen? Ich bin mir plötzlich gar nicht mehr so sicher.«

Es bleibt eine ganze Weile still, dann sagt Emily: »Willst du vielleicht wieder Gouvernante werden?«

Sie versteht sich darauf, den Finger in offene Wunden zu legen.

»Willst du wieder Sklavenarbeit verrichten und von einer Mrs White herumkommandiert werden?«

Charlotte sieht die Umrisse des Körpers ihrer Schwester: ihre angezogenen, langen, mageren Beine und ihr Profil wie ein Schiff auf Kurs – die Nase das geblähte Segel, das Kinn der trotzige Bug.

»Nein, nein, das weißt du doch. Und was wird mit Papa?«

»Der wird mich vermissen.« Emily räuspert sich. »Er ist es gewohnt, dass ich für ihn sorge, aber er hat ja auch noch Tante Elizabeth und Martha. Und in sechs Monaten sind wir doch wieder zurück, oder? Das hast du versprochen. Länger dürfen wir nicht wegbleiben.«

»Du kommst auf jeden Fall nach Hause«, sagte Charlotte. »Vielleicht bleibe ich noch etwas länger in Brüssel, aber das weiß ich noch nicht sicher.« Sie stößt einen Seufzer aus. »Bin ich verrückt?«

»Nein, verrückt bist du nicht.« Gereizt wirft Emily eins von den Kopfkissen über das Fußende des Bettes. »Dein Plan wird schon aufgehen. Wir lernen Französisch und Deutsch, und ich werde mein Klavierspiel aufpolieren. Mit diesen Kenntnissen können wir dann gleich selbst eine Schule aufmachen. Anne kann den Mädchen das Sticken beibringen. Dann müssen wir nie wieder weggehen.«

Charlotte hört ihre eigenen Argumente. Seltsam, wie ihre Schwester sie in fast denselben Formulierungen widergibt, als wollte sie versuchen, sich selbst zu überzeugen.

»Vielleicht kann Branwell ja auch etwas tun«, schlägt sie vor.

»Branwell ist ein Faulpelz«, sagt Emily barsch. »Ich wüsste nicht, wozu der gut sein sollte.«

»Ich vermisse ihn.«

»Was vermisst du? Seinen Alkoholdunst?«

Emily legt sich auf den Bauch und dreht den Kopf auf die andere Seite.

III

Charlotte trinkt ihren Kaffee und genießt die wachsende Aufregung. Es ist so weit: Sie reist ab.

Es klopft an der Esszimmertür, und der Hilfsprediger ihres Vaters tritt ein. Er zittert und reibt sich die Hände, denn draußen ist es noch nächtlich kalt.

»Na, Mr Weightman«, sagt Charlotte. »Haben Sie es so früh aus dem Bett geschafft?«

Es gefällt ihr, den jungen Prediger zu quälen. Er hat etwas von einem jungen Hund, der um einen herumspringt, weil er so gerne spielen will. Mit einem Gesicht, das der Schöpfer schön modelliert hat, mit seinem munteren Augenaufschlag und den langen, flinken Beinen ist er ein hübscher Mann. Da sind sich die Frauen in Haworth einig. William Weightman ist sich seiner Schönheit durchaus bewusst, wie ein Kind, das davon ausgeht, dass es süß und perfekt ist – doch er hat dabei überhaupt nichts Anmaßendes. Charlotte selbst ist immun gegen seinen Charme, er ist für ihren Geschmack zu weiblich. Aber sie weiß, dass Anne eine Schwäche für ihn hat.

»Davy vom Black Bull ist da.« Martha wischt sich die Hände an der Schürze ab und beginnt, geräuschvoll die Teller aufeinanderzustapeln. In ihren blassblauen Augen stehen die Tränen.

Tante Elizabeth hilft Emily in den Mantel und bindet die Bänder von Charlottes Haube. Rasch legt sie sich einen Schal um die Schultern und folgt ihnen dann nach draußen.

»Zeit zum Aufbruch!«, sagte Patrick Brontë mit bestimmtem Ton. Er fasst seine Schwägerin beim Ellenbogen und küsst sie auf die Wange.

»In ein, zwei Wochen bin ich wieder zu Hause.«

Elizabeth streichelt ihm die Hand und streckt dann die Arme nach ihren Nichten aus. Charlotte gibt ihr einen liebevollen Kuss, doch die Umarmung von Emily ist hölzern und geistesabwesend. Seit über zwanzig Jahren kümmert sich Elizabeth um den Nachwuchs ihrer Schwester Maria, und sie kennt die Kinder durch und durch. Anne, die Jüngste, ist ihr Liebling, ein Engel von einem Mädchen, und Branwell, der einzige Sohn, sucht auch immer noch ihre Gesellschaft, wenn er mal zu Hause ist. Die zwei Ältesten scheinen sie eher als konventionelle, einfältige Frau zu betrachten. Bei Charlotte wird die Geringschätzung durch ihre warme Gemütsart abgemildert, doch Emily treibt manches Mal ganz offen ihren Spott mit Elizabeth. Die Kinder schätzen sie aufrichtig, daran zweifelt sie gar nicht, aber sie werden sie nie so lieben wie eine Mutter, und das ist eine der größten Enttäuschungen ihres Lebens.

Damals hat sie alles verlassen, um ihrem Schwager zu helfen: ihre Geburtsstadt Penzance in Cornwall (»Dort schien die Sonne immer so herrlich, Patrick!«) und auch ihre Chance, selbst noch eine Familie zu gründen. Es gab keine andere Lösung, denn als Witwer mit sechs kleinen Kindern fand Patrick Brontë keine solide Frau, die ihn geheiratet hätte. In den ersten Jahren im Pfarrhaus verliebte sich Elizabeth heftig in ihren Schwager, und sie sah ihn gegen sein wachsendes Verlangen ankämpfen. Wie an dem Tag in der Küche, als sie an der Anrichte stand und er ihr die Hand aufs Haar legte – und sie dort minutenlang liegen ließ. Bis er mit frustrierter Miene aus der Küche rannte und mit seiner Pistole auf den Zaun schoss, bis sie leer war. Es gab keine Zukunft für sie als Eheleute, denn das Gesetz verbot es einem Witwer, die Schwester seiner verstorbenen Gattin zu ehelichen. Im Laufe der Zeit wich ihre Verliebtheit der Zärtlichkeit. Nun reicht sie ihm eben mit freundlicher Wärme den Korb mit den belegten Broten und sagt ihm, dass er seine Jacke gut zuknöpfen soll.

Tante Elizabeth sieht, wie Charlotte sich noch einmal umdreht, als die Pferde sich in Bewegung setzen, als wollte sie Abschied nehmen vom Pfarrhaus, der Kirche und den Gräbern. Sie ruft ihr noch etwas zu, aber ihre Nichte ist in Gedanken schon weit weg, in einer Welt, in die sie ihr nicht folgen kann. Sie bleibt stehen und blickt dem Wagen nach, bis er hinter dem Hügel verschwunden ist.

Davy und der Hilfsprediger sitzen auf dem Kutschbock, und die Pferde gehen vorsichtig die Hauptstraße hinab. Die kleine Stadt erwacht in der Morgendämmerung. Mabel, die Tochter des Metzgers, fegt gerade den Gehweg vor dem elterlichen Laden. Als sie die Kutsche sieht, lehnt sie den Besenstiel an ihre Schulter und winkt den Reisenden zu. Der Krämer schiebt einen Korb mit Rotkohl nach draußen und ruft: »Hochwürden, Sie kommen doch zurück, nicht wahr?«

Joseph – Vater von elf Kindern, der immer Probleme hat – läuft dem Wagen atemlos hinterher und ruft: »Hochwürden, bleiben Sie lange fort?«

Davy lässt die Pferde halten, denn Patrick Brontë zieht ihn am Hosenbein. Die Fragen seiner Kirchgänger dürfen doch nicht unbeantwortet bleiben! Er steht auf und erklärt, dass er seine Töchter auf ihrer Reise nach Übersee begleitet, nach Brüssel, der Hauptstadt von Belgien, wo sie zur Schule gehen sollen.

Mabel reißt die sanften Kuhaugen auf. Belgien, was ist das denn für ein Land? Und sind die Fräuleins Brontë dort nicht in Gefahr? An der Hauptstraße gibt es fast einen Menschenauflauf, weil alle dem Prediger und seinen Töchtern eine gute Reise wünschen wollen. Charlotte muss lächeln. Emily scheint taub zu sein für die Grüße, die man ihr zuruft. Sie drückt keine Hände und lächelt nicht, so kennt man sie in Haworth. Charlotte hat durchaus Verständnis für ihre Schwester. Sie will sich mit den Einwohnern von Haworth nicht weiter einlassen, denn die Leute sind hier in allem so grob und ungeschliffen. Sogar die Großgrundbesitzer der Gegend sind kaum mehr als Großbauern und beschäftigen sich in ihrer Freizeit mit der Jagd oder ordinären Festen. Die wahren Reichen von Haworth, die Besitzer der Textilfabriken unten am Fluss, mögen sich vielleicht in dem Glauben wiegen, dass sie Herren sind, aber sie trinken zu viel und veranstalten Hahnenkämpfe. Mitten in dieser Wüstenei haben ihre Eltern das Pfarrhaus von Haworth in eine Oase für den Geist verwandelt: Hier konnte sie sich mit ihren Schwester und Branwell an Schönheit und Weisheit laben. Ihre Mutter las ihnen Märchen und Legenden vor, und nach ihrem Tod sorgte der Vater dafür, dass es immer etwas zu lesen und zu lernen gab. Draußen war das Leben hart und der Wind scharf, und so kuschelten sie sich aneinander wie junge Füchse. An der Tafel am Kamin erschufen sie sich in begeisterten Versen ihre eigene ideale Welt. Ihr Vater musste sich in die Außenwelt hinauswagen, aber er fand Freude an seinem Amt.

Er ist ein guter Redner, und jeden Sonntag ist seine Kirche voll bis auf den letzten Platz. Es ist ganz besonders, wie einprägsam er zu den Leuten spricht! Sie findet, dass er an seiner langen, schmalen Nase entlang auf seine Gemeinde blickt wie ein Universitätsprofessor auf eine Gruppe noch unwissender Studenten. Ihr Bruder ist der Einzige in der Familie, der ein Talent hat, sich unters Volk zu mischen, wenngleich es bedauerlich ist, dass er das vor allem in der Kneipe tut. Sie hat Branwell schon seit sechs Monaten nicht mehr gesehen, denn er arbeitet als Beamter bei der Eisenbahn. Was er dort wohl macht – am Schalter Karten verkaufen? Und das, wo doch alle so große Pläne für ihn hatten! Er hat die größten Chancen bekommen. In seiner frühen Kindheit wurde er zu Hause von ihrem Vater unterrichtet, auch in Latein, während ihre Schwester und sie ins Internat geschickt wurden. Er hätte in Cambridge oder Oxford studieren können, aber das wollte er nicht. Er hätte sich in London um eine Zulassung der Royal Academy of Art bewerben können, aber dort tauchte er nie auf. Er bekam ein Atelier in Bradford und alles nötige Material, um sich als Portraitmaler einzurichten, kam aber mürrisch und niedergeschlagen wieder nach Hause. Und dann sein Schreibtalent – denn das hat er zweifellos, ihr Vater hält ihn für den begabtesten Schriftsteller von ihnen allen, aber er schafft es, wirklich alles zu vergeuden. Er ist ihr Bruder, ihr genialer und doch so unvernünftiger Bruder. »Charlotte, ich hab's geschafft!«, rief er, als er den Brief gelesen hatte, in dem ihm mitgeteilt wurde, dass man ihn als Schalter-Assistenten am Bahnhof Sowerby Bridge angenommen hatte. Genau das, wovon junge Männer träumen – zur Eisenbahn gehen. Und die Linie von Leeds nach Manchester ist ja auch eine Pionierleistung. Dennoch konnte Charlotte seine Begeisterung nicht verstehen. In seinem Enthusiasmus hob er sie hoch, schwang sie einmal rundherum und brachte ihre Frisur ganz durcheinander. Sein ganzer magerer Körper bebte vor Freude. Er wirkte etwas angetrunken, aber sein langes, schmales Gesicht und seine von sich selbst eingenommene Art verliehen ihm die Ausstrahlung eines jungen Aristokraten. Er ist ihr Bruder, und sie vermisst ihn, aber auch ihn muss sie jetzt in England zurücklassen.

Unten, am Rande von Haworth, springt William Weightman vom Bock, und als er gerade sein Gleichgewicht wiedergefunden hat, nimmt er mit einer übertrieben tiefen Verbeugung seinen Hut ab.

»Adieu!«

Tatsächlich muss Emily lächeln.

Yorkshire, Yorkshire, du gnadenloses Land.

Charlotte schiebt ihre Hände in den Lammfellmuff auf ihrem Schoß. Ihr Weg nach Bradford führt sie weiter durch die Heidehügel. Trostlose Hügel mit niedrigen Mauern aus Steinen, die die Schäfer und Bauern aus dem Feld geklaubt haben. Saurer Moorboden, auf dem nur Flachs und Heidekraut gedeihen wollen. Die Heidehügel werden im September ein einziges schäumendes Violett, aber im Oktober beginnen die Sträucher schon zu verholzen. Der Boden ist jetzt braun, blassbraun wie Brot, fleckig braun wie ein Raubvogel, lohbraun wie Baumrinde, gelblich braun wie die Ausscheidungen eines Hundes, oder grün wie Moos und manchmal auch schwarz. Sie geht fort, bevor sich auch noch ihr Herz braun verfärben kann.

Mary Taylor steht auf dem Bahnsteig und beugt sich gerade herab, um den großen, zottigen Hund eines anderen Reisenden zu streicheln, doch als sie Charlotte kommen sieht, richtet sie sich entzückt wieder auf. Selten sind zwei Freundinnen so verschieden gewesen. Die zarte Charlotte, die immer so aussieht, als wäre sie noch nicht ganz ausgewachsen, mit einer Taille, die jeder gestandene Mann mit zwei Händen umfassen könnte, in einem etwas zu weiten graublauen Kleid und schwach nach Veilchen duftend. Und Mary, die stolze, üppige Erscheinung, einen Kopf größer als Charlotte, mit roten Wangen, elegant in einem leicht ausgeblichenen, aber immer noch schönen Reisekleid und einem rosa gestreiften Hütchen. Charlotte und Mary haben sich als Vierzehnjährige kennengelernt, als sie in Roe Head waren, dem Pensionat von Miss Wooler in der kleinen Stadt Mirfield. Charlotte hegt große Bewunderung für ihre Freundin, denn sie hat ein unabhängiges Naturell und geht ihren eigenen Weg. Mit ihrer Schwester Martha studiert sie in Brüssel am Schloss Koekelberg, und sie schmiedet Pläne, später nach Neuseeland auszuwandern. Ihr Bruder John, ein Jüngling mit offenem Blick und vollem schwarzem Haar, das er in Kinnhöhe stumpf abgeschnitten trägt, schüttelt Patrick Brontë die Hand. Es ist ihre erste Begegnung, und der Prediger betrachtet ihn argwöhnisch, wie er es bei jedem Mann tut, der in die Nähe seiner Töchter kommt.

Nichts wird je wieder so sein wie zuvor, und Charlotte ergreift ihre Chance. Ihr Leben setzt sich in Bewegung wie die Lokomotive des Zuges. Heute, ab jetzt, am Bahnhof von Leeds. Sie ist keine Gouvernante geblieben, sie hat sich eine andere Laufbahn ausgedacht.

»Oh, Mary«, sagt sie. »Mary, wir fahren nach London.«

»Und nach Brüssel.« Mary zwickt Charlotte in die Hand.

»Erzähl mir von London«, bittet Charlotte.

»Heute Abend sind wir doch schon dort«, sagt Mary, »dann kannst du alles selbst sehen.«

»Es wird aber dunkel sein«, schmollt Charlotte.

»In London ist es niemals dunkel«, sagt Mary. »Es gibt immer mehr Gaslaternen, und in den dunkleren Straßen kannst du dir einen Jungen mit einer Laterne mieten, der dir den Weg leuchtet.«

»Erzähl uns von dem Passagierschiff«, sagt ihr Vater zu John, und der Jüngling beginnt enthusiastisch, eine detaillierte technische Erklärung zum Schiff abzugeben – derart langweilig, dass Charlotte aufsteht, und im Waggon auf und ab läuft.

Sie muss sich an den Bänken festhalten, weil der Zug so wackelt, aber sie ist zu rastlos, um sitzen zu bleiben. Der Gestank von Steinkohle und Öl setzt sich in ihrem Gedächtnis für immer als der Geruch von Abenteuer fest. Sie betrachtet die Landschaft und schaukelt im Rhythmus des Zuges mit. Der Zug donnert durch Yorkshire, bald werden sie die Midlands erreichen, bis nach London und immer weiter fort von ihrer Vergangenheit. Weg von den traurigen Erinnerungen! Ihre tote Mutter und der säuerliche Geruch, der in ihrem Zimmer hing, während ihre Hände einen Strauß Feldblumen umklammerten, den Elizabeth und sie ihr gepflückt hatten. Der kranke, magere Körper ihrer ältesten Schwester Maria und wie sie, Charlotte, in deren lieben Armen geschlafen hat. Wie weise und gut Maria war – ein Engel. Die Hügel, die ewigen Hügel, und wie hart das Gesicht ihres Vaters manchmal werden kann. Der Zug bahnt sich seinen Weg, und rechts und links von den Schienen tun sich Abgründe auf, die sie von dem ängstlichen Mädchen trennen, das sie einmal gewesen ist. Sie sieht es dort stehen, das Kind Charlotte, auf der Böschung hinter dem Graben: ein zartgliedriges Mädchen mit blauen Schatten unter den Augen, in einem flatternden weißen Nachthemd. Sie blinzelt kurz, und verschwunden ist das Kind.

IV

Es heißt, dass London niemals schläft, und obwohl sich gegen Mitternacht kein gesitteter Mensch mehr nach draußen wagt und die Stadt zum Terrain von Einbrechern, Straßendirnen und Kanalisationsarbeitern wird, die für eine Flasche Gin die Sickergrube leeren, ist die Stadt um zehn Uhr abends noch voller Leben. Ganz normale anständige Bürger flanieren auf den Gehwegen, Kutschen fahren vorbei. Die Opernaufführung in Her Majesty's Theatre am Haymarket ist noch in vollem Gange, in den *music halls* schaukeln Akrobaten am Trapez und schöne Dämchen singen schlüpfrige Liedchen, und in den Gaststätten werden die Tische fürs Abendessen gedeckt.

An diesem regnerischen Februarabend ist es nicht anders. Am Bahnhof am Euston Square wird die Ruhe gestört durch die Ankunft des Zuges aus dem Norden, eines Zuges mit zwanzig oder dreißig Waggons. Die Lokomotive aus Kupfer und Eisen, mit ihren mahlenden Treibstangen und dem stampfenden Geräusch der Zylinderkolben, zischt und schnauft und stößt eine dunkelgraue Rauchwolke aus. Die Türen werden aufgestoßen, und auf dem Bahnsteig gibt es ein großes Gerufe und Geschiebe. Männer rufen nach Gepäckträgern, eine Mutter sucht ihr Kind, das in diesem Spektakel verstört ihre Hand losgelassen hat, Reisende stampfen mit den Füßen, um sich nach der kalten Fahrt wieder zu wärmen, und Droschkenkutscher preisen lautstark ihre Dienste an. Das alles unter dem hohen schmiedeeisernen Dach mit den Glasfenstern.

In diesem Chaos kommen Patrick Brontë und seine Reisegesellschaft an, und als John Taylor sieht, wie sich der Prediger verwirrt umschaut, übernimmt er sofort die Führung. Er verhandelt mit den Gepäckträgern, die kaum zuhören und eine bizarre Sprache sprechen – es hört sich an, als würden sie ihr Englisch kauen. Ein Kofferträger mit einer Nase, die aussieht wie eine übergroße Erdbeere, und Augen, die vom Gin ganz glasig sind, beginnt an Emilys Koffer zu ziehen, aber sie ermahnt ihn zur Vorsicht, indem sie ihn mit ihren langen, starken Fingern in den Arm kneift.

»Ho, ho, Missy!«, ruft der Gepäckträger und spuckt einen Klecks Rotz auf den Boden neben seine Füße.

Am Ausgang des Bahnhofs bekommen die Träger Ärger mit dem Kutscher, mit dem sich John Taylor geeinigt hat. Erst als Patrick Brontë den Männern jeweils einen Schilling gegeben hat, werden die Koffer auf die Droschke gestellt und sie können abfahren. Emily stellt zu ihrem Entsetzen fest, dass ihre Handflächen ganz schwarz sind. Sie hat die Pferde gestreichelt, aber die Tiere sind offenbar mit einem klebrigen schwarzen Pulver überzogen.

»Das kommt von der Kohle, Missy«, sagt der Kutscher über die Schulter nach hinten. »Ein paar Tage pro Woche arbeiten sie in der Kohlenmine.«

Als sich die Kutsche aus dem Gedränge vor dem Bahnhof befreit hat und sie über eine prächtige, breite Straße fahren, kommen unsere Reisenden wieder etwas zur Ruhe. Emily klagt über kalte Hände, aber Charlotte nimmt begierig alle Eindrücke in sich auf. Beim Anblick jeder Statue und jedes besonderen Gebäudes will sie in ihrem Enthusiasmus etwas ausrufen, aber ihr Vater sitzt mit geschlossenen Augen in der

Kutsche, und Mary hat eine Haarspange zwischen den Lippen und versucht, ihren Haarknoten, der sich gelöst hat, wieder zu befestigen. An der Ecke einer Gasse ruft der Kutscher: »Ho!« Ab hier darf man nur zu Fuß weiter, daher werden die Koffer abgeladen. John geht in die Herberge, um einen Laufburschen zu holen. Das ist also die Paternoster Row, geht es Charlotte durch den Kopf, als sie Arm in Arm mit Mary zum Chapter Coffee House geht. Das muss das Haus von Longman sein, der die Gedichtbände der Lake Poets herausgegeben hat! Sie ist aufgeregt, aber der Rest der Gesellschaft ist müde, denn es ist schon spät, lang nach Schlafenszeit.

In der Pension (neben der riesigen Kathedrale, die sie im Dunkeln überhaupt nicht vermutet) liegt die junge Frau aus Yorkshire hellwach im Bett. Letzte Nacht war sie noch zu Hause im Pfarrhaus ihres Vaters, und nun ist sie hier in London, der Metropole. Ihre Freundin liegt neben ihr und schläft tief und fest, strahlt mollige Wärme aus. Auf dem Bett direkt an der Mauer liegt ihre Schwester, die höchstwahrscheinlich ebenfalls hellwach ist. Das Zimmer ist klein und schäbig, mit – wenn sie sich recht erinnert – vergilbter Tapete und muffigen Quiltdecken. Vor einer halben Stunde haben sie die Kerze ausgeblasen, und sie kann jetzt noch den schwelenden Docht riechen. Ein vertrauter Geruch, aber ansonsten ist alles fremd. Als sie ankam, war sie so furchtlos, und es ist seltsam, wie ihre Ängste jetzt im Dunkel der Nacht zurückkommen. Wie still es hier ist. Natürlich nicht so still wie auf dem Hügel, auf dem das Pfarrhaus steht und wo man nachts ab und zu eine Eule hört, aber doch überraschend still für eine Stadt mit fast zwei Millionen Einwohnern. Sie hört das Rattern einer Kutsche und den Hufschlag eines Pferdes auf dem Kopfsteinpflaster, aber es entfernt sich wieder. Die anderen Geräusche der Stadt bilden ein fernes, dumpfes Rauschen, wie von einer

Wassermühle. Vielleicht ist es wahr, was ihr Vater gesagt hat, sie aber nicht glauben wollte: dass es in der Großstadt einsamer ist als auf dem Dorf.

Diese zarte junge Frau hat sich auf ein Abenteuer eingelassen, dessen Folgen sie noch nicht absehen kann. Heute Nacht London, und in ein paar Tagen Brüssel, die Hauptstadt eines fernen, bizarren Landes. Wie soll sie es dort schaffen, wenn das Englisch in London schon ganz anders klingt als in ihrer Gegend? Und in Brüssel spricht man gar kein Englisch, sondern Französisch und Flämisch, was wohl ein niederländischer Dialekt sein muss. Was für einen wilden Plan hat sie da nur gefasst – wie schlecht durchdacht! Eine Frau ist nichts ohne Vater oder Mann, ohne einen Beschützer an ihrer Seite. Und schlimmer noch: Sie stürzt sich ja nicht alleine in dieses Abenteuer, sondern schleift auch noch ihre Schwester mit. Was sie nicht für möglich gehalten hätte, geschieht nun doch: Sie vermisst das Pfarrhaus. Das Haus mit der kalten Steintreppe – aber in der Küche steht ja der Fußwärmer. Sie vermisst sogar die Felder, auf denen kein Baum wachsen will, weil dort immer Schafe waren, und Keeper, der stets vorauslief. Da kommen ihr die Tränen, und das hilft, sie rollen ihr über die Wangen, ihr Hals wird nass. Sie tut ihr Bestes, um kein Geräusch zu machen, und wischt sie mit dem Ärmel ihres Nachthemds ab. Wie ist sie nur auf die Idee gekommen, dass sie etwas Besonderes ist, dass sie dafür geschaffen ist, auf dieser Welt etwas wirklich Bedeutendes hervorzubringen? Ihr Gesicht ist nicht oval und ihr Verstand ist begrenzt, sie ist nicht mehr als ein Kiesel im Bach oder ein Knochen für den Hund: armselig und nichtig! All die Briefwechsel mit ihrem Bruder Branwell, ihre Gedichte und Erzählungen über die erfundene Welt von Glasstown und Angria. Wie konnte sie sich nur jemals einreden, dass in ihr eine große Schriftstellerin schlummert? Eine Frau ist für die Ehe bestimmt, dafür, Mann und Kinder zu umsorgen. Sie muss an Henry Nussey denken, den Bruder ihrer Freundin Ellen. Er steht so klar vor ihrem geistigen Auge, als würde er gerade das Zimmer betreten. Ein junger Prediger, nur vier Jahre älter als sie: gesund und kräftig, mit weißem Haar, weißen Wimpern und bläulicher Haut, die an Buttermilch erinnert. Vor drei Jahren hat er ihr in einem Brief einen Heiratsantrag gemacht, so kalt und aufdringlich wie die Vorladung eines Gerichtsvollziehers. Sie konnte unmöglich glauben, dass er sie liebte, und er tat auch gar nicht erst so. Er sprach von Respekt und Freundschaft. Sie lehnte seinen Antrag ab, ohne groß zu überlegen, einfach nur, weil er keine Leidenschaft für sie empfand. Wie dumm sie gewesen war! Wer war sie schon, eine solche Gelegenheit auszuschlagen? Henry war ein aufrechter, achtbarer Mann. Er bot ihr ein Heim und bat sie, die Dorfschule zu leiten. Eine eigene Schule! Wie töricht sie doch gewesen ist, mehr vom Leben zu erwarten, als das, was er ihr bieten konnte – mehr als einen sicheren Hafen, einen Gatten, Kinder und eine Schule. Obendrein bot Henry ihr an, dass ihre Schwester, ihre liebe Freundin, auch bei ihnen wohnen könnte. Aber nein, sie musste natürlich von der Leidenschaft träumen!

Sie wischt sich mit dem Ärmel die nasse Nase ab, aber als sie sich gerade auf die Seite drehen will, fangen die Turmglocken an zu schlagen. Dieses Geläut überwältigt sie, tief und schwer und himmlisch schön. Wieder und wieder, ihr ganzer Körper bebt vom Widerhall der Glockenschläge. Das ist natürlich das Glockenspiel von St. Paul – ja, natürlich, ihre Herberge liegt ja gleich neben der Kathedrale! Sie lauscht mit ihrem ganzen Wesen, und als der letzte Schlag verklingt, hat sie mit sich selbst und ihrer Anwesenheit hier ihren Frieden gemacht.

V

Es ist Samstag, der 12. Februar 1842, früher Abend, und Emily steht mit Charlotte, ihrem Vater und den Taylors mitten in einer Menschenmenge am Quai der London Bridge Wharf. Gleich sollen sie an Bord des Dampfers gehen. Bei ihrer Ankunft am Quai ließ eine diesige Dunkelheit – nur hie und da unterbrochen durch den milchigen Fleck einer Gaslaterne – das ganze Abenteuer wie einen Traum wirken. Als ob sie jeden Moment in ihrem vertrauten Bett im Pfarrhaus erwachen könnte. Tageslicht, so unangenehm wie ein Schluck kalter Tee, löst die Nacht jetzt ab, und langsam kann sie Einzelheiten erkennen. Das enervierende Geschniefe von jemandem, dem die Nase läuft, der aber sein Taschentuch vergessen hat, scheint von einer grobschlächtigen Frau mit rotem, geschwollenen Riechorgan zu kommen. Sie schnieft nicht nur, sondern spuckt auch noch ab und zu auf den Boden. Und da sind die Kinder, die Emily hat heulen hören. Sieh nur dort, die arme Londoner Familie: Vater, Mutter und ihre fünf Sprösslinge, alle gleich blass, ausgemergelt und blauäugig. Hoffentlich bleiben sie auf Abstand. Sie will bei der Überfahrt nämlich ihre Ruhe haben, denn mittlerweile ist sie seit vier Tagen ununterbrochen von Menschen umgeben. Das ist das erste Mal, dass sie auf einem Schiff mitfährt, aber das kann sie nicht wirklich faszinieren.

»Wie kann man übers Reisen schreiben, wenn man es noch nie getan hat?«, fragte Charlotte gestern Abend, als sie im

Chapter Coffee House beim Essen saßen. Ihre Wangen waren ganz rot vor Aufregung. Aber was interessiert es Emily, wie die Kojen im Schiffsbauch aussehen, oder wie es sich anfühlt, wenn sie auf See in einen Sturm geraten? Im Gegensatz zu Charlotte liebt sie die Penninen mit unerklärlicher Begeisterung. In Gedanken kann sie reisen, wohin sie will, und sie wird selbst entscheiden, was für Erfahrungen sie dabei macht. Es macht ihr Angst, dass sie in Brüssel keine Zeit haben wird, die Erzählung über Gondal weiterzudichten, diese magische Insel und ihre Bewohner, die Anne und sie in ihrer Jugend aus dem Nichts geschaffen hatten. Sie wird an wenig mehr denken als an Gondal und an Keeper auf der Heide.

Als sie an Bord gehen, nimmt Patrick Brontë den Arm seiner Tochter Emily, denn er ahnt, was in ihr vorgeht. Er kennt sie besser, als Charlotte sie kennt, und sie ist sein Sorgenkind, aber jetzt geht sie an einen Ort, an dem er sie nicht mehr beschützen kann. Emily schließt nur schwer Freundschaft mit Fremden. Dennoch muss er sie loslassen, es muss ja einmal geschehen, und sie ist schließlich auch schon dreiundzwanzig. Wenn sie nicht krank wird und stirbt (denn das ist eine traurige Möglichkeit, mit der er seit dem Tod seiner Frau und seiner ältesten Töchter immer rechnet), wird sie zu ihm zurückkommen. Sie ist wie ein Hund, der, nachdem man ihn fern von zu Hause ausgesetzt hat, tagelang laufen wird, um wieder nach Hause zu finden. Mit Charlotte ist es anders, bei ihr sieht er ein anderes Risiko. Es könnte gut sein, dass sie in Brüssel einen Mann findet und dort bleibt.

Die *Ondine* ist ein prächtiges weißes Schiff, nicht besonders groß, aber ziemlich komfortabel. Charlotte ist entzückt, als sie das Restaurant sieht: den dunklen, eingelassenen Boden, die glänzenden kupfernen Bullaugen, die sorgfältig gedeckten Tische und die Kellner mit ihren weißen Schürzen. John bemerkt im Scherz, dass Charlotte und Emily ja wieder nach Hause kommen können, sobald sie Heimweh kriegen, denn die britischen Passagierschiffe verkehren viermal die Woche zwischen England und Brüssel. Emilys Mund zuckt ein bisschen bei dieser Bemerkung. Später wird sie seekrank und sitzt mit grünlichem Gesicht ganz elend auf einem Klappstuhl an Deck. Sie haben keine Kojen reserviert, denn das Boot soll Ostende noch vor Mitternacht erreichen, doch John Taylor schlägt vor, trotzdem eine Koje für Emily zu organisieren – aber sie lehnt ab, denn es ist ihr zutiefst zuwider, bemuttert zu werden. Gesellschaft will sie auch nicht, deswegen gehen die anderen wieder hinein zum Tee. Mary schenkt den Tee ein, und Charlotte genießt noch einmal ihre geliebte englische Mahlzeit aus Toast mit Marmelade. Das Boot schwankt, aber es stört sie so gut wie gar nicht. Sie trinkt ihren Tee und ist fast rundum glücklich. Es ist schön, an Bord der *Ondine* zu sein, einen Tag lang gibt es nichts Nützliches für sie zu tun. Sie ergibt sich in ihr Schicksal und könnte in diesem Moment nicht mal nach England zurückkehren, wenn sie es wollte. Sie muss die Zügel aus der Hand geben, und davon wird ihr unerwartet leicht ums Herz. Es ist sicher ein gutes Leben, wenn es einem liegt, sich den Entscheidungen anderer zu unterwerfen – wenn man von den Eltern mit einem reichen, alten Mann verheiratet oder ins Kloster geschickt wird und sich einfach in sein Schicksal fügt. Ihr Vater ist kein einfacher Mann, und sie hat ihren Plan, nach Brüssel zu gehen, mit Zähnen und Klauen verteidigen müssen, aber jetzt, wo er in einem gewissen Maß die Zügel lockert, macht ihr ausgerechnet die Freiheit Sorgen. Aber sie ist eine Reisende und hat ihr

Ziel noch nicht erreicht. Heute Abend kommen sie in Ostende an, und dort bleiben sie bis Montagabend, denn Papa hat keine Lust, den Tag des Herrn in der Postkutsche nach Brüssel zu verbringen.

Obwohl sie das Abenteuer zu genießen beginnt, stört es sie nicht, die Ankunft in Brüssel noch etwas aufzuschieben. Denn wenn sie dort sind, werden Emily und sie sich von ihrem Vater verabschieden, der nach einer einwöchigen Rundreise durch Belgien und Nordfrankreich wieder nach England zurückfahren wird. Mindestens sechs Monate wird sie ihn nicht sehen – und vielleicht, das flüstert ihr eine innere Stimme ein, vielleicht sogar noch länger. Mary wird ins Schloss Koekelberg ziehen, und Emily und sie werden allein im Pensionnat Heger zurückbleiben.

Wie oft bekommt man Gelegenheit, die Nordsee zu befahren? Wir bleiben nicht bei Charlotte, um mit ihr vom starken, süßen Tee zu nippen, in einem Restaurant, in dem sich die Gerüche von Eiern, Toast und Braten mit Tabakrauch vermischen. Wir gehen ein bisschen frische Luft schnappen, auf dem Deck, auf dem Emily an der Reling steht. Sie schaut nicht auf den schwankenden Boden. Das Deck ist nass, und wenn eine freundliche Dame sie nicht am Arm festgehalten hätte, wäre sie ausgerutscht. Aber die salzig frische Seeluft scheint ihr gutzutun – sieht sie nicht schon ein bisschen weniger blass aus?

Emily ist auf ungewohnte Art hübsch, wie sie dort steht und tief durchatmet. Ihr gestreckter Körper ist eine fließende Linie, ohne Busen oder andere Rundungen, ihre Gesichtszüge entspannen und öffnen sich. Sie hat etwas Androgynes: Wenn sie ihr braunes Haar auf Kinnhöhe abschneiden würde, könnte sie einen sehr gefälligen jungen Helden abgeben.

Wie sehr sie auch meint, frei zu denken, ist sie doch ein Kind ihrer Zeit. Es ist die Epoche der Königin Victoria, und persönliches Glück ist von untergeordneter Bedeutung. Die Pflicht ist das Allerhöchste. Was man sich für sich selbst wünscht, ist nicht wichtig: Das Wohlergehen der Familie geht immer vor. Das läuft Emilys Bedürfnis nach Individualität zuwider, ihrer angeborenen Gleichgültigkeit gegenüber der Welt, aber diesmal gibt sie sich geschlagen. Die Würfel sind gefallen, und sie wird tun, was von ihr erwartet wird. Sie wird in Brüssel studieren, ein halbes Jahr oder sogar ein ganzes, wenn nötig, und dann wird sie ihre neu erworbenen Kenntnisse mit nach Hause nehmen.

Auf einmal liegen die Hände ihres Vaters neben den ihren auf der Reling.

»Du kannst es dir noch überlegen«, sagt er. »Du kannst auch einfach wieder mit mir nach Hause kommen.«

Sie schüttelt den Kopf, und dann bleiben sie eine Weile stumm nebeneinander stehen, bis John sich zu ihnen gesellt und mit einem Augenzwinkern behauptet, dass er die belgische Küste schon erkennen kann.

VI

Der Prediger und seine Kinder kommen in der Nacht nicht nur auf dem ihnen unbekannten Festland an, sondern werden auch auf einmal in die Hochburg einer ganz anderen sozialen Klasse geholt. Auf dem Quai streiten sich ein paar junge Fischer darum, ihnen das Gepäck tragen zu dürfen. John Taylor sucht zwei aus und gibt ihnen die Adresse ihres Quartiers. Der Stämmigere der beiden, ein sehniger Kerl mit einem hässlichen Kittel und einer Hose, die er sich mit einem Tau am Leib festgebunden hat, schielt unter seiner Mütze hervor und hat einen abschätzigen Zug um den Mund. Sein Kollege bringt die Gepäckkarre, wiederholt den Namen der Herberge mit kratzend kehliger Stimme und grinst freundlich dazu. Charlotte kann ihre Kleider und die ungewaschenen Körper riechen – ein starker Geruch nach Fisch, Schweiß und Kohlsuppe –, aber sie findet die beiden jung und mutig und nicht völlig abstoßend. Sie fragt sich, ob die Männer morgens wieder mit ihren Fischkuttern rausfahren. Und laufen sie jeden Abend zum eintreffenden Passagierschiff, in der Hoffnung, sich ein wenig Geld dazuzuverdienen? Sie hat Mary untergehakt und sich den Schal um den Kopf geschlungen, was schön warm ist, aber auch ein wenig juckt. So laufen sie hinter dem Karren her. Das Kopfsteinpflaster ist rutschig, als ob nasser Schnee gefallen wäre, aber es tut gut, nach all den Stunden auf einem schwankenden Schiff wieder festen Boden unter den Füßen zu haben. Der Anleger liegt hinter ihnen, und hier brennen keine Laternen mehr. Wenn die jungen Fischer sie geradewegs in die Hölle führen, würden sie ihnen folgen wie die Lämmchen. Das Meer sieht im Mondlicht aus wie ein altsilbernes Tablett, die Fischer gehen mit lärmenden Holzpantinen voran, und irgendwo schlägt ein Pferd mit dem Huf gegen seine Stalltür.

Sie halten bei einem großen, hohen Wohnhaus, über dessen Tür eine Fahne flattert. Der Nachtportier lässt sie durch eine Nebentür ein, und nach einem Blick auf die neuen Gäste geht er ihnen murmelnd und mit einer Laterne in der Hand voraus. Sie gehen über eine Wendeltreppe, die so eng und gewunden ist, dass Charlotte meint, Pirouetten zu drehen – so geht es bis zum Dachboden hinauf. Sie bekommen zwei Zimmer unterm Dach zugewiesen, kaum größer als Besenkammern, aber sie sind zu müde, um zu protestieren.

Gleich am nächsten Morgen stellt Patrick Brontë fest, dass er sich im Dunkeln schwer getäuscht hat. Während John noch mit seiner Morgentoilette beschäftigt ist, macht er sich auf, den Frühstücksraum zu suchen, und geht ein paar Stufen die Wendeltreppe hinunter. Ein Stockwerk tiefer sieht er einen Perserteppich auf dem Boden, und am Ende eines angenehm hellen Korridors führt eine Marmortreppe nach unten in einen geräumigen Flur. Das Hotel Des Bains ist also doch keine bescheidene Pension! Er überlegt, was ihn die Dienstbotenkammern unterm Dach wohl kosten werden und bereut, auf John Taylor gehört zu haben, der »ein schönes und vornehmes Quartier« wusste, in dem es immer ein freies Zimmer gab. Sein Eindruck, dass John ein leichtsinniger junger Mann ist, hat sich verfestigt. Dem soll es bloß nicht einfallen, einer seiner Töchter den Hof zu machen.

Patrick Brontë ist ein sparsamer Mann, manchmal kann er geradezu knauserig sein. So knauserig, dass er seine Kinder in ihren jungen Jahren mit Kartoffeln, Gemüse und Milch gefüttert hat. Er war fest überzeugt, dass solch karge Kost sie körperlich abhärten würde, aber es kam auch dem Familienbudget zugute. Freilich kann er auch an einem gewissen Luxus Gefallen finden – aber nur wenn jemand anders zahlt, und das ist eben selten der Fall. Es ist wenig wahrscheinlich, dass John die Rechnung übernehmen wird, also sitzt er hoffnungslos in der Falle.

Der Frühstücksraum ist ein langes Zimmer an der Fassadenseite des Hotels, mit breiten, hohen Fenstern, die auf den Strand hinausgehen. Das Meer hat sich zurückgezogen, aber man sieht noch einen Streifen bewegtes Wasser am Horizont. Wie flach dieses Land ist – keine Klippe und kein Hügel weit und breit. Der Strand ist ganz leer, nur zwei blau-weiß gekleidete Jungen rennen mit ihren Trudelreifen über den nassen Sand.

Dann werde ich mal einfach Kaffee bestellen, denkt Patrick Brontë, während er zu einem Tisch geht, der ihm geeignet scheint, und den anderen Gästen höflich zunickt. Vielleicht ein bisschen Toast und Butter dazu. Er nimmt Platz und schaut hinaus. Bald können sie am Strand spazieren gehen, und das ist völlig kostenlos. Diese Idee hebt seine Laune wieder, und er versucht, die besondere Aussicht zu genießen. Vom Himmel ist kein Blau zu sehen, doch die vorüberziehende Wolkendecke, grau und doch lebendig (wie die Seehunde, die sie während der Überfahrt gesehen haben), passt auch besser zur Nordsee als ein heiteres Blau. Von unten betrachtet sieht der Winterhimmel aus wie das Meer, nicht nur in Farbe, sondern auch in der Form, mit den Wolken als Wellen.

Als ein Dienstmädchen ihm den Kaffee bringt, kommen seine Töchter und Mary Taylor in den Frühstücksraum. Einen Moment zögern sie zwischen der Schwelle und der Anrichte mit der Obstschale, bevor sie sich hereintrauen. In den Augen des Predigers sind Emily, Charlotte und Mary hübsche junge Damen, schlicht, aber geschmackvoll gekleidet. Was tut es da schon, dass Emilys Schnürstiefel schon reichlich abgelaufen sind? Sie sind sauber geputzt, es gibt also nichts, wofür sie sich schämen müsste.

Lassen wir den alten Vater in seiner Überzeugung, aber es ist interessant, einmal nachzusehen, wie die anderen Gäste über die drei jungen Frauen denken. Zwei von ihnen sind offensichtlich beeindruckt von der Größe des Hotels, während die dritte eine stolze Gleichgültigkeit ausstrahlt. Um das klar zu sagen: Die Gäste dieses Etablissements bilden eine erlesene Gesellschaft. Sie gehören vielleicht nicht zum Hochadel, aber Landjunker gönnen sich hier gern ein paar ruhige Tage mit ihren Familien, und auch einfache Barone und der eine oder andere Burggraf gehören zur Klientel. Höhere Offiziere fühlen sich hier ebenfalls zu Hause, aber der Großteil der Gäste zählt zum wohlhabenden Bürgertum. Wohlhabend – denn wer nicht wohlhabend ist, der nimmt sich hier kein Zimmer (es sei denn, er ist so närrisch wie John Taylor). Früher war das Hotel immer von November bis April geschlossen, aber diesen Winter hat es gleich zu Jahresbeginn wieder geöffnet. Wie die Gattin des Inhabers zu berichten weiß, ist es momentan en vogue, sich auch in der kalten Jahreszeit in Ostende sehen zu lassen. Ob sie damit recht hat, sei einmal dahingestellt, denn überfüllt ist der Frühstücksraum heute Morgen nicht gerade. Wenn man den Blick durch den Raum schweifen lässt, sieht man eine beleibte Großmutter in Trauerkleid, die gerade versucht, ihren anstrengenden Enkel mit einem weich gekochten Ei zu füttern. Man sieht einen feingliedrigen Jüngling mit einem dünnen Schnurrbart, den seine Mutter an die See geschickt hat, damit er seine verschleppte Bronchitis auskurieren kann (und der sich hier grauenvoll langweilt), zwei alte Jungfern, die ihr Frühstück beiseitegeschoben haben und stricken, und einen Hauptmann in Uniform mit seiner Frau und Tochter. Man betreibt lebhaft Konversation, sogar der junge Mann wechselt ein paar höfliche Worte mit der Großmutter, als sie sich freundlich erkundigt, ob er wohl geruht hat. Natürlich sprechen sie Französisch – was denn sonst! Es stimmt zwar, dass Arm und Reich in dieser Gegend Flämisch sprechen und Flämisch sogar die Hauptsprache in Brüssel war, aber vor knapp fünfzig Jahren haben die Franzosen das Territorium eingenommen. Wer mitreden wollte, musste Französisch sprechen, und Flämisch war die Sprache fürs gemeine Volk. Nach Napoleons Niederlage in der Schlacht von Waterloo (von der der anwesende Hauptmann ganz glänzend erzählen kann) wurde das Land in das Vereinigte Königreich der Niederlande aufgenommen, doch keine fünfzehn Jahre später wurde Wilhelm von Oranien-Nassau durch das französischsprachige Bürgertum verjagt. Seitdem ist Belgien ein unabhängiges Königreich, und es gilt als bon ton, Französisch zu sprechen, auch wenn man flämisches Blut in den Adern hat – was man freilich am liebsten verschweigt. Aber das ist nicht ganz einfach, wenn man Van den Broeck oder Michielsen heißt, wie es bei den alten Jungfern mit dem Strickzeug der Fall ist.

Die eine alte Jungfer stupst die andere mit der Stricknadel an, um sie auf unsere jungen Engländerinnen aufmerksam zu machen. Neugierig, wie Hotelgäste durchweg sind, haben die Damen und Herren Frühstücksgäste die drei jungen Frauen aus dem Augenwinkel wahrgenommen, und sie bilden sich sofort eine Meinung über sie. Die Mädchen gehören nicht zu ihren Kreisen, da ist das Urteil einhellig. Die mollige junge Dame mit dem Gesicht, in dem es keine einzige harte Linie gibt (die charmante Mary Taylor), könnte eine von ihnen sein, wäre es nicht so überdeutlich, dass ihr hellblaues Reisekleid für eine Dame mit schlankerer Figur geschneidert wurde und ihr unter den Achseln zu eng ist. Die zwei anderen jungen Damen – obwohl die kleinste aus einer gewissen Entfernung auch noch als Kind durchgehen könnte – sind es sichtlich nicht gewöhnt, sich in vornehmer Gesellschaft zu bewegen, und ihre Kleidung ist wirklich traurig. Da sind ja die Zimmermädchen des Hotels besser gekleidet! Die Hauptmannsgattin – eine etwas auffällige Dame mit hellblondem Haar, roten Wangen und beeindruckender Büste – mustert sie von den traurigen Hüten bis zu den Stiefeln, die so aussehen, als wären sie außergewöhnlich gut dafür geeignet, damit durch den Sand am Strand zu stapfen.

Als die jungen Damen sich zu Patrick Brontë an den Tisch setzen, beugt sie sich zu ihrem Mann und sagt: »Na, was will man auch erwarten, das sind die Töchter des englischen Predigers!« Nicht mal im Flüsterton sagt sie es, denn sie geht davon aus, dass sie ja doch kein Französisch sprechen.

Die Bemerkung lässt Emily kalt, aber Charlotte läuft feuerrot an – feuerrot bis zum Hals. Sie wünschte, sie hätte ihr cremefarben und blau gestreiftes Kattunkleid angezogen, aber das wollte sie schonen für ihren ersten Tag in Brüssel.

»Seht euch doch nur die Aussicht an!«, sagt Patrick Brontë enthusiastisch und lauter, als es in dieser Umgebung passend ist für einen Mann im schwarzen Anzug, der so abgetragen ist, dass er schon speckig aussieht. Genau in diesem Moment fällt am Tisch des Majors ein Kaffeelöffel zu Boden, und Charlotte schaut unwillkürlich in die Augen der Majorstochter. Mit einem Schock wird ihr klar, dass dieses junge Mädchen alles besitzt, was sie selbst so gerne hätte.

Es wäre vollkommen uninteressant, die Tochter des Majors zu beschreiben, wenn Charlotte sie nie wiedersehen würde, doch sie wird tatsächlich noch mehrfach in dieser Erzählung auftauchen. Es ist daher die Mühe wert, sie etwas näher anzusehen. Sie sitzt auch gerade sehr günstig für eine genauere Musterung: am Tisch beim Fenster – im Tageslicht kann man seinen Teint und seine wahre Art nicht verbergen. Charlotte denkt sich, dass sie noch nie ein so charmantes Mädchen gesehen hat, doch ihr ist auch sofort klar, wie verwöhnt und von sich selbst eingenommen die Majorstochter ist.

Das Mädchen fühlt sich großartig: Sie ist fünfzehn Jahre alt und rundum glücklich mit sich und ihrem Leben. Sie mustert Charlotte lächelnd und mit leisem Spott, aber dann ist die fremde Engländerin auch schon wieder vergessen. Sie rührt den Zucker in ihren Kaffee und isst kleine Dreiecke von dem gebutterten Rosinenbrot, das ihre Mutter ihr auf den Teller gelegt hat. Ihr gewelltes, hellblondes Haar ist lose zu einem Zopf geflochten – eine Frisur, die bei jeder anderen Frau schlampig ausgesehen hätte, aber bei ihrem frischen Äußeren ist der Effekt der von ungekünstelter Anmut. Ihr Gesicht ist hübsch, mehr als nur nett, und ihre Lippen sind so voll und ausgeprägt, dass es fast schon unschicklich wirkt, und um es noch schlimmer zu machen, sind sie nicht dezent blassrosa, sondern rot und saftig wie das Fleisch einer Wassermelone. Lippen, die an Unzucht denken lassen, findet Charlotte, aber sie hätte dem Mädchen ihren eigenen bescheidenen Liebreiz samt ihren Talenten geschenkt, wenn sie dafür deren Teint, Haare und Lippen bekommen hätte.

Bei ihrem Strandspaziergang haben die Brontës und die Taylors sich nicht mehr viel zu erzählen. Sie stehen kurz vor einer drastischen Veränderung ihrer Lebensumstände, und jeder ist ganz in Gedanken versunken. Patrick Brontë denkt daran, dass er nach dem Aufenthalt in Ostende und Brüssel zu seiner Gemeinde in Yorkshire zurückkehren muss. Er wird seinen Koffer ins Pfarrhaus tragen, das große Haus, das immer voller Leben gewesen ist. Er hat alles erlebt: das Geräusch von Kinderfüßen auf der Treppe und in den Fluren, das Gelächter und Geplapper, ernste Gesichter über aufgeschlagenen Büchern, für die sie eigentlich noch zu jung sind. Die launischen Anwandlungen von Charlotte, weil sie mit ihrem alltäglichen Aussehen unzufrieden ist (ihr nettes Gesicht mit den ernsten kastanienbraunen Augen und ihre kleine Gestalt stimmen überhaupt nicht mit dem überein, was sie sich in ihrem Ehrgeiz für sich selbst wünscht). Die Unbeständigkeit von Branwell. Annes ruhige Anwesenheit, wenn sie sich den Stift an die Unterlippe drückt, während sie vor sich hin starrt, um den passenden Titel für ein Gedicht zu finden. Die hellen Klänge des Klaviers unter Emilys tanzenden Händen und der viel rauere musikalische Ton, wenn sie auf ihren Fingern pfeift wie ein Straßenlümmel, um Keeper zu rufen. Das alles ist nun Vergangenheit, jetzt wird es zu Hause still und einsam sein. Ein Haus, in dem nur noch ein alter Mann, seine Schwägerin und die Dienstmagd wohnen. Keines seiner Kinder wird ihn bei der Heimkehr erwarten, aber er erwartet demnächst Besuch von Branwell. Es steht zu hoffen, dass der Junge seine Karriere bei der Eisenbahn weiterverfolgen kann.

John Taylor läuft neben dem Prediger über den Sand. Er hat den hohen Hut in der Hand (denn den hat ihm ein gieriger Wind schon zweimal vom Kopf geweht) und denkt an das Wiedersehen mit seiner Schwester Martha, das am Dienstagabend im Schloss Koekelberg ansteht. Er fühlt sich fürs Wohlergehen seiner Schwestern verantwortlich und will nicht, dass sie irgendwo eine Stelle als Gouvernante oder Gesellschafterin annehmen müssen. Das bedeutet, dass er Geld verdienen muss, viel Geld, und er hat vor, irgendwo in der Welt sein Vermögen zu machen. Die Herren marschieren so stramm vorneweg, dass die Damen etwas zurückfallen. Mary, die starke, fröhliche Mary, geht zwischen Emily und Charlotte und freut sich im Stillen über das abenteuerliche Leben, das sie erwartet.

Die Überlegungen von Charlotte und Emily sind Ihnen ja wohlbekannt, lieber Leser, deswegen laufen Sie nur ruhig mit den Herren voraus, zum Fischerdorf Middelkerke. Es macht nichts, wenn Sie keinen Schal dabeihaben, es ist zwar ein grauer Tag, aber nicht sonderlich kalt. Dieses graue Licht ist übrigens typisch belgisch.

In einem bescheidenen Gasthaus nehmen die Brontës und ihre Freunde ein Mittagsmahl aus Seezunge, Hühnchen und Reisauflauf ein. Emily stochert fast schon etwas angewidert in ihrer Seezunge herum – als Bewohnerin eines Dorfes in den Hügeln von Yorkshire ist sie Fisch nicht gewöhnt. Der Kellner schenkt ihnen braunes Bier ein, von dem sie fröhlich und leicht schläfrig werden. So schläfrig, dass Vater Brontë nach dem Auflauf wegschlummert und nur Emily ihn wieder wach bekommt.

Sie spazieren zurück und sind ungefähr auf halber Strecke, als sie die Reiter sehen. Vier Pferde und vier Reiter: ein etwas älterer Mann in Militäruniform, der kerzengerade im Sattel sitzt, begleitet von drei jüngeren Männern.

Er ist im Gespräch mit zwei Damen, die offenbar spazieren gehen, und eine von ihnen trägt ein Hütchen mit einer Flut aus Seidenblumen – was ein bisschen lächerlich wirkt, hier an der Küste.

»Reiten am Strand, das muss wirklich wunderbar sein!«, sagt John, und er streckt die Arme aus und wiegt sich hin und her, als wäre er eine Möwe, die sich vom Wind tragen lässt.

Als sie näher kommen, sieht Charlotte, das die Damen Mutter und Tochter sind – und oh, das ist das Mädchen aus dem Frühstücksraum! Sie trägt einen einfachen Strohhut mit roten Bändern und ihre Hände sind nicht behandschuht. Der Mann bleibt im Sattel, spricht aber sehr aufmerksam mit ihr, und ihre funkelnden Augen und die geröteten Wangen verraten, wie entzückt sie über diese Begegnung ist. Das muss wohl ihr Onkel sein, denkt Charlotte, ein Erbonkel, der sie mit Geschenken überschüttet. Das Mädchen hebt ganz leicht ihren Rock an und dreht sich spielerisch einmal im Kreis. Sie trägt Stiefel aus weichem Kalbsleder, und Charlotte hasst sie.

VII

Wir finden unsere Gesellschaft am nächsten Morgen gegen halb sieben auf dem Weg nach Brüssel, in einem Gefährt, dass der Hotelportier »die Postkutsche« nennt – ein etwas zu elegantes Wort für diese Klapperkiste von Kutsche. Zwei Schimmel und zwei Braune ziehen das Ding, und Charlotte Brontë sitzt eingeklemmt zwischen ihrem Vater und einem Frauenzimmer mit üppigem Hinterteil, gegenüber eine große, biestige Dame, die den Tag damit beginnt, eine Schüssel Garnelen zu schälen, neben ihrem schweigsamen Gatten und einem jungen Mönch. Es sind insgesamt elf Passagiere, das sind drei zu viel, und dabei sind der Kutscher und sein Helfer auf dem Bock noch gar nicht mit eingerechnet. Nach ein paar Stunden soll auch noch ein kleiner, stämmiger Junge zwischen sie gesetzt werden, der im Wagen schier nicht zu bändigen ist. Und dann noch das ganze Gepäck!

Charlottes Füße stehen auf einer Kiste, die mit einem Seil zugeschnürt ist, während Mary recht wackelig auf einem Postsack mit Briefen sitzt und mit dem Kopf fast an die Decke stößt. Das große lederne Verdeck erinnert an eine Weste auf einem dicken Bauch, die jeden Moment platzen kann. Vor der Abreise standen die Türen offen, um die Kutsche durchzulüften, aber sauber ist sie nicht. Die vorherigen Passagiere haben offenbar Walnüsse geknackt, denn zwischen den samtigen Kissen liegen Schalenreste. Da die Eisenbahnstrecke zwischen Ostende und Brüssel noch nicht fertig ist, kann man nur auf die Postkutsche zurückgreifen. Dem Prediger ist es lieber so, denn Zugkarten hätten bestimmt mehr gekostet.

Die Reise – über hundert Kilometer – wäre für die meisten Passagiere eine Tortur. Nicht so für Charlotte. Die Frau rechts von ihr schläft ein, und in diesem Zustand völliger Entspannung scheinen sich ihre Hinterbacken noch ein Stück weiter auszubreiten. Doch das kann Charlotte gar nicht stören. Sie stützt die Hände auf die Knie und schaut nach links und rechts aus dem Fenster. Ab und zu wird sie durchgeschüttelt, und die mollige Frau droht sie zu zerquetschen – aber die Landschaft ist hier so anders! Die Kooge sehen so ordentlich aus, die Äcker sind umsäumt von Reihen von knorrigen zurückgeschnittenen Weiden. Und überall so viel Wasser. Schmale Kanäle, in denen das Wasser träge neben der Straße herfließt, und Weiden, die so grün sind, so grün, und ab und zu auch sumpfig. Sie wundert sich über die vielen Kühe und über die Schweine, die grunzend ein Stückchen neben der Kutsche hertraben und sich schelmisch im Schlamm suhlen. Und dann die stämmigen, tüchtigen Arbeitspferde mit ihren langen, blonden Mähnen! Zum ersten Mal in ihrem Leben scheint ihr das Glück zum Greifen nah. Aber es kommt noch mehr, denn sie hat große Erwartungen – Erwartungen, von denen sie schon weiß, dass sie überzogen sind. Was hat sie ihrer Freundin Ellen noch vor ihrer Abreise geschrieben? Belgien ist mein Gelobtes Land.

Es fällt den Passagieren schwer, nach dem Mittagessen in Gent weiterzureisen: Sie sind matt, müde und von leichter Übelkeit geplagt und sehnen sich nach der Ankunft in Brüssel, aber auf die müssen sie noch bis Sonnenuntergang warten. Doch seien Sie ganz beruhigt: Sie müssen nicht wieder in der stickigen Postkutsche Platz nehmen. Das Interieur mit dem salzigen Garnelengeruch ist Ihnen ja jetzt wohlbekannt. Ohne die Klapperkiste gewinnen Sie an Bewegungsfreiheit und können schnell durch das ganze Panorama reisen.

Lassen Sie den Blick einmal übers Land schweifen. Das winterliche Flachland mit seinen nackten Äckern und weiß gekalkten Bauernhöfen. Ein Bauer, der volle Milchkannen auf einen Karren lädt, und ein paar Jungen in Schuluniform, die Fangen spielen, ein Ehepaar in einer Chaise, er mit imposantem Schnurrbart, sie mit einem schwarzen Hütchen mit Schleier. Wer genau hinschaut, sieht auch, was sich hinter den malerischen Windmühlen und den Kopfweiden verbirgt: die bittere Armut der Kleinbauern und der Arbeiter. Hinter der Chaise mit dem Ehepaar sieht man verschwommen zwei kleine Kinder, Mädchen, die gekleidet sind wie alte Weiblein und jetzt schon etwas Totes in den Augen haben. Sie sind barfüßig und haben seit dem Morgengrauen in einer Flaschenfabrik gearbeitet. Aber kommen Sie, wenden wir uns lieber wieder angenehmeren Dingen zu. Charlotte ist schließlich nach Belgien gekommen, um dem Elend von Haworth zu entkommen.

Von oben betrachtet sehen die Äcker und Gemüsegärten in ihren ganzen Grün- und Brauntönen aus wie kleine Stofflappen, die zu einer großen Flickendecke verarbeitet worden sind. Das Land ist hier ganz bezaubernd, mit sanft geschwungenen Hügeln, und wir haben unser Ziel beinahe erreicht: Dort unten sind die Glockentürme und Abteien von Dörfern und Weilern mit seltsamen Namen wie Kobbegem, Bekkerzeel und Zellik. Und hier ist Brüssel! Die Stadtmauern und ihre schweren Türme sind schon seit Jahren zerstört, daher verstellen sie nicht mehr die Sicht auf die Kirchen. Ein breiter Boulevard mit hübschen Blumenbeeten und Alleebäumen umgibt die Stadt. Aber wir haben jetzt keine Zeit, gemächlich hier herumzuspazieren. Bevor es dunkel wird und die Regenwolken ihre Last ablassen, will ich Ihnen den Königlichen Palast zeigen. Er wurde in der Epoche erbaut, als Wilhelm I. der Niederlande hier noch das Zepter in der Hand hatte, und hat dementsprechend auch eine strenge holländische Fassade, die nicht allzu sehr nach Brüsseler Geschmack ist. Das Gebäude war kaum fertiggestellt, als auch schon die Belgische Revolution losbrach und Wilhelm Hals über Kopf gen Norden flüchten musste. Der neue Fürst, Leopold I. (der erste belgische König!), hat sich entschieden, die Sommer im Schloss Laken zu verbringen und den Palast in Brüssel nur im Winter zu bewohnen.

Der König ist übrigens heute Abend anwesend, und Sie können ihn durch das vierte Fenster von links erkennen, das mit den schlichten weißen Gardinen. Er steht an einem hohen Lesepult, seine Hand mit dem Füller – dieser Tage eine Neuheit, die gerade ausprobiert wird – schwebt über einem Dokument, und er schaut eine Spur verdrießlich drein. Er ist im Dezember einundfünfzig geworden, und das sieht man ihm auch an: Auf seiner hohen Stirn haben sich tiefe Falten eingegraben, seine Nase ist schmal und glänzt, und seine Haare – schwarz wie die eines Zigeuners, mit zwei Locken, die säuberlich auf den Schläfen kleben – scheinen von Nahem betrachtet doch eine Perücke zu sein.

Früher einmal war Leopold bei den Damen als aufregend hübscher Prinz bekannt, und er führte ein rauschendes Leben. Soll ich den Schleier ein klein wenig lüften? Er ist von bayrischer Herkunft, geboren in der mächtigen Feste Coburg, in einem waldreichen, gebirgigen Landstrich. Als Achtzehnjähriger reiste er mit seinem ältesten Bruder Ernest nach Paris, um Kaiser Napoleon Bonaparte und seinen Hofstaat zu treffen. Die Pariserinnen empfingen ihn mit Entzücken in ihren Salons, und Kaiserin Joséphine nahm ihn unter ihre Fittiche.

Ihre Tochter Hortense bemerkte nach einer Teegesellschaft mit dem Prinzen, dass sie noch nie einen so schönen Mann gesehen habe. Er war riesengroß, hatte eine stolze Haltung, dichtes, dunkles Haar und glatte Haut – und das in einer Zeit, in der die meisten Männer gedrungen und unappetitlich aussahen. Auf dem Rückweg nach Bayern machte er eine Rundreise durch die europäischen Fürstenhäuser, wo ihn die Damen anbeteten. Wie jung und kräftig er sich damals gefühlt hatte! Aber in den Augen der Väter all dieser Prinzessinnen war Leopold keine gute Partie. Als jüngerer Bruder eines Herzogs war er auch nicht besonders vermögend. Ach, wie viel seitdem doch geschehen ist!

Sie müssen sich aber noch etwas gedulden, bis Sie einen Blick auf die zahlreichen Geheimnisse des belgischen Monarchen werfen dürfen, denn die Gegenwart fordert unsere ganze Aufmerksamkeit. Der König verlagert sein Gewicht federnd vom einen auf den anderen Fuß, denn er ist müde und hat Krämpfe in den Beinen, die ihn in letzter Zeit immer öfter befallen. Doch er zwingt sich, seine Korrespondenz im Stehen zu erledigen. Die Dokumente werden ihm von Jules Van Praet vorgelegt, seinem liebenswürdigen und äußerst geschickten Vertrauten. In seiner schwarzen, sorgfältig zugeknöpften Jacke und mit seinem übertrieben hohen Kragen könnte man den Herrn Van Praet für einen unangenehmen, strengen Mann halten. Aber als er sich beim König bedankt und ihm zunickt, zeigen seine durchdringenden Augen eine große Milde und das Bedürfnis zu gefallen. Sämtliche Dokumente auf dem Stapel sind unterzeichnet, und Van Praet zieht sich mit einer leichten Verbeugung zurück.

Der König läuft zum Fenster, um dem Regen zuzusehen, und es ist bemerkenswert, wie stolz seine Haltung ist: Er scheint in Habtachtstellung zu stehen, kerzengerade, die Arme am Körper, die Fersen aneinandergedrückt. Er kommt so nah an das Glas, dass Sie beinahe die Poren auf seiner Nase zählen könnten. Und in der Tat, das haben Sie gut bemerkt: Er ist der Mann, den Charlotte Brontë letztes Wochenende mit dem hübschen Mädchen am Strand gesehen hat! Sofort stellt sich also die Frage: Was hat er dort getan, und wer ist diese junge Dame? Geduld, Geduld, alles zu seiner Zeit.

Der König schaut auf den nassen Warandepark und wünscht, er wäre anderswo. Einst war er ein vielversprechender Jüngling, aber jetzt ist er nur noch ein Mann, der sich langweilt. Das kann man von Jules Van Praet nicht behaupten, der dort unten schon an den schmiedeeisernen Toren angelangt ist, den Kragen seiner Jacke zum Schutz gegen den Regen aufgestellt und eine lederne Dokumentenmappe unter dem Arm. Er läuft nicht in den Park, sondern nimmt den Fußweg an der linken Seite des Platzes und geht an der Marmorstatue von General Belliard vorbei die breite Steintreppe hinunter, zu dem alten Stadtviertel, das noch aus der Zeit der spanischen Herrschaft stammt. Gekräuselte Rauchsäulen steigen aus den Schornsteinen der Rue d'Isabelle, einer schmalen Straße mit ebenso schmalen Häusern und sauberem Pflaster.

Als er am Fuß der Treppe angekommen ist, erblickt Jules Van Praet die nüchterne, aber dennoch würdevolle zweistöckige Fassade des Pensionats von Frau Claire Heger. Eben diese Dame steht gerade an der Tür, und er zieht galant den Hut vor dieser charmanten Erscheinung.

»Bonsoir, Monsieur Van Praet!«, grüßt sie ihn fröhlich. Eigentlich hat sie nur hinausgeschaut, um zu überprüfen, ob nicht irgendwelche Schülerinnen von ihr heimliche Rendezvous mit den Jungen des angrenzenden Athénée Royal haben. Wir wollen schnell ins Haus schlüpfen, bevor sie die Tür wieder schließt! Jules Van Praet mag ein unverzichtbarer Mann für den jungen belgischen Staat sein, und die Sitzung im Hotel Ravenstein, zu der er unterwegs ist, wird sich zweifellos mit wichtigen Fragen beschäftigen, aber wir müssen ihn trotzdem gehen lassen, denn Claire Heger ist eine Person, die eine herausragende Rolle im Leben von Charlotte und Emily spielen wird.

Im Haushalt von Claire Heger und ihrem Gatten Constantin haben Streitgespräche keinen Platz. Zwischen den hohen, weiß gekalkten Wänden hat Claire mit ihrem Pensionat eine kleine, gut funktionierende Welt erschaffen. Ein anmutiger kleiner Planet, der sich schön um seine kleine Achse dreht, in einem Rhythmus, der durch das Läuten der kupfernen Schulglocke bestimmt wird: Der Unterricht beginnt! Zur Messe in die Kapelle! Mittagessen! Ende des Schultags! Das *Pensionnat Heger, maison d'éducation pour les jeunes Demoiselles*, wie Claire ihre Schule bewirbt, ist ihre ganz eigene Schöpfung, daran besteht nicht der geringste Zweifel.

Ihre Tante – eine gesunde, muntere Nonne – unterhielt in diesem Gebäude früher ein Internat, aber das war bei Weitem nicht gut genug für die Ansprüche der wohlhabenden Brüsseler Familien. Claire Zoë Parent – denn mit diesem Namen ging Mevrouw Heger vor ihrer Heirat durchs Leben – übernahm das Institut von ihrer Tante, ohne jedoch das Gebäude zu kaufen. Mit ihren tadellosen Manieren, der Mühelosigkeit, mit der sie sich unter den Reichen bewegt, und ihrer klugen Lehrmethode hat Claire die Schule in ein Pensionat verwandelt, vor dem die bürgerlichen Mütter und der niedere Adel Schlange stehen, um ihre Töchter einzuschreiben (einem Dienstboten diese Pflicht zu übertragen ist undenkbar, denn niemand würde wagen, die Direktorin des Instituts zu beleidigen).

Das Pensionat war bereits ein Erfolg, als Constantin Heger, eine junge Lehrkraft, dem Fräulein Parent den Hof zu machen begann. Er hatte sie bei einer Gesellschaft im Haus von Zoé de Gamon kennengelernt, einer Dame mit ganz neumodischen Ideen zur Erziehung. Claire fand Gefallen an Constantins Avancen, was ihre Umgebung überhaupt nicht nachvollziehen konnte. Mit seinen fünfundzwanzig Jahren war er fünf Jahre jünger als Claire, und er besaß keinen roten Heller! Bei der Revolution von 1830 hatte er als Nationalist auf den Barrikaden gestanden, was natürlich ganz heldenhaft war, aber auch auf einen aufbrausenden und rebellischen Charakter schließen ließ. Im gleichen denkwürdigen Jahr hatte er geheiratet, aber seine Frau und ein Kind starben drei Jahre später bei einer Cholera-Epidemie.

Constantin Heger war zwar ein begabter Redner und unterrichtete französische Literatur, Mathematik, Geografie und belgische Geschichte, sowohl an der Veterinärmedizinischen Schule als auch am Athénée Royal, aber es war bekannt, dass Unterricht schlecht bezahlt wird. Böse Zungen behaupteten rasch, dass er sowieso nur auf Claires Geld aus war. Wenn er denn wenigstens ein hübscher Kerl gewesen wäre – ja, das hätte ihre Schwäche für den Mann erklären können, aber das war eben nicht der Fall. In der Gesellschaft der großen, schlanken und interessant blassen Jünglinge des Athénée nahm sich der stämmige, gedrungene Heger, der sehr leicht errötet, wie ein Bauer aus.

Es ist den Lehrerinnen und den jungen Damen im Pensionat immer noch ein Rätsel, warum sich die Direktorin Constantin Heger zum Ehemann auserkoren hat, aber es ist eben so. Und als wir sie kennenlernen, sind sie schon seit sechs Jahren ein Ehepaar und haben drei niedliche Töchter: Marie, Louise und die kleine Claire. Das Kindermädchen hat die drei ins Bett gebracht, und Constantin Heger sitzt lesend in dem Raum, den die Schülerinnen *le salon de madame* nennen: ein gemütliches Zimmer mit einem Klavier, einem Sofa, zwei bequemen Sesseln und einem kleinen Schubladenschränkchen. Der Ofen brummt, und Constantin Heger raucht seine Pfeife. Er blickt auf, als seine Frau hereinkommt, schaut auf die reife Rundung ihres Bauches – sie ist im siebten Monat schwanger –, und seine Augen nehmen einen zärtlichen Ausdruck an. Zwischen ihnen scheint Harmonie zu herrschen, wie es fast immer der Fall ist. Sie mögen nicht streiten, denn sonst gäbe es Chaos, und wenn es etwas gibt, was Claire zutiefst zuwider ist, dann ist es Chaos.

Nicht, dass im Pensionat nie etwas schieflaufen würde. Es kann schon vorkommen, dass eine verwöhnte *demoiselle* sich am Sonntagabend nach einem Besuch bei ihrer Familie oder Freunden nicht rechtzeitig zur Schlafenszeit wieder an der Pforte zurückmeldet. Oder dass eine Grippewelle oder eine ansteckende Durchfallerkrankung im Haus ausbricht. Das alles kann die Direktorin auffangen, solange sie nur die Eintracht in ihrer Ehe bewahren kann. Constantin Heger ist von Natur aus ziemlich cholerisch, aber in Anwesenheit seiner resoluten Gattin wird er so zahm wie ein französischer Pudel. Er erkennt an, dass sie die Chefin ist und die Hand auf dem Geldbeutel hat. Sie hat ihrem Mann ein paar kleine Häuser in der Straße geschenkt, aber weiter geht die Freigebigkeit nicht: Sie spart, um in ein paar Jahren das Schulgebäude kaufen zu können. Wenn Constantin vorhat, sein Lebtag mit Claire verheiratet zu bleiben, muss es ihn ja nicht kümmern, was seines und was ihres ist, aber eine Sache stört ihn trotzdem. Das ist schon seit Jahren so, aber gestern gab es einen Vorfall, der seinen Ärger wieder aufflackern ließ.

»Ich setze mich kurz zu dir«, sagt Claire, »aber dann muss ich zurück zum Abendgebet.«

»Schön, schön.« Constantin zieht kräftig an seiner Pfeife, als müsste er sich Mut anrauchen. »Dann besprechen wir doch kurz etwas, *chérie*. Ich muss dir sagen, dass ich es sehr unangenehm finde, was da gestern passiert ist. Du meidest das Thema, aber wir müssen wirklich darüber reden.«

»Meinst du das mit Juffrouw Marie?« Trotz ihres schwangeren Bauches sitzt Claire mit seitlich angezogenen Beinen da und hat die Knöchel überkreuzt.

Constantin nickt ernst und massiert sich das beginnende Doppelkinn mit Daumen und Zeigefinger. »Marie stand mit Blanche und Sophie im großen Salon und hat auf ihre Lohnauszahlung gewartet. Du warst verhindert und solltest später als normal kommen, deswegen erwartete diese neue Lehrerin, dass ich die Sache regeln soll. Aber das Geldkästchen war nicht da, und du schließt die Schublade mit der Kasse ja immer mit dem Schlüssel ab.«

»Stimmt«, sagt Claire freundlich.

»Das wäre ja alles noch nicht so schlimm, aber du erwartest nach all den Jahren immer noch, dass ich mich mit den kleinen Lehrerinnen in einer Reihe anstelle, um meinen Lohn zu bekommen. Und dann lässt du mich auch noch die Kasse abzeichnen.«

»Ja«, sagt Claire. »Aber das haben wird doch schon immer so gemacht, Constantin, warum fängst du jetzt davon an?«

»Ich will es nicht mehr«, sagt er. Seine Stimme zittert, so aufgeregt ist er. »Das ist erniedrigend.«

Sie steht auf und ordnet ihren schwarzen Seidenrock. »Es tut mir leid, dass du das so empfindest, *mon amour*. Vergiss nicht, dass ich hier die Direktorin bin.«

Er wird rot. Beziehungsweise er war schon rot und nimmt jetzt einen beunruhigenden Pflaumenton an. Er beugt sich vor und hält seine rechte Hand mit der Pfeife in die Höhe, als wollte er etwas Wichtiges sagen, bringt es aber nicht heraus. Dieser Mann, der für sein hitziges Temperament bekannt ist, dieses dunkle Wesen mit den lebhaften Augen und dem zu breiten Backenbart, richtet sich einmal halb auf, sackt dann aber wortlos wieder in sich zusammen, als seine Frau würdevoll aus dem Zimmer geht.

Um die Zeit, als die Postkutsche aus Ostende die Stadt Brüssel erreicht, hat es angefangen zu stürmen, und als die Passagiere bei der Haltestelle neben der Kapelle Sainte-Marie-Madeleine aussteigen, schlägt ihnen der Regen ins Gesicht. Das Ehepaar Heger liegt in diesem Moment in seinem großen, altmodischen Bett und schläft. Beide sind nackt. Claire liegt auf der Seite, ihre Wange ruht auf ihrer Handfläche, und Constantin hat sich an sie geschmiegt. Unter der Decke hat er seine behaarte Hand auf ihren Bauch gelegt.

VIII

Es ist sehr fraglich, ob Charlotte das ganze Abenteuer überhaupt angefangen hätte, wenn sie gewusst hätte, was sie erwartet. Sie hat noch keine Vorstellung, wie anders diese Stadt ist, so anders als ihr Dorf in Yorkshire, und wie anders ihr Leben hier sein wird, und wie man von ihr verlangen wird, (von ihr, einer Tochter der Church of England), dass sie sich an die örtlichen Sitten und Gebräuche anpasst. Doch hier, in dieser geheimnisvollen Stadt, die so weit von zu Hause weg ist, wird sie wirklich zur Frau werden.

Charlotte erwacht in einem weichen Bett im komfortablen Hôtel de Hollande. Sie wurde geweckt vom jubelnden, dröhnenden Geläute der Kirchenglocken von Saint-Micheal und Sainte-Gudula. Emily ist schon aufgestanden und bürstet sich das hellbraune Haar, in das die Sonnenstrahlen, die durchs Fenster hereinfallen, hellrote Strähnchen zaubern. Ihr Gesicht ist grau, ihre großen, runden Augen strahlen Wehmut aus. Charlotte sieht schweigend zu, wie sie ihre Wollstrümpfe anzieht und in ihren Unterrock steigt. Es steht zu hoffen, dass ihre sture Schwester im Pensionnat Heger nicht heimwehkrank wird, so wie vor sieben Jahren in Roe Head. Sie selbst war dort auch zur Schule gegangen, und als sie als Lehrerin zurückkehrte, kam Emily als Schülerin mit. Ach, da ist das alte Schuldgefühl wieder! Hätte sie sich doch mehr mit ihr abgegeben! Die ganze Zeit war sie mit Unterrichten beschäftigt, und als Lehrerin schlief sie ja nicht im Schlafsaal. Einsilbig, wie sie nun mal ist, beklagte Emily sich nie, aber sie begann immer mehr dahinzuwelken. Sie weigerte sich zu essen und sprach fast kein Wort mehr.

Eines regnerischen Mittags Ende September fand sie sie auf einer tiefen Fensterbank, an einem Fenster mit Ausblick über die Hügel. Die im Sommer so trockene braune Heide war zum Leben erwacht und bildete Wellen aus lebhaftem Violett. Sie hatte erkannt, dass Emily nicht dafür geschaffen war, mit zwanzig lärmenden Mädchen zusammenzuwohnen und in einem kalten Klassenzimmer Konjugationstabellen französischer Verben herunterzuleiern. Sie musste ganz frei durch die Natur streifen und ihrer Fantasie freien Lauf lassen können. Ihre Schwester war schrecklich mager geworden – so mager, dass ihr das Schreckbild der beiden verstorbenen Schwestern wieder vor Augen kam. Emily musste nach Hause, und im Wagen, der aus Haworth geschickt wurde, um sie abzuholen, saß ihre jüngere Schwester Anne, sechzehn Jahre alt. Sie sollte Emilys Platz einnehmen und die Schule mit guten Noten abschließen. Emily, Emily! Charlotte steckt ihre geflochtenen Zöpfe hoch und sieht, dass ihre Schwester sich ans Fenster gestellt hat. Ein riesiger Wagen donnert vorbei, und auf der gegenüberliegenden Straßenseite hängt eine Frau eine Decke zum Lüften aus dem Fenster. In der großen Stadt gibt es keine Heide, und der Horizont besteht aus Dächern und rauchenden Schornsteinen. Ich werde mich um dich kümmern, Emily. Hier in Brüssel wird dir nichts passieren.

Mary kommt ins Zimmer und hat so frische rote Wangen, dass Charlotte sich unwillkürlich an die eigenen fasst. Flüchtig schaut sie in den Spiegel, und ihr Anblick enttäuscht sie: Irgendwie hatte sie erwartet, dass sie in Brüssel jemand anderes sein müsste – dass sich nicht nur die Kulisse verändert, sondern auch sie selbst.

»Kommt schnell frühstücken«, sagt Mary. »Ihr geht um halb zehn zum Pensionat, aber vorher muss ich euch noch etwas Großartiges zeigen.«

Emily lässt die beiden anderen hinter sich, so ein energisches Tempo legt sie vor. Ihre Jacke ist offen, und eine Haarsträhne, die sich aus ihrer Frisur gelöst hat, kitzelt sie am Hals. Sie trägt flache braune Stiefel mit braunen Schnürsenkeln. Sie hat magere, aber gerade Beine und wohlgeformte Knie, das weiß sie. Und große Füße, damit zieht ihr Vater sie immer auf.

Für den aufmerksamen Beobachter hat ihre Erscheinung etwas Aristokratisches, trotz der Gleichgültigkeit, die sie für ihr Äußeres an den Tag legt. Sie könnte eine vornehme, exzentrische Engländerin sein, die in ihren Garten geht, um ein paar Zweige aus den Sträuchern zu schneiden. Ihre Ohren sind klein und von perfekter Form. Ihre Haube ist ihr in der Eile auf den Rücken gerutscht, aber das Bändchen sitzt noch immer fest an ihrem Hals.

Der Grand Place kann ihr gestohlen bleiben, dieses ganze Brüssel kann ihr gestohlen bleiben, aber das Morgenlicht ist eisblau und prickelnd. Sie wünschte, sie wäre allein. Die Passanten stören sie nicht, die sprechen sie ja nicht an – aber ihre Schwester und Mary folgen ihr. Sie läuft die Straße entlang, in der ihr Hotel ist, und hört Mary rufen, dass sie in die Rue de La Madeleine biegen müssen. Eine Straße voller Geschäfte. Bei Vandoren kann man *moutarde* kaufen, was nach den Steinguttöpfen zu urteilen wohl Senf sein muss, bei Dooms gibt es Schuhe, und bei Meulemans Brillen und Operngläser.

Namen, die nicht französisch anmuten. Sie hört die Leute eine Sprache sprechen, die sicherlich Flämisch ist. Und da ist auch schon der Grand Place.

Mein Gott. Sie bleibt stehen, aber es strömen unablässig Menschen auf den Platz, und sie wird ganz von selbst weiter in die Mitte geschoben. Sie schaut sich um: Dieser Platz ist wie eine Schatztruhe aus längst vergangenen Zeiten. Was für ein Reichtum, was für eine Pracht! Mit Blattgold verzierte Fassaden, ein grauer Schwan aus Stein, der auf einem Portal stolz die Flügel spreizt, ein Tiefrelief mit Romulus und Remus, die durch die Wölfin gesäugt werden, und auf einer Giebelspitze ein Phönix, der aus seiner Asche steigt. Und mehr, noch mehr: Girlanden mit Blüten und Früchten und ein kühner goldener Fuchs. Sie hört Mary reden, hört aber nicht hin, sie möchte ihren Durst nach all dieser Schönheit stillen. Dort ist eine Verkäuferin mit einem Korb am Arm, in dem Seifenstücke in Form von Seepferdchen liegen. Das Mädchen kommt mit einem Seepferdchen in der Hand näher und möchte sie schnuppern lassen. Ihre Schwester fasst sie am Arm.

»Emily«, sagt Charlotte. »Ganz ruhig. Bleib stehen. Komm wieder zu dir.«

Sie schüttelt die lästige Hand ab und starrt auf die steinerne Statue eines alten spanischen Königs.

»Wir müssen gehen«, sagt Charlotte, und Emily wünschte, sie hätte den Mut, diese Geiselnahme zu beenden und mit ihrem Vater nach Hause zurückzukehren.

BRÜSSEL

IX

Mevrouw Henriette Claret, geborene Neetesonne, eilt zum Haus ihrer Nachbarin in Etterbeekse Velden. Sie atmet in kurzen, hastigen Zügen, mit leicht geöffnetem Mund, wie ein Hündchen, das begeistert hechelt, wenn sein Herrchen die Leine hervorholt. Sie kann ihre Ungeduld nur schwer zügeln, wie gestern, auf der langen Fahrt von Ostende nach Elsene. Sie hatte schon in ihrem Landauer darauf gebrannt, mit ihrer Tochter Arcadie zu reden, aber Charles wollte einfach nicht einschlafen, wie er es sonst immer tat. Die ganze Zeit redete er über Politik. Und nein, er darf wirklich noch nichts davon wissen – sie hat keine Ahnung, wie er reagieren wird.

Jetzt ist Henriette auf dem Weg zu ihrer Nachbarin, Babette Claeskens, und sie hofft, bei ihr mindestens eine Stunde lang ihre Geschichte ausbreiten zu können und sich über den Ausdruck größter Überraschung und Bewunderung auf Babettes Gesicht zu freuen.

Henriette (klein und auf eine hübsche Art mollig, aber mit deutlicher Taille – dank eines genialen Korsetts aus Walbein) hat gerade den Park mit den alten Eichen verlassen, der das Landhaus Campagne Claret umgibt. Sie läuft über den Feldweg, obwohl »wanken« vielleicht das bessere Wort wäre, ihren Gang zu umschreiben – ihre Schuhe haben zu hohe Absätze für diesen unebenen Weg, und sie ist generell nicht so gut zu Fuß. Henriette ist eben einfach eine Frau, die lieber auf einem ebenen Weg durch einen Blumengarten schlendert, im Haus Rundtänze tanzt oder mit einer Schale Gebäck auf dem Bauch auf der Chaiselongue liegt.

Der Pfad führt Richtung Dorf, und links und rechts werden gerade überall hübsche, geräumige Häuser gebaut. Obwohl die Gemeinde Elsene nur knapp außerhalb der Porte de Naumur und des Brüsseler Stadtkerns liegt, ist sie noch sehr ländlich. In den letzten Jahren ist es bei den Bürgern in Mode gekommen, in Elsene zu residieren, was in erster Linie daran liegt, dass der Geigenvirtuose Charles de Bériot hier ein Landhaus hat. Die berühmte Operndiva Maria Malibran, seine verstorbene Gattin, hat vor sechs Jahren einen ganzen Sommer in ihrem Pavillon verbracht. Aber leider ist die Pariserin wenige Monate nach ihrem Sommer in Elsene tödlich verunglückt. Sie reiste viel, und eines Tages lief dem Pferdegespann, das ihre Kutsche zog, ein ausgerissenes Schwein zwischen die Beine. Durch den Stoß wurde die schwangere Maria aus der Kutsche geschleudert. Ein tragischer Tod, aber auch eine großartige Geschichte, die man Besuchern in den Salons von Elsene gerne erzählt.

Henriette selbst ist auch nicht aus dieser Gegend. Sie ist eine echte Genterin, und obwohl sie mit Französisch als Muttersprache aufgewachsen ist, kann sie ganz lustig flämischen Dialekt sprechen. Das Wort »Brot« klingt aus ihrem Munde eher wie »Bröt«, und die Hühner legen »Eiör« – mit dem französischen R am Ende, denn Gent ist die französischste aller flämischen Städte. Henriette spricht mit Charles und den Kindern Französisch, aber außerhalb der hohen Buchenhecken von Campagne Claret schwätzt sie dann doch hie und da mit einem Marktverkäufer, einem Fuhrmann oder einer Näherin ein Wörtchen Flämisch. Dann schlägt sie einen jovialen Ton an, um deutlich zu machen, dass sie zwar eine vornehme Dame ist, sich aber trotzdem mit den gewöhnlichen Arbeitern unterhält.

Ein Bauer, der sein Arbeitspferd an einem Strick mitführt, kommt vorbei und grüßt sie, indem er sich an den Mützenschirm tippt, doch Henriette grüßt nicht zurück – weder auf Französisch noch auf Flämisch. Sie ist tief in Gedanken versunken, und plötzlich wird ihr ganz bang zumute. *Mon Dieu, mon Dieu!* Da kommt wieder eine Hitzewallung. Sie hält einen Moment still, macht den kleinen Mund so weit wie möglich auf und wedelt mit den fleischigen Händen. Ein Schweißtropfen läuft ihr zwischen den Brüsten herunter, und als der Bauer außer Sichtweite ist, knöpft sie sich den Umhang auf, sodass die Morgenbrise ihr die Brust kühlen kann. Da ist auch schon der Zaun des Claesken'schen Anwesens: der Vorgarten mit den säuberlich gestutzten Rosensträuchern und das niedrige Haus mit dem Reetdach. Sicher sehr nett und allerliebst, aber nicht zu vergleichen mit dem geräumigen Landhaus mit Park der Familie Claret.

Babette Claeskens ist auch keine Frau, mit der Henriette gern Arm in Arm gesehen werden würde. Sie ist einfach nicht chic genug, um als gute Freundin durchzugehen. Schließlich ist Henriette die Gattin eines Majors (Schatzmeister der Witwen- und Waisenkasse des Belgischen Heeres), und eventuell wird Charles sogar noch Oberstleutnant. Nicht auszudenken, das wäre so wunderbar! Und dann kann man doch nicht mit der Frau eines Postmeisters befreundet sein! Henriette verschweigt nicht, dass sie mit ihrer Nachbarin verkehrt, aber sie behauptet, in erster Linie künstlerisches Interesse an Babettes Arbeit zu haben. Ihre Nachbarin ist schließlich Künstlerin: Sie stickt – keine bunten Blumen oder Singvögel, wie es sonst üblich ist, sondern Szenen und Orte, die normalerweise nicht gestickt werden. In letzter Zeit hat sie eine Schwäche für Friedhöfe entwickelt. Ihr neuestes Werk zeigt das Grab von La Malibran auf dem Friedhof von Laken, mit einem Lilienkranz und davor ihrem trauernden Mann in Grautönen. Das Ganze ist ein bisschen überholt, denn Charles de Bériot hat unlängst wieder geheiratet und sieht wahrlich nicht mehr traurig aus.

»Großartig!«, rief Henriette, als sie es sah. »Und so stimmungsvoll.«

Aber ihrem Mann erklärte sie, dass Babette eine düstere Seite hat und dass sie sich eine solche Stickerei nie und nimmer aufhängen würde, nicht mal in der Garderobe. Bizarrerweise hat Babette aber Erfolg mit ihren Stickereien, und so einige von den Elsener Damen lassen sich von ihr das Grab eines verstorbenen Gatten, Kindes, Vaters oder der Mutter verewigen. Henriette bringt ihr auch Kundschaft, aber sie selbst schätzt andere Qualitäten an ihrer Nachbarin. Babette kann nämlich hervorragend zuhören und liebt pikante Gerüchte.

Henriette zieht an der Glocke und wartet. Sie weiß, dass es eine Weile dauern kann, bis ihre Nachbarin aufmacht, denn wenn sie in ihre kreative Arbeit versunken ist, kann sie sich nicht immer sofort losreißen.

»Na, da bist du ja, Henriette.« Babette tritt über die Schwelle, um einen losen Zweig von einer Kletterpflanze über der Tür wieder ins Spalier zurückzustecken. Sie hat zierliche Hände, doch Henriette bemerkt mit einer gewissen Befriedigung, dass ihre Hand schon Altersflecken zu zeigen beginnt. Oh *Seigneur*, wenn ihr das jemals passiert, dann wird sie von morgens bis abends lange Handschuhe tragen!

Sie sitzen in dem Raum, den Babette die »Orangerie« nennt: ein halbrunder Erker mit hohen Fenstern. Babette sitzt neben einer Palme, und hinter ihr an der Wand hängt – in Kreuzstich – eine Szene von Kühen, die zum Tor des Schlachthauses geführt werden. Zu Henriettes Füßen liegt der aufdringliche Windhund. Rasch nimmt sie einen Schluck Kaffee und setzt ihre Tasse dann wieder auf dem Rattantisch ab.

»Er ist gekommen«, sagt sie feierlich.

»Nein!«, ruft Babette.

»Doch, wirklich.« Henriette legt eine pummelige beringte Hand aufs Herz, um ihren Worten etwas Feierliches zu geben, und beugt sich vor: »Er war in Ostende am Strand, und er hat Wort gehalten.«

»Sieht er gut aus?«

»Göttlich geradezu, Babette, wirklich, ohne jede Übertreibung. Natürlich nicht mehr ganz jung, aber ich sag immer zu Arcadie: ›Er ist ein echter Mann, damit können die Kerle deines Alters nicht konkurrieren.‹«

»Trägt er nicht eine Perücke?« Babettes Mund schließt sich nach jedem Satz zu einem dünnen Strich. Dennoch ist ihre Miene amüsiert, der Schalk sitzt in ihren violetten Augen.

»Nein«, lügt Henriette. »Aber begreifst du denn eigentlich, was ich dir hier erzähle, Babette? Er ist eigens wegen meiner Tochter an die Küste gereist. Der König, verliebt in meine Arcadie!« Jetzt wird ihr endgültig zu warm, die Wintersonne auf all dem Glas und jetzt diese Gemütsbewegungen. Sie öffnet die drei obersten Knöpfe ihrer Bluse.

»Wenn du gestattest, *ma chère*.«

»Wir sind doch unter uns«, versichert Babette. »Möchtest du ein Glas Wasser?«

»Ein Gläschen Branntwein sollte mich wohl beruhigen, denke ich. Du kannst dir ja nicht vorstellen, wie aufregend dieser Tage alles ist!«

»Aber Arcadie«, wendet Babette ein, »ist doch noch so jung. Dieser alte Lustmolch! Und er ist verheiratet, darüber kann man ja auch nicht einfach hinwegsehen. Was …«

Bevor sie den Satz zu Ende bringen kann, steht Henriette halb auf und schnaubt: »Der alte Lustmolch? Er ist immerhin der König. Der König! Kein Durchschnittsmann, sondern der Monarch dieses Landes. Und er hat eine Schwäche für meine Tochter. Welche Mutter würde da nicht jubeln? Arcadie wird im Mai schon sechzehn.«

»Ach, ich weiß nicht, Henriette. Wenn ich da an meine Mélanie denke …«

Deine Tochter ist so dürr wie dein Windhund, denkt Henriette, und außerdem schielt sie. Es geht ihr gegen den Strich, dass ihre Nachbarin Einwände vorbringt. Von ihren vornehmen Freundinnen weiß sie, dass sie solche heuchlerisch prüden Antworten erwarten muss; bei ihnen muss sie sich gut überlegen, wie sie ihre Neuigkeiten anbringt. Aber ihre Nachbarin, ihre Nachbarin mit ihren auffälligen Ohrringen aus geschliffenem Glas und ihrem winzigen Häuschen! Sie hätte sich zumindest erwartet, dass sie sie ehrfürchtig anstarrt.

Babette hat einen Grund, mit Henriette auf gutem Fuß stehen zu wollen, denn sie braucht sie für ihren Stickereienhandel. Daher bietet sie ihrer Nachbarin das Pralinenschälchen an, geht zum Barschrank, um ihr ein Glas Branntwein einzuschenken, und sagt beschwichtigend: »Ich meinte nur, liebe Freundin, dass selbst der König von Belgien nicht gut genug ist für Arcadie. Sie ist doch so eine Perle.«

Henriettes Miene hellt sich jäh auf, und sie klatscht in die Hände.

»Oh, Babette, ich bin ja so aufgeregt! Ich kann es nicht erwarten zu erfahren, was geschehen wird. Aber sie ist ja wirklich noch sehr jung, und wir halten die Sache am besten unter uns, bis sie das Alter hat, um als seine offizielle Maitresse aufzutreten.« Bei den letzten Worten bebt ihre Stimme vor Ekstase. Dann sinkt sie in ihren Sessel zurück und schiebt sich eine Praline in den Mund.

»Er hat schon viele Liebhaberinnen gehabt, Henriette.«

»Und nicht eine von ihnen war so besonders wie meine Tochter.« Auf Henriettes Schneidezähnen klebt Schokolade. »Nach ihr wird er nie wieder eine andere Frau verehren. Arcadie wird die Einzige sein.«

»Das hat sich diese deutsche Schauspielerin sicher auch gedacht.« Babette reicht ihrer Nachbarin ein Glas mit einem ordentlichen Schuss Brandy. »Wie hieß sie noch gleich? Karoline Bauer, das arme Mädchen! Er war sogar heimlich mit ihr verheiratet, und dann hat er sie doch wieder fallen lassen.«

»Schauspielerin!« Henriette rümpft die Nase, die mit der kugeligen Spitze an ein Wienerwürstchen erinnert. »›Schlampe‹ meinst du wohl. Das war doch nichts für Leopold!«

»Für Leopold? Duzt ihr euch etwa schon?«, rutscht es Babette heraus. Es klingt so sarkastisch, dass sie sich vor den Kopf schlagen könnte.

Henriette verengt die Augen zu kleinen Schlitzen und nimmt einen Schluck Brandy.

»Reden wir vielleicht einfach über etwas anderes.« Sie deutet auf ein gesticktes Bild, das aus dem Weidenkörbchen unter der Palme herausschaut. »Woran arbeitest du gerade – ist das der tote Pudel von Juffrouw Jacqueline in petit point?«

Kurz vor Mittag ist Henriette wieder im Campagne Claret. Ihre ältesten Söhne sind in einem Internat in Rijsel untergebracht, und Marcel und Cédric wohnen bei Henriettes Mutter in Gent, aber ihre drei Töchter leben alle zu Hause. Gerade bekommen sie im Großen Salon Klavierunterricht. Sie lugt um die Ecke, und oh, wie stolz sie ist! Ihre Tochter Henriette, neun Jahre alt, sitzt am Flügel – den Hocker ganz hochgedreht – und spielt eine vereinfachte Version von *Für Elise*. Zwar alles andere als fehlerlos, aber mit einem rührenden kindlichen Ernst. Dann sieht Henriette, wie der Klavierlehrer (ein mittelloser, aber begabter, eingebildeter junger Mann) einen Moment seinen Blick auf dem Bauch ihrer Tochter ruhen lässt. Sollte er die Fettröllchen unter dem kunstvoll weiter gemachten Faltenrock bemerken? Ja, es ist wahr, das arme Kind hat eine Neigung zum Dickwerden. Nicht auf eine gefällige Art mollig wie sie selbst, sondern richtig schwammig. Es wird Zeit, sie auf Diät zu setzen. Schade, dass sie ihr noch kein Korsett anziehen kann, aber der Arzt behauptet, dass das vor dem fünfzehnten Lebensjahr ungesund sei. Sosehr ihr Mutterherz auch für Henriette schlägt, sie sieht durchaus den breiten Kiefer, breiter als ihre Stirn, und ihre strammen Waden. Nein, muss sie sich seufzend sagen, Henriette ist kein hübsches Mädchen – dazu ähnelt sie zu sehr ihrem Vater. Doch Charles ist eigentlich kein hässlicher Mann – er ist stämmig, das wohl, aber er hat ein hübsches Gesicht und gütige, strahlend hellblaue Augen. Die kleine Henriette hat keine solchen Augen, aber wo man kleine Jungs für ihre kräftigen Waden bewundert, werden Mädchen dafür ausgelacht. Trotzdem wird sie diese Tochter in ein paar Jahren auch unter die Haube bringen müssen. Die Zukunft einer Frau, davon ist Henriette Claret überzeugt, hängt immer am Mann, darin liegt die einzige Chance für ihre Tochter, ebenfalls Geborgenheit und Wohlstand zu finden.

Pauline, gerade mal sieben, sitzt am Tisch und schreibt ein Musikstück ab. Sie beißt sich dabei auf die Unterlippe. Sie ist süß, mit leichten Locken im blonden Haar, aber Henriette kann auch bei ihr schon etwas vom breiten Kiefer ihres Mannes erahnen. Glücklicherweise hat sie Arcadie! Arcadie, ihr Stolz, ihr Ruhm, wichtiger für sie als ihre Söhne! Sie steht neben einem Tisch mit Kunstbüchern und betrachtet Drucke von Gemälden. Ihre Lektion ist schon vorbei, aber sie hat die Aufgabe, dafür zu sorgen, dass auch ihre Schwestern brav ihre Übungen machen. Henriette ist angenehm überrascht, dass Arcadie noch nicht in die Pferdeställe ihrer Nachbarin Chloé entwischt ist. Doch im nächsten Augenblick bemerkt sie, wie sich die Blicke des jungen Klavierlehrers und ihrer Tochter kreuzen! Fühlt Arcadie sich etwa zu diesem jungen Mann hingezogen? Sie selbst findet ihn unerträglich, und sie hat ihn nur deswegen angestellt, weil seine Referenzen so gut sind. Aber jetzt geht ihr auf, dass er mit seinem blonden Schopf (den er regelmäßig mit einer ruckartigen Kopfbewegung zur Seite wirft) und der Freizügigkeit seines Auftretens in Arcadies Augen durchaus eine angenehme Ablenkung sein könnte. Nicht auszudenken, wenn Arcadie sich von so einem Tölpel verführen ließe, arm wie eine Kirchenmaus!

»Monsieur Jacques!« Es klingt fröhlich und herzlich, und sie trippelt mit rudernden Händchen in den Salon, aber ihr Entschluss, sich dieses gefährlichen Jünglings so rasch wie möglich zu entledigen, ist bereits gefasst. *Für Elise* kommt ins Stocken, und der Klavierlehrer weicht einen Schritt zurück.

»Verzeihen Sie, wenn ich Ihren Unterricht unterbreche«, sagt Henriette und schlägt mit gestreckten Fingern spielerisch eine Taste an.

Als der junge Lehrer ihr schalkhaftes Lächeln sieht, versteift sich seine Haltung unmerklich, als wäre er eine Maus, die in die gelben Augen einer trägen, aber gefährlichen Katze sieht. Einen Moment nur, dann hat Monsieur Jacques sich wieder gefangen. Er wirft einen scheelen Seitenblick zu Arcadie, nickt Madame förmlich zu und sucht hastig seine Notenblätter zusammen.

Zu Mittag geht Madame Claret mit Arcadie in Brüssel einkaufen. Es wird höchste Zeit, Arcadies Garderobe an ihren neuen Status anzupassen: die Favoritin des Königs. Wenn sie seine Aufmerksamkeit dauerhaft fesseln will, muss sie so entzückend wie möglich aussehen: blühend, blond und kokett, in eleganten Kleidern aus feinem Leinen und duftigem Mousselin, wirbelnden Unterröcken aus Organza und Bonnets mit langen Satinschleifen. Charles wird brummen, wenn er die Rechnung bekommt, aber sie kann sich immer noch darauf hinausreden, dass sie sich langsam, aber sicher nach einem Mann für Arcadie umsehen müssen. »Nun sag doch selbst, Charles: Ein Mädchen in solchen Baumwollkleidchen und selbst gestrickten Strümpfen könnte kaum mehr als den Sohn eines Landarztes bezirzen.« Nein, ihre Tochter braucht eine mindestens dreireihige Perlenkette und Handschuhe in verschiedenen Farben. Wer ein Huhn anlocken will, streut Maiskörner, aber wenn man einen Fasan anlocken will, muss man Anissamen daruntermischen.

»*Mon trésor*«, wird Charles ihr entgegnen, »was redest du denn da? Arcadie ist noch viel zu jung zum Heiraten.« Aber dann wird sie ihn in die Wange kneifen und ihre Nase an seiner reiben, und dann wird er meistens so zahm wie ein Karussellpferd.

Mutter und Tochter fahren mit dem Coupé in die Stadt. Kutscher Jos hat das Geschirr geputzt und poliert, das Kupfer blitzt und blinkt, und es ist wundervolles Wetter, der Himmel fast strahlend blau – wie im Winter in der Schweiz. Arcadie trägt ihren marineblauen Schulmantel, und so hübsch sie auch aussieht, sie wirkt wirklich sehr jung. Sie fahren nach Brüssel, Mutter und Tochter, um an einer Metamorphose zu arbeiten. Henriette hat ihren schönsten Hut auf und schaut durchs Fenster nach draußen. Es tut ihr fast leid, dass die Straßen von Elsene ganz leer sind, denn sie hätte so gern ein paar Bekannte getroffen.

Sie fühlt sich großartig, ihre ruhmreichsten Tage sind angebrochen! Eigentlich wäre es an der Zeit für ein neues Coupé, und auch das Pferdegeschirr müsste mal wieder ausgetauscht werden. Aber Charles ist der Meinung, dass das Geld dafür nicht da ist, und sie wird erst mal vernünftig sein. Die Garderobe von Arcadie kommt an erster Stelle, und sie selbst braucht auch ein neues Kleid. Als Mutter einer Maitresse des *Königs* – des Königs. *Mon Dieu*, es ist so beengt in der Kutsche! Aber es ist doch wahr, oder etwa nicht? Als die Mutter einer Maitresse des Königs muss sie ebenfalls eine gute Figur machen. Leopold muss auf sie beide stolz sein können. Sie sieht es geradezu vor ihrem inneren Auge, wie er mit glänzenden Augen zu seinem Gefolge sagt: »Schaut, dort kommen Mademoiselle Arcadie und Madame Claret!« Und wie er einem guten Freund ins Ohr flüstert, dass er selten so schöne Frauen gesehen hat.

Henriette bringt ihre Tochter zu der Schneiderin, die auch die Garderobe der todschicken Fürstenwitwe d'Ydeweel macht. Ihr Atelier befindet sich im ersten Stock eines adretten Hauses in der Rue de la Montagne, und die Schneiderin hat nicht die geringste Ähnlichkeit mit der dicken Dorfnäherin, bei der Henriette für gewöhnlich ihre Kleider bestellt. Sie ist groß und dünn wie eine Pappel, keine junge Frau mehr, aber derart soigniert, dass ihre Besucher schwer beeindruckt sind. Henriette stellt ihre Tochter und sich vor und erwähnt ihre Freundschaft mit der Witwe, wobei sie ins Stottern kommt und rote Apfelbäckchen bekommt. In Wirklichkeit hat sie

Madame d'Ydeweel nämlich nur einmal flüchtig gesehen, und zwar auf einer Versammlung der Dames de Charité d'Ixelles. Aber die Schneiderin scheint ihr ohnehin kaum zuzuhören. Sie mustert Arcadie genau und rollt dann einen sonnenblumengelben Stoff auf ihrem Arbeitstisch aus.

»*Et voilà*«, sagt sie. »Das wird Ihrer Tochter hervorragend stehen.« Ihre Stimme ist heiser, aber voll der Autorität.

Gelb ist eine ungewöhnliche Farbe für ein Kleid, und Henriette selbst wäre niemals auf diesen Ton verfallen.

»Die Parisiennes tragen im Sommer alle Gelb, Madame«, sagt die Schneiderin, und sie hält einen Streifen des Stoffes neben Arcadies Wange. Es sieht sehr knallig aus, aber Henriette findet auf einmal, dass ihre Tochter neben der Gestalt der Schneiderin etwas zu üppig aussieht. Ihr Busen, ihr Hintern, das ist alles ein bisschen zu viel. Sie muss an eine Pfingstrose denken, mit ihrem Überfluss an seidigen Blütenblättern. Charmant. Aber gehören Pfingstrosen nicht eher auf einen Bauernhof?

Es wird ein sonnig gelbes Kleid, und Arcadie bekommt noch einen Schal aus Crêpe de Chine, der sehr gut dazu passt.

»Braucht die junge Dame auch neue Unterröcke?« Die Schneiderin drapiert Arcadie einen hellen Baumwollstoff um die Taille.

»Die Mode verlangt Kleider, die ganz knapp über dem Boden schleifen, da dürfen die Unterröcke auf keinen Fall zu kurz sein. Meine Unterröcke sind aus erstklassigem Baumwollstoff, und die oberste Lage verziere ich selbstverständlich mit Volants.«

Das Mädchen bringt Kaffee und schenkt drei Tassen ein. Wo kommen wir eigentlich hin, denkt Henriette etwas säuerlich, wenn sogar Schneiderinnen schon ihr eigenes Hausmädchen haben? Sie setzt sich und nimmt eine Tasse Kaffee. Es kann noch ein Weilchen dauern, bis die Schneiderin Arcadies Maße genommen hat, denn wer behauptet, genauso gut zu sein wie der beste Pariser Couturier, der geht natürlich mit größter Sorgfalt zu Werke.

Kutscher Jos kann in aller Ruhe ein Mittagsschläfchen halten, denn nach dem Besuch beim Schneideratelier spazieren Mevrouw Claret und ihre Tochter zur Rue de la Madeleine. Sie laufen von einem Geschäft ins nächste. Bei Swan bekommt Arcadie einen Kaschmirschal und ein besticktes Portemonnaie und bei Sœurs Mylas eine Spitzenbluse. Die Verkäufer breiten ihre schönsten Waren vor ihnen aus, und das Mädchen schwebt im siebten Himmel. Aber was für einen kindlichen Geschmack sie noch hat! Henriette würde sie gerne etwas erwachsener sehen: Sie will das Naive an ihrer Tochter nicht noch betonen. Ach, wäre das Kind doch nur zwei Jahre älter, hätte sie doch schon das Kap des achtzehnten Lebensjahres erreicht. Obwohl es natürlich gerade ihre Jugend ist, ihre mädchenhaft glatte Haut und ihre unschuldigen blauen Augen, die Leopold so bezaubert haben. Er ist wahrscheinlich nicht der Einzige, der von ihr bezaubert ist. Auf der Straße sieht Henriette so einige Männer, die mit kaum verhohlenem Interesse ihrer Tochter nachblicken. Interesse – ist das der richtige Ausdruck? Oder ist es Begehren? Bei Delvaux kriegt der Ladenbesitzer ganz hungrige Augen, als er Arcadie bei der Auswahl eines Koffers hilft. Und der Laufbursche bei den Demoiselles Clara starrt sie mit offenen Augen an, als sie mit einer Verkäuferin in einen Nebenraum verschwindet, um ein Korsett anzuprobieren.

»Ihre Tochter ist eine Schönheit«, sagt die Dame, bei der Henriette das Korsett bezahlt. Dieses Kompliment von einer Frau beruhigt sie irgendwie. Arcadie ist einfach wie Erdbeeren mit Schlagsahne, und auch wenn das nicht so vornehm scheint, ist es doch sehr verführerisch. Kein Wunder, dass Leopold ihr blühendes Mädchen seiner kränklichen Gattin vorgezogen hat, der Königin Louise-Marie, die Anfang April wohl schon dreißig wird. Wenn sie selbst eine mächtige Fürstin wäre – Cleopatra –, würde sie sich auch einen jugendlichen Liebhaber nehmen. Einen Sklaven mit stechendem Blick und einem ebenholzschwarzen Körper. Was für eine wunderbare Vorstellung! Durstig trinkt sie die Limonade aus, die ihr ein Laufbursche gebracht hat. Charles ist ein guter Mann, aber sein dicker Bauch … Er hat seine besten Jahre zweifellos schon hinter sich, obwohl man ihm zugutehalten muss, dass er immer noch sehr viril ist – ein Umstand, über den sie sich gar nicht beschweren mag, denn offensichtlich geht eine gesunde Triebhaftigkeit Hand in Hand mit einem gesunden Ehrgeiz.

Ah, da ist Jos! Die Kutsche steht vor der Tür der Mesdemoiselles Clara, und Jos nimmt ihnen die ganzen Päckchen und Schachteln ab. Henriette und Arcadie überqueren die Straße und gehen in eine Konditorei, in der man sich auch hinsetzen und etwas verzehren kann. Am Tisch legt Arcadie ihren Muff ab und stößt einen tiefen Seufzer aus. Sie hat dunkelrote Wangen vor Aufregung, denn es geschieht so viel in ihrem Leben! Spannend ist es auf jeden Fall, aber andererseits mag sie einfach am liebsten mit ihrer Nachbarin Chloé ausreiten. Natürlich ist es schön, wenn ihre Mutter sie so verwöhnt, aber diese ganzen Anspielungen auf eine Affäre mit König Leopold! Nein, sie kann nicht länger den Mund halten.

»Ich könnte ihn niemals heiraten, *maman*!«

Henriette blickt überrascht auf. »Aber nicht doch, mein Schatz«, sagt sie und legt ihre behandschuhte Hand auf die

Finger ihrer Tochter. »Es ist doch besser, du bist die Maitresse eines Königs, als den Sohn eines heruntergekommenen Adligen zu heiraten. Dir wird es an nichts fehlen, verstehst du? Du wärst eine Dame und würdest in den besten Salons empfangen werden, du würdest …« Sie sucht nach etwas, womit sie ihre Tochter locken kann. »… in einem prächtigen Haus wohnen, und dorthin könntest du all deine Freundinnen einladen, denn er wäre ja gar nicht so oft da.«

»Au ja.« Arcadie lächelt und entblößt dabei eine Reihe perfekter weißer Zähne. »Das hört sich lustig an.«

Der Kellner kommt mit einem Rollwagen voll herrlichen Gebäcks, und Juffrouw Claret darf die Petit Fours aussuchen.

»Was für ein gemütliches Café«, sagt Henriette. »In was für einer wundervollen Stadt wir doch leben.«

Arcadie streicht mit der angefeuchteten Fingerspitze über die Tischkante, um die letzten Krümelchen ihres Kuchens aufzunehmen – ein ungeschliffenes Benehmen, das ihre Mutter mit einem missbilligenden Brummen tadelt. Aber das stört sie nicht weiter, denn ihre Besorgnis ist verflogen. Das mit dem König wird so schnell nicht aktuell werden, und *maman* hat ihr eben ja auch noch mitgeteilt, dass sie nicht in ihr Internat in Luik zurückmuss, sondern ab jetzt zu Hause unterrichtet werden soll. Sie wird Deutsch lernen und Zeit haben, sich ihrem Klavierspiel zu widmen, denn nichts ist so bezaubernd, sagt *maman*, wie eine junge Dame, die einem Instrument süße Klänge zu entlocken weiß. Es ist wunderbar, vom Internat erlöst zu werden! Brüssel ist ihre Stadt, hier fühlt sie sich wie ein Fisch im Wasser. Sie wird über die Plätze und Brücken laufen. All diese Energie in ihrem jungen Körper! Sie will mit ihrem hübschen Klavierlehrer durch den Park vor dem Palast spazieren. Vielleicht wird er ihre Hand nehmen. (»Nennen Sie mich doch Jacques«, hat er ihr heute Mittag ins

Ohr geflüstert.) Sie wird unter der Krempe ihres neuen Hütchens mit den blauen Lilien hervorlugen und ihm begehrliche Blicke zuwerfen.

Seltsam, wie Brüssel für Juffrouw Claret ein echtes Zuhause ist, dessen Name schon ein warmes Gefühl in ihr hervorruft, während es für die jüngere von zwei gerade angekommenen englischen Schwestern ein Ort der Verbannung ist. Wie der eine Mensch in einer Stadt zu Hause ist, wie er einen wedelnden Hund hat, einen Kessel auf dem Ofen und ein Stück Zucker in seinem Kaffee. Die Straßen und das Glockenläuten sind ihm vertraut, eine Hand wird ihm zum Gruß gehoben, und im Stall steht ein Pferd, von dem er weiß, dass es unter ihm nicht bocken wird. Aber in derselben Stadt streckt sich ein Reisender müde auf seinem Bett in einem gemieteten Zimmer aus und denkt an zu Hause: ein Zuhause, das eine lange Reise per Eisenbahn, Schiff oder Kutsche von dieser Stadt entfernt liegt. Wie das Heimweh an diesem fremden Ort an ihm nagt, wo das Brot anders riecht und die Gebete anders klingen.

Emily Brontë packt ihren Koffer im Schlafsaal des Pensionnats Heger in der Rue d'Isabelle aus, gerade mal ein paar hundert Meter entfernt von der Konditorei in der Rue de la Madeleine. Sie ist mit ihrer Schwester allein im Saal, und es ist klug, dass Charlotte schweigt, denn sonst würde sie sie ganz bestimmt anfahren. Der Schlafsaal ist lang und schmal, aber als Zugeständnis an Charlotte und sie wurde hinten am Waschplatz mit zwei Wandschirmen ein eigenes Eckchen abgeteilt. Außer ihren stehen hier noch achtzehn Betten, aber es gibt nur zwölf weitere Internatsschülerinnen. Die anderen Mädchen sitzen gerade unten im Speisesaal beim Abendessen.

Hier oben ist es kalt. In der Mitte des Saals steht ein Holzofen, aber nach Angaben von Gertrude, der Hausmeisterin, wird der nur abends nach dem Gebet für eine Stunde angemacht. Um zehn Uhr sollen alle im Bett liegen. Emily hängt ihr Kleid in den Kleiderschrank. Sie hätte Lust, gegen den Schrank zu treten oder den Stuhl neben ihrem Bett umzuschmeißen, aber sie hat gelernt, solche hitzigen Anwandlungen zu beherrschen. Was nicht bedeutet, dass ihre Frustration verschwunden ist, sie wahrt nur übellauniges Stillschweigen. Und dann wurden Charlotte und sie auch noch unverzüglich bei Madame Heger und ihrer Familie zu Tisch erwartet!

Am Morgen hat sie sich von ihrem Vater verabschiedet. Auf die übliche Art: Sie hat die Handfläche aufs Revers seines Mantels gelegt und ihm einen flüchtigen Kuss auf die Wange gedrückt, das war alles. Charlotte hat ihn umarmt, aber die hatte ja immer schon ein Faible für solche übertriebenen Gesten. Madame Heger sagte nach seiner Abfahrt etwas in schnellem Französisch. Es sollten wohl tröstende Worte sein, aber sie hat nichts davon verstanden. Das Französisch von Madame klingt so anders als das, was Charlotte ihr im Pfarrhaus beizubringen versucht hat. Eigentlich wären sie am besten damit beraten, so viel wie möglich zu schweigen, bis sie eine bessere Aussprache haben, denn ihr Akzent ist grässlich.

»Du kannst deine Strümpfe mit auf meine Seite legen«, sagt Charlotte vorsichtig. »Hier steht ein Körbchen.«

Emily antwortet nicht und schiebt ihre Woll- und Leinenstrümpfe mit einer brüsken Bewegung in eine Ecke, hinter ihre Schals und Strickjacken.

Im Esszimmer der Hegers ist der Ofen an. Ein großer, freundlicher Hund mit goldenem Fell liegt auf dem Teppich davor, und Emily kniet sich neben ihn. Sie krault ihn hinter den Ohren, und zum ersten Mal an diesem Tag entspannen sich ihre Gesichtszüge. Auf dem Hund liegt – wie ein Sattel – ein kleines Mädchen, das sein Gesicht im Fell des Tieres vergraben hat, sodass man nur noch ihre dunklen Locken sieht. Als der Hund wedelnd aufstehen will, purzelt das Kind herunter. Es ist noch ein Kleinkind, aber es hat die Augen eines Straßenjungen, der gerade einen Streich ausheckt. Eine jüngere Tochter steht daneben, presst ihre Puppe an sich und lutscht am Daumen.

»Erzählt unseren englischen Gästen doch einmal, wie ihr heißt«, sagt Madame. Das kleinste Mädchen zieht den Daumen halb aus dem Mund und sagt: »Louise.« Doch das andere Kind schaut sie einfach nur eigensinnig an. Louise deutet mit einer Kopfbewegung auf ihre Schwester und sagt, ohne mit dem Daumenlutschen aufzuhören: »Das ist Marie.«

Die Mädchen tragen puderblaue Tunikas mit einer Schleife am Hals zu ihren weißen Hosen – einfach geschnitten, aber die Wolle ist hell und weich.

Teurere Wolle, als ich je getragen habe, denkt Charlotte.

Das Esszimmer ist ebenso üppig dekoriert wie der Salon, in dem Madame sie am Morgen empfangen hat. Der Holzboden glänzt unter mehreren Lackschichten, die schweren Gardinen sind mintgrün, und an den Wänden hängen Gemälde von biblischen Szenen in vergoldeten Rahmen. Auf dem Ofen stehen zwei Bilder, und da Charlotte nicht recht weiß, wie sie sich hinstellen soll, betrachtet sie sie mit gespielter Aufmerksamkeit. Das eine Bild zeigt eine Frau mit roten Schuhen, an der ein Welpe hochspringt, auf dem anderen sind zwei pummelige kleine Engel, die sich um ein Buch streiten.

»Altes Pariser Porzellan«, sagte Madame, die plötzlich ganz nah neben ihr steht. Ihr Lächeln liegt irgendwo zwischen Wohlwollen und Schalk. »Wir gehen jetzt gleich zu Tisch, Sie müssen ja schrecklichen Hunger haben.«

Sie lässt den Blick von Charlotte zu ihrer Schwester wandern, aber die kniet noch immer neben dem Hund.

»Wie heißt er denn?«, fragt Emily so leise, dass man sie kaum hört.

»Ulysse«, antwortet Madame gleichgültig. Die Tür geht weit auf, und ein junges Mädchen bringt eine Karaffe Wasser.

Augenblicklich füllt sich das Zimmer mit den wundervollen Gerüchen aus der Küche. Frische Butter, die in der Pfanne schmilzt, ein Braten mit Rosmarin, der gerade aus dem Ofen gezogen wird, dampfende Milch, in die Zucker und Safran gestreut werden.

Madame ermahnt ihre kleinen Töchter, sich jetzt an den Tisch zu setzen, denn *papa* kann jeden Moment da sein. Charlotte nimmt Louise bei der Hand. Das kleine goldige Mädchen hat das ausdrucksvolle Gesicht seiner Mutter, aber in seinen Augen liegt ein sanfterer Ausdruck.

»*Asseyez-vous.*« Madame Heger begleitet ihre Worte mit einer eleganten Handbewegung. »Machen Sie es sich bequem. Vergessen Sie nicht, dass das hier ab jetzt Ihr Zuhause ist. Alle Schülerinnen hier sind ein bisschen auch meine Töchter.«

Ich bin zu alt, um ihre Tochter zu sein, überlegt Charlotte, aber sie meint es nicht böse. Sie will ihr Bestes tun, um Madame Heger zu gefallen. Dies ist ihr neues Zuhause, das will sie gerne glauben. Aber wie Monsieur Heger wohl sein wird? Wird er sie mögen? Er unterrichtet französische Literatur, das wichtigste Fach für Emily und sie. Madame Heger hat schon mal einen guten Eindruck auf sie gemacht. Sie betreibt ihre Schule mit Umsicht, und die Schülerinnen sehen gesund und zufrieden aus. Obendrein hat Charlotte noch nie zuvor eine Frau gesehen, die auf die vierzig zugeht, Kinder geboren hat und immer noch so unbestreitbar weiblich wirkt. Madame ist durch und durch Mutter, und dennoch strahlt sie eine gewisse Sinnlichkeit aus. Ihr Dekolleté ist für englische Begriffe von Anstand zu tief, und erst recht für eine schwangere Frau. Es betont ihren Brustansatz, den vollen Busen der stillenden Mutter – oder der Liebhaberin?

Marie klettert auf den Stuhl am Ende des Tisches, auf dem normalerweise ihre Mutter sitzen sollte. Doch Madame nimmt einfach an der Seite der Tafel Platz und hebt Louise auf den Stuhl zwischen sich und Marie. Es ist übrigens höchst ungewöhnlich, dass kleine Kinder in besseren Kreisen mit ihren Eltern zu Abend essen. Als Charlotte als Gouvernante bei der Familie White in Upperwood House war, nahmen ihre Schülerinnen ihre Mahlzeiten mit ihr im Schulzimmer ein. Und ihr eigener Vater nahm früher nur das Frühstück gemeinsam mit seinen Kindern ein, aber das hatte in erster Linie ernährungsbedingte Gründe. Sein Magen war überempfindlich, und er vertrug keinen Kohl, keine Eier, keine gewürzten Speisen und keinen Essig. Um nicht in Versuchung zu kommen, ließ er sich ein Tablett mit einem spartanischen Mahl nach oben bringen. Auch Tabby, die Haushälterin, durfte sich nicht zu den jungen Brontës an den Tisch setzen, daher hatten sie beim Essen immer nur die Gesellschaft ihrer Geschwister.

Charlotte muss allerdings zugeben, dass es mit Marie und Louise sehr unterhaltsam ist. Die kleine Claire hat sie heute Morgen gesehen, aber die liegt schon im Bett. Die Mädchen wissen sich bei Tisch zu benehmen, aber wie könnte das auch anders sein mit Madame als Mutter? Sie wirkt wie die Art Frau, die mit einem Beben ihrer Nasenflügel eine ganze Klasse voller Mädchen zum Schweigen bringen kann.

»Herr, segne uns und auch diese Speisen«, murmelt Madame mit geschlossenen Augen, »die deine milde Hand uns geschenkt hat. Durch Christus unseren Herrn. Amen.«

Ein kurzes Dankgebet, und Charlotte verdreht den Kopf, um einen verstohlenen Blick zu ihrer Schwester zu werfen. Emily ist ins Gebet versunken, und ihre Lippen bewegen sich lautlos. Charlotte schließt die Augen, aber die Worte ihres Gebetes wollen nicht kommen. Sie befindet sich in einem katholischen Haus, und der römische Glaube scheint sie zu beobachten. Die angespannte Stille wird durch Maries unterdrücktes Gekicher gebrochen.

Und da ist auch schon das Mädchen mit der Suppenterrine, denn: *Monsieur est arrivé.*

Madame Heger holt einen kleinen runden Spiegel aus ihrer Rocktasche und schüttelt kräftig den Kopf, damit sich ein paar Locken aus ihrer Frisur lösen. Seltsam, findet Charlotte, eigentlich möchte man doch, dass die hochgesteckten Haare fest sitzen, oder nicht? Madame leckt ihren Zeigefinger an und fährt sich damit über die Augenbrauen.

Er kommt in den Raum, und Charlotte ist enttäuscht. Merkwürdig – hatte sie bestimmte Erwartungen gehegt? Sie war davon ausgegangen, dass Monsieur Heger ein vornehmer Herr ist, doch das ist er ganz sicher nicht. Er ist anständig gekleidet, aber das scheint eher das Verdienst seiner Frau zu sein. Auf der Jacke hat er einen Kreidefleck, aber die zieht er sowieso aus und wirft sie nonchalant auf einen Stuhl. Der Mann sieht aus wie ein Bauer, ein Feldarbeiter. Grobe Nase, grober Körperbau, und zwischen seinen Augenbrauen verläuft eine tiefe Grube, die bis zur untersten Stirnfalte reicht.

Er beugt sich über Marie und Louise und küsst sie.

Das ist die Art Mann, der seine Frau prügelt, denkt Charlotte. Sie kennt Kerle dieses Schlages, denn in Haworth hat sie genug von ihnen gesehen. Die Dorfbewohner kamen zu ihrem Vater, um sich über den Lärm häuslicher Auseinandersetzungen zu beschweren, und manchmal suchte eine Frau Schutz im Pfarrhaus. Monsieur Heger ist muskulös, das bemerkt sie sofort, seine Oberarme spannen sich unter den Ärmeln seines Hemdes, und er hat einen kräftigen Hals. Diese ganze Kraft, dieses männliche Feuer, das muss halt ein Ventil finden.

Er setzt sich und beugt sich zu seiner Frau hinüber, um sie zu küssen, und prompt küsst er sie auf den Mund, woraufhin Charlotte peinlich berührt auf die Serviette in ihrem Schoß starrt. Dann schenkt er sich selbst ein Glas Bier ein und nimmt ein paar Schlucke. Erst jetzt gibt er zu erkennen, dass er Emily und sie bemerkt hat.

»So, so, die jungen Damen aus England. Wie fühlt es sich an, in Ihrem Alter wieder die Schulbank zu drücken?«

Charlotte wagt nicht aufzublicken, und sie weiß, dass Emily es auch nicht tut.

»Ach, komm, Constantin.« Madame wirft den Kopf in den Nacken und gackert vor Lachen. »Nun neck sie doch nicht so! Sei nett zu den jungen Damen. Das ist Charlotte und das ist Emily.«

Er erhebt sich halb vom Stuhl – seine Serviette steckt unter seinem Gürtel – und streckt Emily seine feste Hand hin.

»*Miess* Emily«, ertönt es neckend mit heftigem französischem Akzent.

Sie gibt ihm eine Hand, blickt dabei aber nicht auf. Charlotte stößt Emily mit der Stiefelspitze gegen die Wade, doch ohne Reaktion. Monsieur schüttelt auch ihr die Hand, und sie zwingt sich, ihn anzusehen. Er hat die Art weichen Mund, den man eher bei einem Metzger oder einem Steinmetz erwarten würde als bei einem Literaturlehrer. Ein Mund, der sich schnell zum Schmollen verzieht – und das tut er jetzt auch, denn Emilys Benehmen hat ihm sichtlich die Laune verdorben. Monsieur Heger schüttelt sich die Schuhe von den Füßen und ruft laut nach dem Dienstmädchen, damit sie ihm seine Pantoffeln bringt. Sie muss seinen Befehl durch die geschlossene Tür gehört haben, denn er wird augenblicklich ausgeführt. Er zieht die Pantoffeln an, ohne dem Mädchen auch nur zuzunicken.

Madame schöpft mit unerschütterlicher Ruhe die Suppe auf die Teller, und Monsieur beugt sich tief über seinen Teller, um zu essen, wobei er den linken Ellenbogen auf den Tisch stützt. Charlotte ist perplex. Wie ist es möglich, dass Madame Heger, eine Frau, die doch finanziell unabhängig sein muss, die sogar ihre eigene Schule führt, eine Verbindung mit dieser Art Mann eingegangen ist?

»Sagen Sie doch mal, *Mademoiselle* Charlotte«, sagt Madame, »darf ich Sie so nennen, *ma chère*? – was war Ihr erster Eindruck von Belgien?« Offenbar will sie eine höfliche Konversation anfangen. »Sie sind gestern ja durch ganz Flandern gefahren.«

Charlotte weiß nicht, was sie antworten soll. Bei ihrer Begegnung am Morgen hat sie sich auf ein paar wenige Höflichkeitsphrasen beschränken können. Ein echtes Gespräch auf Französisch zu führen ist hingegen eine andere Geschichte.

Sie stammelt etwas von den Wiesen, den Bauern und sucht nach dem französischen Wort für »Turm« oder »Burg«, das ihr nicht einfallen will. Sie nimmt noch einen Löffel Suppe und verschluckt sich prompt. Sie muss immer heftiger husten, läuft rot an und schnappt verzweifelt nach Luft. Das scheint Monsieur Heger zu erheitern, denn sie hört ihn kichern. Er schenkt ihr ein Glas Bier ein und drückt es ihr in die Hand.

»Kommen Sie, trinken Sie!«

»Kein Bier«, bringt Charlotte mühsam hervor.

»Trinken Sie!«

Später soll sie noch an diesen Moment zurückdenken. Wie sie das Glas an den Mund setzte, wo sie sich doch so fest vorgenommen hatte, dieses belgische Bier nicht mehr zu trinken, das nach Ansicht ihres Vaters zu stark für ihre Konstitution war. Drei Worte von Monsieur, und schon hatte er sie von ihrem Vorsatz abgebracht. Seine Stimme ist tief, männlich und gebieterisch: Widerstand zwecklos. Sie trinkt das Bier, das braun und süß ist, und er schenkt auch einen Krug für Emily ein, doch Charlotte weiß, dass ihre Schwester keinen Schluck davon trinken wird.

Das Mädchen bringt einen Braten, und Monsieur Heger nimmt ihr die Platte aus der Hand. Er summt vor sich hin, während er das Fleisch anschneidet, und als er lächelt, legt sich ein wenig lose Haut seiner Wangen in Falten. Seine Frau tut ihm auf, und er legt ihr die Hand auf den Bauch.

»Den jungen Damen ist bestimmt aufgefallen, dass meine Frau und ich wieder ein Kind erwarten?«

»Sie hoffen zweifellos auf einen Sohn«, sagt Charlotte, bereut ihre Worte aber im nächsten Moment, als sie sieht, wie der Gesichtsausdruck von Madame Heger kühl wird.

»Einen Sohn? Das wäre sicher schön, aber eine Tochter ist mir genauso lieb«, sagte Monsieur Heger. »Frauen sind das Schönste, was es auf der Welt gibt. Durch sie wird das Leben für die Männer erst lebenswert. Ha!« Er legt seiner Frau ein bisschen zu herzhaft den Arm um die Schultern, und sie gibt ihm einen nachsichtigen Klaps auf die Hand.

Charlotte versucht sich zu entspannen. Vielleicht ist es ganz gut, dass Monsieur Heger kein vornehmer Mann ist, dann muss sie sich nicht für ihre bescheidene Herkunft schämen.

Das Essen riecht verführerisch. Eine Schüssel nach der anderen wird aufgetragen, Kartoffelpüree, das ganz gelb ist von

Butter und Eidotter, Rotkohl mit Äpfeln und mit Petersilie bestreute Karotten.

Emily nimmt nur etwas Püree, obwohl sie seit der Reise nichts mehr gegessen hat. Charlotte will nicht hungrig zu Bett gehen, deswegen nimmt sie sich aus jeder Schüssel, die man ihr zureicht. Marie schiebt ihren Teller zu Emily, als würde sie erwarten, dass diese ihr das Fleisch schneidet, doch Emily ist blind für solche Dinge, und schließlich zieht Madame den Teller zu sich herüber.

Pudding gibt es auch noch, einen Pudding, der ganz dick ist vor lauter Sahne. Monsieur bittet um ein Glas Marmelade, und jeder bekommt einen Löffel Erdbeergelee auf seinen Pudding. Als Monsieur das Gelee auf Charlottes Teller gleiten lässt, fällt ihr Blick auf sein breites, kräftiges Handgelenk, das leicht behaart ist.

Nach dem Essen schiebt Monsieur seinen Stuhl nach hinten und steckt sich eine Pfeife an. Er geht nicht in sein Arbeitszimmer, er geht nicht in den Salon. Nein, ganz zufrieden sitzt er hier und raucht, wie ein Pascha, der in seinem Harem zu Besuch ist.

»Die Mädchen müssen ins Bett, Constantin.«

»Ach komm, Claire, ich habe so wenig Gelegenheit, mit ihnen zu spielen«, sagt er und hebt Louise auf seinen Schoß. Er lässt sie auf seinen Knien reiten und »hängt sie an der Wäscheleine auf«, was bedeutet, dass er Louise und Marie an den Füßen hochhebt.

»Gleich kommt der Pudding wieder raus!«, sagt Madame, und ihrer Stimme ist der Ärger anzuhören. Sofort stellt Monsieur Marie wieder auf den Boden. Er kneift sie in die Wange und brummt: »Na dann, Marsch ins Bett! Hört auf eure Mutter!«

Madame Heger wünscht den englischen jungen Damen eine gute Nacht und schließt sanft die Tür des Esszimmers.

Durch und durch liebenswürdig, diese Dame, durch und durch Frömmigkeit und Bescheidenheit, obwohl ihr Dekolleté und das Funkeln in ihren Augen vermuten lassen, dass ein Korsett aus Konvention erforderlich ist, um ihre Leidenschaft zu zügeln. Sie ist das Resultat der katholischen Erziehung, die die Mädchen der besseren Brüsseler Familien genießen und die sie wiederum ihren Töchtern und ihren Schülerinnen angedeihen lässt. Charlotte und Emily laufen über den Flur, von dem links der Speisesaal abgeht, und kommen in die große, viereckige Halle, die Madame »das Karree« nennt. Von hier führt die breite Treppe ins Obergeschoss. Durch verglaste Flügeltüren und hohe Fenster sieht man in den Garten. Der Kristallleuchter verleiht dem Raum sicher etwas Großartiges, wenn er angesteckt ist, aber die Schwestern sind zu müde, um noch Augen für die Einrichtung zu haben. Emily lässt Charlottes Arm los und geht zur Tür.

»Em«, sagt Charlotte leise, »man erwartet uns oben.«

»Ich brauche frische Luft – Luft!«

Emily drückt die Klinke herunter. Die Tür geht auf, und Emily schaut sich zu ihrer Schwester um, die großen Augen voller Erleichterung, als hätte sie erwartet, dass man sie hier einsperrt. Flink und leise wie eine Katze gleitet sie nach draußen.

Charlotte weiß, dass sie jetzt besser nachgibt. Draußen bleibt sie auf der mit Steinen gepflasterten Terrasse stehen und sieht, wie Emily zwischen den robusten alten Obstbäumen herumläuft. Die kahlen Zweige schaukeln leicht im Wind, und es ist schwer zu erkennen, ob noch Regen droht oder ob es einfach nur der Abend ist, der den Himmel so dunkel aussehen lässt. Während Charlotte die vier Stufen in den Garten hinuntergeht und dem Weg zwischen den Bäumen folgt, atmet sie tief die frische Luft ein. Was für ein seltsamer

Garten: überraschend groß und perfekt angelegt, so mitten in der Stadt. Später wird sie denken, dass die Mauern die Außenwelt verbergen, und obwohl sie dann schon von der Ernte des Lustgartens probiert haben wird, von den süßen Birnen, die einem auf der Zunge zergehen, wird sie diesen Garten als Gefängnis empfinden. Es fängt an zu regnen, und sie zieht sich ihren Schal über Kopf und Schultern. Dicke, kalte Tropfen. Emily läuft immer noch vor ihr her – es wird ihr doch wohl nicht eingefallen sein, diesen Garten zu verlassen? Der Körper ihrer Schwester ist zu groß, ihre Beine zu stark für abgegrenzte Räume, so groß dieser Garten auch sein mag. Sie ist wie der Hirtenhund, der mit hängender Zunge eine Runde nach der anderen in seinem engen Zwinger dreht. Sie gehört aufs Heideland, wo sie mit raschen Schritten die Landschaft durchmessen kann.

»Em«, ruft sie leise und macht ein paar schnelle Schritte, um die Hand ihrer Schwester ergreifen zu können. »Ich brauche dich, Em. Ohne dich schaffe ich es nicht.«

»Wir sind so weit weg von zu Hause«, sagt Emily. Sie ist stehen geblieben und fängt an zu husten. Der Schal gleitet ihr beinahe von den Schultern, aber sie macht keine Anstalten, ihn zurechtzuziehen.

»Du bist dein eigenes Zuhause«, sagt Charlotte. »Du denkst, dass du ohne die Heide nicht kannst, aber in Wirklichkeit trägst du sie überall in dir.« Emily ist so unnahbar wie die baumlosen Hügel, und Brüssel ist mit seinem Mischmasch aus fremden Geräuschen, Gerüchen und Gesichtern so anders, dass keine Brücke diesen Abgrund überwinden kann.

»Hilf mir hier, Emily.« Charlotte tut ihr Bestes, um ihre Stimme fest klingen zu lassen. »Wir werden den Hegers und den Mädchen im Pensionat zeigen, was wir Engländerinnen alles können.«

Sie hat den richtigen Ton getroffen. Emily wischt sich mit einem Zipfel ihres Schals die Tropfen von den Wangen und nickt unmerklich. Die feuchte Luft, der nasse, schwarze Humus und die hohen Bäume – es ist alles so anders.

Meine Schwester, denkt Charlotte. Mit ihrem durchscheinenden englischen Teint, dem Trotz, der durch ihre blauen Adern strömt. Sie ist eine komplexe Seele, ein beeindruckender Fremdling unter dem Brüsseler Himmel.

Als Emily wieder etwas freier atmen kann, ist sie sehr müde und stützt sich auf den Arm ihrer Schwester. Der Garten ist ein Urwald aus Sträuchern und Baumstämmen, Zweigen, die nach ihnen zu greifen scheinen, und schmierigen Blättern. Dort oben, hinter dem Fenster des Oratoriums, brennen Kerzen. Es wirkt einladend, aber in diesem Raum finden unsinnige Praktiken statt. Die weißen Gespenster dort sind die Schülerinnen, gekleidet in ihre weißen Nachthemden, und sie murmeln ihre Papistengebete.

Hier und dort hat Emily in der Schule Heiligenbilder gesehen. Im Speisesaal steht ein Franziskus in einer haferbreigrauen Kutte, auf dessen Handflächen zwei weiße Tauben sitzen. In einer Nische im ersten Klassenzimmer, wo Charlotte und sie Unterricht haben sollen, richtet ein Heiliger aus glänzendem Holz den Blick auf seine nackten Füße. Das beeindruckendste von alle Heiligenbildern ist jedoch das von Maria. Freilich, sie ist die Mutter von Christus, aber muss man sie deswegen gleich so fanatisch verehren? Riesig steht sie da, aus zerbrechlichem, milchweißem Biskuitporzellan. Ihre Wangen sind rosa, als wären sie gepudert, und sie ist in ein Gewand mit blau aufgemalten Bordüren gehüllt.

Wie befremdend dieses katholische Haus ist. Emily bittet Charlotte, mit ihr im Karree zu warten, bis die Gebete vorbei sind. Madame Heger hat ihnen gestattet, dass sie diesem Gottesdienst fernbleiben dürfen, aber vielleicht sind nicht alle Lehrerinnen über diese Regelung im Bilde. Im Karree ist es dämmrig, und sie haben keine Kerze. Die schweren, dunklen Zweige eines riesigen Birnbaums schwanken vor den hohen Fenstern.

Das Knarzen von Treppenstufen lässt sie zusammenfahren. Es ist Madame. Sie trägt einen Morgenmantel und hat das kastanienfarbene Haar zu einem Zopf geflochten. Als sie ihre Kerze hebt, sieht sie die beiden Mädchen dort stehen.

»Ach, hier sind Sie?« Sie lächelt amüsiert, obwohl der Ton ein bisschen tadelnd ist. »Sie brauchen nicht mit uns zu beten, aber nehmen Sie doch unterdessen im Speisesaal Platz! Dort ist es noch warm, und es liegt auch immer etwas zum Lesen aus.«

Oben auf dem Flur bekommen sie einen Tadel von Juffrouw Blanche. »Ich habe euch im Garten herumlaufen sehen«, sagt sie spitz, wobei sie den Mund kaum öffnet. »Am Weg entlang der Mauer des Athénée Royal! Das ist verbotenes Gebiet, denn durch die Fenster darüber können die Jungen in unseren Garten schauen. Seid froh, dass ihr neu seid, sonst würdet ihr jetzt bestraft werden.« Sie dreht sich abrupt um und rafft den Rock hoch, um die Treppe hinunterzulaufen. Drei Lehrerinnen wohnen im Pensionat: Sophie, Marie und diese Blanche, eine Frau, die schon über vierzig sein muss. Mit ihren großen braunen Augen, den schrägen Nasenlöchern und dem schmallippigen Mund hat sie etwas von einem Hasen, der einen verschreckt anstarrt.

Eine Schülerin tritt zu Charlotte und flüstert ihr vertraulich ins Ohr: »Mach dir nichts draus, die ist immer schlecht gelaunt vorm Schlafengehen. Morgen hat sie es schon wieder vergessen.«

Das Mädchen hat ein rührendes herzförmiges Gesicht, und Charlotte würde gerne etwas antworten, aber sie kommt nicht über ein kaum hörbares *Merci* hinaus.

Emily geht Charlotte voran in den Schlafsaal, doch an der Schwelle bleibt sie stehen und lässt ihre Schwester vorangehen. Vorsichtig bahnt sich Charlotte einen Weg durch die jungen Frauen, die sich im Gang zwischen den Betten drängen. Ihr fällt auf, wie groß und kräftig die meisten Mädchen sind. Das englische Schönheitsideal – die junge Frau, die so zart wirkt wie eine Rosenknospe – wird zum minderwertigen Insekt degradiert durch die belgische Vorstellung von Schönheit: die gesunde junge Frau mit einer Figur, die ein Sinnbild der Fruchtbarkeit darstellt. Die Göttin der Erde, des Weizens, der Milch und der Früchte! Das Antlitz eines belgischen Mädchens ist so oval wie ein Spiegel. Ihre geflochtenen Zöpfe haben mehr Farbe als die der englischen Frau (deren Haarfarbe meistens zum Hellbraunen neigt, auch wenn es eigentlich blond oder schwarz sein soll). Das Haar der Frauen hier ist von einem helleren Blond, mit goldenen Strähnchen, oder glänzend rehbraun oder kastanienfarben.

»*Bonne nuit!*«, sagt Charlotte, und sie hat sich gezwungen, so laut und deutlich zu sprechen, dass ihre Stimme im ganzen Schlafsaal zu hören ist. Sie hebt den Kopf etwas und sucht bewusst den Blick von einer der Schülerinnen, damit sie hier niemand für übertrieben zaghaft hält.

»*Bonne nuit!*«, hört sie ein paar Schülerinnen antworten, aber das Mädchen, mit dem sie gerade zufällig Blickkontakt aufgenommen hat, beginnt hinter vorgehaltener Hand zu kichern.

Als sie hinter ihrem Paravent verschwunden ist, ist Charlotte nicht mehr so mutig. Lähmende Müdigkeit ergreift Besitz von ihr. Sie will schlafen und neue Kräfte sammeln. Zu dumm nur, dass Emily und sie sich gar nicht mehr frisch gemacht haben.

Emily zieht sich bereits aus. Sie hängt ihr Kleid auf einen Bügel, aber ihre Unterröcke faltet sie nur nachlässig zusammen. Sie versucht, ihr Nachthemd anzuziehen, ohne vorher die Knöpfe aufgemacht zu haben, und Charlotte steht auf, um ihr behilflich zu sein.

Im Saal wird gelacht – nicht mehr gekichert, sondern offen gelacht. Gemurmel und Geflüster in singendem, unverständlichem Französisch.

Charlotte zieht ihr Nachthemd an und bläst ihre Kerze aus. Der Schein des Nachtlichts in der Mitte des Schlafsaals zaubert einen Lichtfleck über den Paravent.

»*Seigneur*, die sind vielleicht hässlich!«

Prusten. Eine weiche Stimme scheint gegen diese Bemerkung zu protestieren, und einen Moment ist es ganz still.

Hässlich.

Und dann eine andere Stimme. »Ach wo, die verstehen uns doch nicht! Die sprechen kein Wort Französisch. Warum sind die wohl hergekommen? Lasst die doch zurückgehen nach England, diese Protestanten.«

Charlotte dreht sich halb um und schaut zu Emily hinüber. Ihre Schwester liegt mit geschlossenen Augen auf dem Rücken und hat die Hände gefaltet; sie sieht aus wie eine aufgebahrte Leiche.

Charlotte legt sich auf die Seite und zieht die Knie an. *Laide*. Hässlich. *Moche*.

›*Bonne nuit!*‹

Sie ahmen ihre Aussprache nach, mit dem irischen Akzent, den sie offenbar von ihrem Vater mitbekommen hat.

In der Nacht muss Emily auf die Toilette. Sie hat es versäumt, sich einen Nachttopf zu holen, und wird jetzt dafür bestraft. Eine Weile bleibt sie liegen, aber es führt kein Weg daran vorbei. Wenn sie nicht ins Bett machen will, muss sie jetzt hinter dem Paravent hervorkommen. Auf bloßen Füßen läuft sie durch den Schlafsaal. Das Nachtlicht ist aus, aber es sind nicht alle Gardinen vorgezogen, und ein überraschend helles Mondlicht fällt auf die Betten. Juffrouw Blanche schläft tief und fest nebenan in einer Kammer, und sie muss wohl zu ihr gehen und sie um einen Nachttopf bitten, so demütigend es auch ist. Doch auf einmal fühlt sie, wie eine kühle Hand in ihre gleitet.

»Komm«, hört sie jemanden flüstern, und die Hand zieht sie zum Waschraum, wo ein paar Nachttöpfe stehen.

X

Constantin Heger ist bezaubert von den englischen Schwestern. Was für ungewöhnliche junge Frauen! Vor allem die groß gewachsene – wie hieß sie noch gleich – Emma? Oder war es Emily? Sie ist zweifellos die exzentrischste junge Frau, die dieses Pensionat je besucht hat. Vor ein paar Tagen sind die beiden jungen Damen in seinem Haus zum Abendessen zu Gast gewesen. Als er nach Hause kam, war er so sehr mit seinen Sorgen beschäftigt, dass er den beiden erst nicht allzu viel Aufmerksamkeit geschenkt hatte. Ein Schüler des Athénée Royal war am Mittag dabei ertappt worden, wie er Geld aus der Sparbüchse fürs Pfannkuchenfest stahl. An sich kein so schockierendes Ereignis, wäre da nicht der Umstand gewesen, dass der Dieb ausgerechnet sein Lieblingsschüler war. Kein verwöhnter *fils à papa*, den er mit Vergnügen der Schule verwiesen hätte, sondern ein eifriger, kluger Student. Er hatte vorgehabt, den jungen Mann für ein Universitätsstipendium zu empfehlen, aber nach dieser Tat kam das natürlich nicht mehr infrage. Der Junge hat eine Handvoll Centimes und halbe Francs aus der Büchse entwendet! Selbst nach einer der gefürchteten Strafpredigten des Direktors, die schon so manchen jungen Sünder vor ihm zu Reuetränen bewegt hat, wollte er nicht beichten, wo das Geld geblieben war. Höchstwahrscheinlich hat er es seiner Mutter gegeben. Die Frau ist kürzlich verwitwet und muss jetzt mit einer mageren Rente eine ganze Kinderschar satt bekommen. Der Junge wurde der Schule verwiesen, schien das aber nicht besonders tragisch zu finden. Vermutlich ist er schon am nächsten Tag losgezogen, um sich eine Anstellung als Büroschreiber zu suchen. Vielleicht hat er sich sogar als Arbeiter in einer der Fabriken beworben. Eine echte Enttäuschung, und Constantin ist immer noch wütend und traurig.

Er hatte auf die Gelegenheit gewartet, den Fall mit seiner Frau zu besprechen, aber genau an diesem Abend saßen dann diese zwei seltsamen Engländerinnen mit am Tisch. Die größere – er wird sie in Gedanken jetzt einfach Emma nennen – hielt den Blick starr auf ihren Teller gerichtet, als erwartete sie, dort eine Vision zu sehen. Er sah nur ihre wunderschön geformten Augenbrauen, ihre blassen Wimpern, die lange Nase und eine volle Unterlippe. Ihre schmalen Hände mit den feinen, zu langen Fingern, lagen rechts und links neben ihrem Teller. Sie erinnerte ihn an einen Künstler am Grand Place, der sich ab und zu auf einen Klappstuhl neben seiner Drehorgel stellt und so tut, als wäre er ein Standbild. Diese englische junge Dame atmete, sie hüstelte auch hie und da, sie aß – wenn auch spärlich – und tupfte sich mit der Serviette den Mund ab. Ihr ganzes Verhalten war bedächtig, und die meiste Zeit saß sie einfach nur still da. Ein einziges Mal blickte sie auf, aber es wollte ihm nicht gelingen, einen Blick von ihr aufzufangen.

Ihre ältere Schwester ähnelt ihr nicht wirklich. Sie haben beide einen schwachen Rotschimmer im Haar, das schon, wie die roten Bäckchen eines Apfels. Aber während die jüngere Schwester den Blick radikal abwandte, suchte die ältere zögerlich Kontakt. Sie sprach nicht viel, aber wenn sie etwas sagte, ging ihre lebhafte, helle Stimme in die Höhe wie bei einem jungen Mädchen. Er hat sie sofort durchschaut. Obwohl sie die streng erzogene Tochter eines protestantischen Predigers ist und einen intellektuellen Eindruck macht, möchte sie schon gerne attraktiv wirken. Während der Mahlzeit trug sie keine Brille, aber man merkte ihr an, dass sie kurzsichtig ist. Es hätte nicht viel gefehlt, und sie hätte ihre Suppe mit der Gabel zu essen versucht. Diese Charlotte – und wie war noch gleich ihr Familienname? Brontë? – leidet an Eitelkeit, so viel steht fest. Aber ach, das muss man einer Frau schon verzeihen.

Claire findet, dass Fräulein Charlotte eher eine Elfe ist als eine Frau. Die meisten Menschen würden ihr da recht geben, aber seine Ansichten über weibliche Schönheit weichen von der herrschenden Norm ab. Er ist nicht der Typ Mann, der sich für die stattlichen Frauen eines Rubens begeistern kann oder die leichtfüßigen Grazien eines Raffael. Er fühlt sich zu dem etwas in Vergessenheit geratenen Typ Frau hingezogen: Er mag die Blume, die in Farbe und Größe eher bescheiden daherkommt, viel lieber das Gänseblümchen oder die Butterblume als die stolze Tulpe oder Rose. Er ist sich seiner eigenen körperlichen Nachteile bewusst, aber auch der Tatsache, dass er trotzdem ein Mann ist.

Als er das Klassenzimmer betritt, sieht er sofort, dass Charlotte eine Brille trägt. Das Ding verschwindet augenblicklich von ihrer Nase und wird neben das Tintenfass gelegt. Wie amüsant! Lang wird diese Koketterie wohl nicht anhalten, denn ohne Brille kann sie sicher kein Wort lesen.

»*Votre grammaire*«, sagt er trocken.

Bei den meisten Mädchen liegt das Handbuch schon griffbereit – sie wissen, was sie zu erwarten haben –, aber die englischen Schwestern verschwinden hinter ihrem Pultdeckel.

»Wenn die Damen dann bereit sind«, sagt er, setzt sich an sein Lehrerpult und faltet die Hände auf dem Bauch.

Der Pultdeckel wird wieder geschlossen, und ihm fällt auf, dass die Schwestern jetzt nicht mehr ganz so kränklich aussehen. Der wachsartige Teint war offenbar der ermüdenden Reise zuzuschreiben, denn jetzt sind sie einfach nur noch englisch blass.

»*Le subjonctif.*« Constantin streckt die Beine aus und schlägt sie an den Knöcheln übereinander.

Sieh an! Charlotte wirft einen besorgten Blick auf ihre seltsame Schwester. Diese Emma bekommt also nicht bloß kein Wort Französisch über die Lippen, sondern hat offensichtlich auch keine Ahnung von der Grammatik. *Bon*, er wird Milde walten lassen und sie heute noch nicht drannehmen. Doch er hat vor, die beiden ordentlich lernen zu lassen, denn wie es aussieht, bezahlt ihnen eine Tante diesen Aufenthalt in Brüssel, und nur so wird die Dame etwas für ihr Geld bekommen.

Charlotte hat sich so tief über ihr Buch gebeugt, dass ihre Nase beinahe die Seiten berührt. Die Buchstaben tanzen vor ihren Augen wie in dichtem Nebel. Monsieur Heger steckt sich eine Pfeife an und erklärt in groben Zügen, zur Auffrischung für die Schülerinnen, die schon seit Jahren die französische Grammatik lernen, die Regeln des Subjonctif. Sowie er beginnt, Übungen zu diktieren, kommt Charlotte ohne ihre Brille nicht mehr zurecht und setzt sie wieder auf. Erst in Brüssel ist ihr aufgegangen, dass dieses Modell mit den runden Gläsern schrecklich altbacken aussieht. Hier sind sichtlich die ovalen Gläser modern.

Ein warmer Karamellgeruch zieht durch den Raum. Die Pfeife! Monsieur ist aufgestanden, obwohl es vorher so aussah, als wollte er ewig so sitzen bleiben. Er scheint außergewöhnlich bequem zu sein, aber dann springt er plötzlich auf, wie ein Raubtier, das Blut gewittert hat. Er schleicht durchs Klassenzimmer. In dieser Klasse sitzen zwölf Schülerinnen, und er kommt natürlich auf sie und Emily zu, die Neuen. Sie fühlt seine Gegenwart im Rücken, und er beugt sich über ihre Schulter. Und wenngleich ihr der Subjonctif bekannt ist, kommen ihr nun doch Zweifel an der Korrektheit dessen, was sie da geschrieben hat. Der Mann steht so nah hinter ihr! Der Geruch der Stärke in seinem Hemd, und darunter ganz schwach der leichte Schweißgeruch, der von seinem Körper ausgeht. Sie macht einen Tintenfleck auf ihre Arbeit. Wie ist das möglich – sie, die immer für ihre ordentliche Handschrift gelobt wird! Er geht weiter zu Emily, aber ihre Schwester schreibt seelenruhig weiter, und seine Gegenwart scheint sie nicht im Geringsten aus dem Konzept zu bringen.

Dann geht Constantin Heger die Treppe im Klassenzimmer hinunter, stürmisch wie ein ausgeruhtes Kutschpferd. Er ist erleichtert, dass dieser Teil der Stunde vorbei ist. Was Charlotte nicht weiß, aber was sie – scharfsinnig, wie sie nun mal ist – sehr bald vermuten wird, ist der Umstand, dass er eine tiefe Abneigung gegen Grammatik hegt. »Die Grammatik«, so lässt er sich manchmal gegenüber seinen Freunden aus, »ist die Mathematik der Sprache.« Er unterrichtet das Fach pflichtbewusst, aber wofür braucht man es eigentlich? Er kann nicht begreifen, wozu jemand trockene Regeln brauchen sollte, wo das Französische doch so melodiös ist, so poetisch, dass man einen falschen Klang sofort hört. Sei's drum, er verstaut das Handbuch mit Vergnügen in seinem Pult und holt den Stapel Aufsätze hervor, die die Mädchen letzte Woche abgegeben haben. Leises Gemurmel geht durch die Reihen (›*Oh non!*‹), aber nur so kurz, dass Constantin sich nicht weiter daran stört.

Charlotte schließt einen Moment die Augen und fühlt, wie sich ihr Herzschlag wieder beruhigt. Was für eine Erleichterung: Diese Arbeit haben Emily und sie noch nicht abgeben müssen. Monsieur steht neben seinem Pult, räuspert sich und beginnt mit fester Stimme einen Aufsatz vorzulesen, der offenbar seine Anerkennung gefunden hat. Um ihn herum hängt blauer Rauch in der Luft, seine Pfeife liegt schwelend im Aschenbecher. Die Schülerinnen werfen sich untereinander verstohlene Blicke zu. Wer hat diesen Aufsatz geschrieben?

Es geht um die Mutterschaft und wie eine Frau dadurch sozusagen die Gestalt wechselt. Nicht die Verwandlung, von der Charlotte in Haworth schon zehnmal Zeuge geworden ist: das junge, frische Mädchen, das sich innerhalb weniger Jahre durch das ganze Plackern und Schuften für die Familie in eine ausgemergelte Frau verwandelt. Nein, in diesem Aufsatz wird die junge Mutter als Beispiel von Fürsorge und Heiterkeit beschrieben, wenngleich Monsieur Heger die Worte so sinnlich auf der Zunge rollen lässt, dass die Frau die Anziehungskraft einer gefeierten Kurtisane bekommt. Er klingt entspannt wie ein Mann, der sich abends mit einem Glas Rotwein ans Kaminfeuer setzt. Charlotte findet den Text nicht gut, er endet auch mit einem Vergleich (der ja so deutlich ist, wenn man katholisch ist) zwischen der irdischen jungen Mutter und ihrem Säugling mit Maria und ihrem Jesuskind. Aber was für ein Vergnügen, Monsieur Heger zuzuhören! Sie versöhnt sich mit dem Gedanken, dass dieser Mann der Lehrer sein wird, von dem sie alles über die französische Sprache lernen wird.

Er schweigt dramatisch und gibt den Aufsatz mit der großen Geste eines Schauspielers an eine Schülerin. Es ist eines von den weniger attraktiven Mädchen, dem Charlotte dieses Glück beinahe gönnen könnte. Sie hat sich ganz aufrecht hingesetzt, als könnte sie den Stolz teilen, als würde Monsieur auch einen Aufsatz von ihr vorlesen. Wie wundervoll es sein muss, Ohren zu haben und zu hören, wie der eigene Text mit so viel Überzeugung vorgetragen wird. Das Mädchen sieht aus, als würde es Monsieur Heger am liebsten küssen.

Aber er ist schon wieder an sein Pult getreten, holt einen Aufsatz hervor und verzieht das Gesicht, als würden die Blätter nach Kuhscheiße stinken.

»Renate Piessens.« Er hält das gefaltete Blatt hoch. In der zweiten Reihe bekreuzigt sich eine junge Dame. Sie wird nach vorne vor die Klasse beordert. Es ist eines von den Mädchen, die eine umfangreiche Garderobe und teure Leinenwäsche besitzen und fraglos zu den Schönheiten gehören.

»Was ist denn das hier, *Mademoiselle*?«, fragte Monsieur Heger. »Soll ich Ihr Werk vorlesen?« Seine Stimme trieft von Sarkasmus.

»Ach nein«, sagt sie mit flehendem Ton, »bitte tun Sie das lieber nicht, Monsieur.«

»Das glaube ich allerdings auch.«

Das macht er wirklich gut, dieser Halunke. Der Aufsatz ist schlecht, aber Monsieurs Ton – der Hohn und die erhobene Hand, mit der Handfläche nach oben – macht es noch viel schlimmer, als es ist.

»›Der Prinz stach sich einen Dolch ins Herz‹«, sagt Monsieur und fällt auf die Knie. »›Leb wohl, *mon amour*. Und er starb mit der weißen Rose in der Hand.‹«

Es ist totenstill im Klassenzimmer. Monsieur Heger macht eine Verbeugung. Renate steht verkrampft daneben, eine Marionette, deren Fäden sich verknäult haben. Er nimmt ihre Rechte und drückt einen Kuss darauf wie ein italienischer Verehrer, woraufhin sie in Tränen ausbricht und auf ihren Platz rennt. Sie kann ihr Schluchzen nicht unterdrücken, und ihre runden Schultern zucken. Monsieur scheint fast ein wenig bestürzt über diese Frauentränen zu sein, und im nächsten Augenblick steht er auch schon neben Renates Pult. Charlotte ist überrascht über die unmerkliche Veränderung, die in ihm vorgegangen ist. Der Dämon scheint aus ihm auszufahren, und auf einmal hat er etwas von einem braven, treuen Haustier. Eine Strähne seines buschigen Haars hängt ihm nach der inbrünstigen Deklamation vor den Augen.

»Nicht doch, nicht doch«, sagte er und legt ihr tröstend eine Hand auf die Schulter. »Weinen müssen Sie deswegen nun auch wieder nicht, *Mademoiselle* …« Er sucht ihren Namen auf dem Blatt. »… Renate!«

Er macht beschwichtigende Laute, und die Schluchzer nehmen ab. Sie nimmt sein Taschentuch an und tupft sich damit die Augen ab. »Sehen Sie sich meine Anmerkungen am Rand an, dann wissen Sie, wie Sie es das nächste Mal machen müssen. Und, mein liebes Mädchen, bitte keine romantische Lektüre mehr, verstanden? Halten Sie sich an die Titel, die ich Ihnen zu lesen aufgebe.«

»J-ja«, bringt sie hervor.

Um Punkt fünf Uhr wird zum Abendessen geläutet. Um diese Zeit zieht Gertrude im Winter im Schlafsaal die Vorhänge zu. Das hübsche, einfache Dienstmädchen wacht nicht nur über das Kommen und Gehen im Pensionat, sondern hält auch den Schlafsaal und den Waschraum sauber und ordentlich. Charlotte legt ihr Nachthemd auf dem Bett bereit und folgt mit Emily den anderen Mädchen nach unten. Sie hat Hunger und freut sich schon aufs Essen. Mary hatte ihr bereits erzählt, dass die Belgier gut essen, und das war keine Übertreibung.

Was für Köstlichkeiten den Schülerinnen hier serviert werden! Das Frühstück mag karg sein – Kaffee und ein Teller Haferflocken oder Gerstenbrei – aber die anderen Mahlzeiten sind dafür üppig. Gestern kam mittags marinierter Hering auf den Tisch und anschließend Koteletts mit lustigen kleinen Kohlköpfchen, die sich Rosenkohl nennen. Aber sie zieht die Mahlzeit um fünf Uhr vor: dicke Scheiben duftendes Weißbrot mit Pastete, gekochtem Schinken und *breughelkop*, Schweinefleisch in Aspik, das mit Senf einfach köstlich schmeckt. Als hätte man damit noch nicht genug gegessen, stellt das Küchenmädchen gegen acht Uhr abends noch eine Schale mit Brötchen und zwei Kannen warme Milch mit Honig im Speisesaal bereit. Für diejenigen, die dann noch Appetit darauf haben! Der Überfluss ist derartig, dass sich manche Mädchen einen Becher Milch einschenken und dann vergessen, ihn leer zu trinken, und halb gegessene Brötchen bleiben in den Krümeln liegen. Von dem Betrag, den Madame Heger in einer Woche für die Verköstigung ihrer vierzehn Schülerinnen ausgibt, könnte man in Yorkshire bestimmt die blassen kleinen Kinder eines überfüllten Waisenhauses einen Monat lang mit Brei und Suppe versorgen.

Einmal sieht Charlotte, als sie gerade die Treppe hinuntergeht, Monsieur Heger unten auf dem Karree. Er hat den Hut in der Hand und scheint auf jemanden zu warten. Auf Madame? Sie hat sie oben nicht gesehen. Monsieur scheucht ungeduldig ein paar Schülerinnen fort, bis Emily und sie im Erdgeschoss angekommen sind.

»Meine Damen«, sagt er und legt Emily einen Arm um die Taille. »Darf ich Sie einladen, mich zu begleiten? Ich gehe zum Vieux Marché, wo ich ab und zu Französischunterricht für eine Gruppe flämischer Arbeiter gebe. Ich hatte mir gedacht, dass das eine gute Gelegenheit für Sie wäre, ein bisschen von der Stadt zu sehen.«

»Oh«, sagt Charlotte, »das klingt interessant.«

»Im Dunkeln sehen wir doch nichts von der Stadt«, entgegnet Emily und befreit sich aus seinem Griff. »Und darf ich Sie außerdem darauf aufmerksam machen, dass ich Emily heiße, und nicht Emma, wie Sie mich gestern im Unterricht genannt haben.«

»Sie könnten die Atmosphäre schnuppern«, fährt Monsieur unbeirrt fort, »und ein paar einfache Flamen treffen. Meine Frau will normalerweise nicht, dass ich ihre Schülerinnen in die Armenviertel von Brüssel mitnehme, aber sie hat sich bereit erklärt, einmal eine Ausnahme zu machen.«

»Sie müssen uns entschuldigen«, sagt Emily. »Wir sind noch etwas erschöpft von der Reise, und außerdem habe ich einen leichten Husten.«

»Dann bleiben Sie eben hier«, sagt Monsieur. »Aber Sie kommen mit, *Miess* Charlotte.«

»Ohne meine Schwester …«, beginnt Charlotte, aber er wippt auf den Zehen auf und ab und atmet vernehmlich ein und aus.

»Holen Sie Ihren Mantel und Ihren Schal«, sagt er in gebieterischem Ton. »Es ist Zeit, dass wir losgehen. Wegen einer Anstandsdame brauchen Sie sich keine Gedanken zu machen, Gertrude geht mit.«

Charlotte dreht sich um und rennt nach oben, weil sie ihm nicht widersprechen kann. Emily wird sich sicher im Stich gelassen fühlen, und wie soll das denn jetzt gehen: ihre arme Schwester, allein unter lauter Fremden? Aber sie muss nun mal Monsieur gehorchen, sie ist seine Schülerin, er der Lehrer – die Rollen sind klar verteilt.

Constantin Heger fährt sich mit den Fingern durchs Haar und setzt den Hut auf. Da ist Charlotte! Sie hat sich einen Wollmantel um die Schultern gehängt und knöpft die Bänder ihrer Haube unterm Kinn zu, während sie die Treppe herunterkommt. Was für eine anmutige kleine Erscheinung sie doch ist. Charmant! Ihre lebhaften Augen scheinen etwas zu suchen, man kann so viel Erwartung darin lesen. Constantin hält ihr die Gartentür auf. In diesem Moment kommt Gertrude aus ihrem Kabinett, der dunklen Kammer unter der Treppe. Constantin erschrickt jedes Mal, wenn sie so plötzlich aus dem Nichts auftaucht. Gertrudes blondes Haar ist nachlässig aufgesteckt, und ihre Handschuhe sind an der Kante abgescheuert, aber er hält auch ihr die Tür auf.

Die feuchte Luft küsst Charlottes Gesicht, und sie fühlt sich jung und gesund. Hoffentlich schlägt Monsieur Heger ein munteres Tempo an, denn sie würde am liebsten rennen. Zu Hause geht sie gerne jeden Tag auf der Heide spazieren. Emily, Anne und sie selbst sind es gewohnt, ein flottes Tempo vorzulegen, denn die Heide ist kein Boulevard: Dort schlendert man nicht dahin, nicht mal im Sommer. Dort kann man nicht flanieren, denn außer einem Schäfer hie und da sieht man niemanden und wird auch von niemandem gesehen. Man läuft durch die kahlen Hügel, um den Kopf leer zu bekommen und das Blut durch die Adern strömen zu lassen. Hier in Brüssel sieht es so aus, als würde man eher wenig Bewegung bekommen. Morgens in der Pause und dann noch einmal zu Mittag dürfen die Schülerinnen eine halbe Stunde im Garten herumgehen, und nach fünf Uhr dürfen sie sich so lange dort aufhalten, wie sie wollen. Aber so groß der Hof für einen städtischen Garten auch sein mag, so fühlt sich Charlotte dort doch wie ein kleines Kind, das von seiner Mutter ständig an der Kleidung zurückgehalten wird. Und sie ist auch richtig erleichtert, als Monsieur das Gartentor hinter ihnen zuzieht.

Er marschiert flott weiter, und sie folgt ihm auf dem Fuße, während Gertrude ihre liebe Mühe hat, mit ihnen Schritt zu halten. Sie schleppt einen geflochtenen Korb mit, der bis an den Rand gefüllt ist, aber Charlotte hat keine Lust, ihr zu helfen. In Gesellschaft von Monsieur will sie ganz bestimmt nicht mit Hauspersonal anbändeln, schließlich ist sie eine angehende Schriftstellerin, eine intelligente junge Frau, und so jemand schleppt keine Körbe. Aber als Monsieur sich umdreht und sieht, dass Gertrude mehrere Meter zurückgefallen ist, zieht er eine Augenbraue hoch und sagt: »Verdammt, was soll denn das? Helfen Sie ihr doch kurz.«

Verdattert bleibt Charlotte stehen und wartet auf Gertrude, um dann nach einem Henkel des Korbs zu greifen.

»Prätentiöses Ding«, schnaubt Gertrude, aber man versteht es nicht durch den Wollschal, den sie sich um Hals und Mund geschlungen hat.

Es hat den ganzen Tag geregnet. Im Klassenzimmer war es mittags so dunkel, dass Juffrouw Blanche die Kerzen angezündet hat. Kalte Tränen ziehen ihre Spuren über die Fensterscheiben. Jetzt ist der Himmel aber nicht mehr bewölkt, und es regt sich kein Lüftchen. Monsieur geht vor ihnen her, und seine Haltung ist alles andere als gerade. Es spricht eine selbstsichere Nonchalance daraus, ein *je-m'en-foutisme*, wie er diese Art von Haltung selbst bezeichnet. Heute Morgen hatte er sicher noch eine Bügelfalte in seiner Hose, die ihm das Mädchen sorgfältig hineingebügelt hat, aber jetzt flattert ihm der Stoff schon wieder um die kräftigen Beine.

Unsere Gesellschaft verlässt die Rue d'Isabelle, wo die wohlhabenden Intellektuellen wohnen und die Häuser und Gärten so hübsch aussehen. Sie gehen nicht nach oben, über die Treppen der Bibliothek, zu den Alleen und Plätzen, wo die Paläste der Reichen stehen. Den Koningsplein würde man sogar mit geschlossenen Augen erkennen. Man kann die Reichen förmlich riechen, wenn man hier vorbeigeht. Das parfümierte Puder auf der Haut der Damen, das bei jeder Bewegung ihrer in Seide, weiche Wolle und Pelz gehüllten Körper etwas von seinem wunderbaren Duft abgibt. Und die pomadisierten Frisuren, die mit Kölnisch Wasser besprengte Brust und die mit Bienenwachs geputzten Schuhe der Herren. Dort oben werden gleich die Gaslaternen angezündet, und es glänzt das Kupfer an den prächtigen Kutschen. Doch unsere Gesellschaft überquert den Platz vor dem Justizpalast und geht in ein weniger blühendes Viertel hinunter.

»Das Hospiz der Alexianerbrüder!«, ruft Constantin Heger seinen zwei Begleiterinnen nach hinten zu, die sich noch etwas weiter oben auf dem Hügel mit dem Korb abplagen. Das ist ein Lehrer, wie er im Buche steht, der Cicerone, der Führer der Unwissenden. Ein Junge läuft vorsichtig übers Kopfsteinpflaster. Er trägt einen steinernen Topf, zweifellos das Abendessen für ein krankes Familienmitglied. Am blau gemalten Tor des Hospizes steht ein blinder junger Mann – hemdsärmelig, trotz der Jahreszeit –, und er erwidert den Gruß von Constantin Heger, indem er seinen Stock vor sich vom Boden hebt.

Eine Straße weiter ruft Heger, voller Schadenfreude und ungeniert laut: »In diesem Viertel verstecken sich vereinzelt noch Anhänger von Calvin, *Miess* Charlotte!«

»Ist das wahr?« Gertrude bleibt abrupt stehen, und beinahe wäre der Inhalt des Korbes auf dem Pflaster gelandet.

Charlotte atmet tief ein und schnauft verärgert wieder aus. »Was ist wahr?«

»Dass Ihre Schwester und Sie Geusen sind?«

Sie lässt sich gar nicht zu einer Antwort herab, und sie fühlt sich auch nicht verunglimpft, so sehr wird sie vom Anblick der Stadt absorbiert, und vom Bild ihres Lehrers, der vor ihnen herläuft. Sie biegen in das Viertel ab, in dem der Plebs wohnt. Die Arbeiterhäuser erinnern an die Körper armer alter Männer: Die hölzernen Verschalungsbretter sind schief und durchgesackt, die kleinen, zurückgesetzten Fenster wirken müde, schlaff und enttäuscht, die Türen sehen aus wie braune, zahnlose Münder. Aus den Schornsteinen kommt der fettige Rauch von all dem brennbaren Abfall, der in den Ofen geworfen wird.

Monsieur ist um die Ecke verschwunden, und Charlotte zieht kräftig am Korb, sodass Gertrude ihre Schritte beschleunigen muss. Die Hausmeisterin singt jetzt leise ein Lied, nicht in ihrem lebhaften Französisch, sondern in ihrer Muttersprache, die sie im Pensionat nur mit den Laufburschen sprechen kann, die die Lebensmittel anliefern. Gertrude kann nicht dumm sein, denn ihre Stelle verlangt eine sichere Kenntnis des Alphabets und des Einmaleins, aber sie gehört eindeutig zur Arbeiterklasse.

»Raffen Sie Ihre Röcke hoch, *Mam'selle*«, sagt Gertrude gutmütig, denn sie kann nicht lange schlecht gelaunt bleiben. »In dieser Ecke der Stadt ist es dreckig.«

Charlotte windet sich den Schal um Hals und Mund, denn das Viertel riecht nicht gerade gut. In dem Arbeiterviertel, das sie durchqueren, hängt die graue Wäsche draußen, obwohl es heute Abend sicher frieren wird. Irgendwo heult eine Frau. Es liegt weder Leidenschaft noch Auflehnung darin, eher Demut, als wüsste sie, dass sie ohnehin niemand trösten wird. Ihr trübseliges Weinen kann Charlottes Aufregung nicht bremsen. Es hat etwas Magisches, durch diese fremde Stadt zu laufen – ohne jede Angst, denn sie hat einen Mann dabei, der sie beschützt.

An einer kleinen Holzbrücke wartet Monsieur auf sie, und sie treten beiseite, um einen Pferdekarren vorbeizulassen. Der Kutscher sitzt gleichgültig auf dem Kutschbock und hält die Zügel in der Hand. Die Brücke knarzt unter dem Gewicht des Karrens, und der Fluss stinkt wie ein nasser Hund. Sie folgen dem Ufer und gehen an einer Reihe ärmlicher Hütten vorbei, aber Monsieur scheint es eilig zu haben und schaut sich nicht mehr nach ihnen um. Als er außer Sichtweite ist, schluckt Charlotte ihren Stolz hinunter und fragt: »Sind wir bald da?«

»Wir sind schon da«, sagte Gertrude. »Gleich um die Ecke ist der Vieux Marché.«

XI

Das Pfarrhaus am Markt ist länglich und besteht nur aus einem Erdgeschoss. Der Giebel muss in ferner Vergangenheit einmal mit Kalk geweißt worden sein, aber die Farbe ist zu einem stumpfen Grau verkommen.

Auf der Schwelle steht ein junger Arbeiter mit den Händen in den Taschen. Er trägt eine abgetragene Mütze, die er sich in den Nacken geschoben hat, und lehnt mit dem Oberarm am Türrahmen. Als Monsieur Heger näher kommt, schaut er ihn an, das Kinn fast auf der Brust, die hellen Augen voll unterdrückter Anspannung. Einen Moment lang sieht es so aus, als wollte er sich nicht vom Fleck rühren, aber dann macht er mit gewissem Widerwillen ein paar Schritte nach draußen, um die Gesellschaft vorbeigehen zu lassen.

Das ist der erste flämische Arbeiter, mit dem Charlotte in Kontakt kommt, und sie kann es sich nicht verkneifen, ihn kurz zu mustern. Sein hellbraunes Haar müsste dringend geschnitten werden, und rasiert ist er auch nicht, aber seine Haut sieht so frisch aus wie die eines Kindes: Er hat sich sicher das Gesicht geschrubbt, bevor er zum Unterricht kam. Er zieht einen Ball aus zerknüllten Lumpen aus der Tasche und beginnt ihn hochzuwerfen und aufzufangen, wie ein Lümmel, der sich weigert, die Schulglocke zu hören. Charlotte spürt, wie Gertrude ihr von hinten den geflochtenen Korb in den Rücken drückt, und tritt über die Schwelle.

Drinnen hört sie gedämpftes Stimmengemurmel. Um die dreißig Arbeiter stehen etwas müde beieinander und unterhalten sich. Jungen, die so aussehen, als hätten sie sich gerade erst von Mutters Schürzenzipfel losgemacht, aber auch abgearbeitete Männer mit hochgezogenen Schultern und Geierhälsen. In der Luft hängt ein durchdringender Geruch, der Charlotte fast zurückprallen lässt: der Geruch von dreckigen Jacken und Hemden, von Bier, fettigem Haar, und es riecht nach von Kautabak moosig gewordenen Zähnen. Monsieur geht nach vorne, und die Hüte und Kappen werden abgenommen und brav in den Händen gedreht. Jeder Mann sucht sich einen Platz an einem der aus rohem Holz gezimmerten Tische, die im Raum verteilt sind. Charlotte schaut sich verloren um, denn Monsieur hat ihr gar nicht gesagt, was sie tun soll, doch dann zieht Gertrude sie kräftig am Ärmel.

»Kommen Sie doch!«, zischt sie, und sie zeigt auf ein paar Stühle, die hinten an der Wand stehen.

Dort sitzen sie dann, und die Hausmeisterin stellt ihren rechten Fuß auf den Korb, als wollte sie den Inhalt gegen Diebe schützen.

»Warum er uns in diese Lumpenviertel mitnimmt, *Mam'selle*, das ist mir ein Rätsel. Ich muss jedes Mal mit, aber ich kann dem nichts abgewinnen. Diese ganzen einfachen Leute.«

Aber als ihr ein forscher Kerl am Tisch vor ihnen über die Schulter zuzwinkert, fängt sie an zu kichern und stößt Charlotte an, als wären sie Freundinnen.

»Das ist Jef«, flüstert sie. »Der hat ein Auge auf mich geworfen.«

Der Mann dreht sich um und versucht ihren Fuß zu fassen, aber sie zieht ihn weg und reckt stolz das Kinn hoch. Oh, wie geübt sie ist in diesem jahrhundertealten Spiel von Anlocken und Zurückweisen, mit dem die Frauen die Männer verrückt machen. Jef wirkt besser gekleidet und genährt als die Mehrheit hier und muss wohl Vorarbeiter auf der Werft sein oder etwas in der Art. Er hat eine breite Nase und einen schweren, blassen Kopf. Gertrude mag eine Schönheit sein und sich als Dame fühlen, aber das ist die Art von Jungen, mit denen sie aufgewachsen ist, und zweifellos wird der Tag kommen, an dem sie den Avancen von einem von ihnen erliegen wird.

Charlotte kennt die Arbeiter: Sie kennt sie aus Yorkshire. Ganz so anders sind diese Männer hier nicht. Dieselbe ungesunde Haut, ungeschliffene Manieren und hungrige Augen, im Blick die Verschlagenheit eines Fuchses. Sie reckt sich etwas, um den jungen Mann zu suchen, der eben noch auf der Schwelle stand. Ihr Blick gleitet über unrasierte Hälse, ein schmutziges Halstuch, einen kahl geschorenen Kopf (wahrscheinlich wollte hier jemand die Läuse loswerden), und dann noch einen Hinterkopf mit langem, karamellfarbenen Haar, das schwer auf den Schultern liegt. Dort am Ende des Tisches, das muss wohl der junge Mann sein. Aber er schaut sich nicht um, und ihre Aufmerksamkeit wandert weiter zu ihrem Lehrer.

Monsieur steht vor seiner seltsamen Klasse und ist so viel ernster als beim Unterricht im Pensionat. Bei ihrer ersten Begegnung fand Charlotte schon, dass er etwas von einem Arbeiter hatte, und hier, mitten unter dem Arbeitervolk, ist die Ähnlichkeit frappierend. Er hat nicht die groß gewachsene Gestalt eines vornehmen Herrn, sondern ist gedrungen wie ein Treidler. Seine Kleidung macht letztlich den Unterschied: der schwarze Anzug, das weiße Hemd mit dem steifen Kragen und der hohe Hut, den er jetzt auf sein Pult gelegt hat. Im Pensionat sehen seine Kleider altmodisch und fast ein bisschen schäbig aus, vor allem neben der dandyhaften Eleganz von Monsieur Chapelle, dem Musiklehrer. Doch zwischen den formlosen Hosen, Schlotterhemden und fleckigen Overalls der

Arbeiter wirkt er wie ein vornehmer Mann. Er erklärt etwas, ist ernst, fährt sich mit dem Daumen über die Lippen. Sie hört nicht mehr, was er sagt, sie sieht nur noch seinen Mund.

Als der Unterricht zu Ende ist, winkt Monsieur Gertrude zu sich heran, und sie stellt den Korb auf ihren Stuhl.

»Helfen Sie mir, *Mam'selle*«, ruft sie, »sonst reißen sie mir alles aus den Händen.«

Im Korb sind Scheiben von Roggenbrot, Stücke von scharf riechendem Käse und süße, schrumpelige Birnen von der letzten Ernte aus dem Schulgarten. Die Arbeiter versammeln sich um sie, und Gertrude fährt sie an: »In einer Reihe anstellen, sonst gibt's gar nichts!«

Die Männer drängeln und schubsen weiter, und die Hausmeisterin läuft puterrot an. Sie wiederholt ihren Befehl, doch als sie völlig außer sich gerät und auf Flämisch zu fluchen beginnt, stellen sich die Männer schließlich doch in einer Reihe an. Man lacht spöttisch, denn so hungrig und erschöpft sie auch sein mögen, sie haben doch Humor.

Dann sieht Charlotte den jungen Mann von vorhin. Er scheint zu zögern, ob er sich in die Schlange einreihen soll, und hält seinen Hut am Kniff. Seine Augen sind hell und unschuldig in ihrer auffallenden Schönheit und grollend im Ausdruck. Er setzt den Hut auf, nickt Charlotte kurz zu und geht hinaus.

»Du liebe Güte«, sagt Gertrude, die ihrem Blick gefolgt ist. Sie wischt ihre Hand, die fettig geworden ist beim Verteilen der Käsestücke, an dem Tuch ab, in das sie das Brot gewickelt hatte. »Emile hat Sie tatsächlich gegrüßt. Glauben Sie nicht, dass der etwas annehmen würde, dafür ist der viel zu stolz.«

Was für ein seltsames Trio da durch die Nacht geht. Gertrudes Korb ist leer, dennoch ist die Hausmeisterin so langsam wie auf dem Hinweg. Sie fällt zurück, und Charlotte hat keine Lust mehr, neben ihr zu gehen. Monsieur geht schnell, sogar zu dieser späten Stunde legt er das Tempo eines Bauern vor, der seine Getreideernte vor dem Regen einbringen will. Bei einem ihrer Stiefel ist ein Schnürsenkel aufgegangen, doch sie kümmert sich nicht darum, sondern beschleunigt ihre Schritte, um ihren Lehrer einzuholen.

»Monsieur«, spricht sie ihn an, als sie neben ihm ist. »Sind Sie zufrieden mit dem Unterricht von heute?«

Sie kann es nicht lassen, ihn von der Seite anzuschauen, aber er ist ohnehin nur ein Schatten im Dunkeln. Sie weiß jedoch genau, wie er aussieht – sein Gesicht, in dem kein rechter Winkel auszumachen ist, die Nase, das Kinn, die Wangenknochen – alles abgerundete, erdige Formen.

»*Miess* Charlotte«, sagt er energisch, als wäre er überrascht, sie neben sich zu entdecken. »Aber natürlich – ja, ja, ich war sehr zufrieden mit dem Unterricht. Die flämischen Arbeiter sind meine Lieblingsschüler. So viel lernbegieriger und flinker als meine Schülerinnen im Pensionat. Ach ja, die jungen Damen entwickeln eben nicht besonders viel Lerneifer, darüber wundere ich mich immer wieder. Literatur oder Geschichte interessiert die Mädchen nicht. Sie wollen ein paar deutsche und italienische Sätzchen lernen, weil es so vornehm wirkt, so etwas in seine Konversation einfließen zu lassen. Der Musikunterricht geht ihnen auch runter wie warmer Kakao, weil sie da Gelegenheit haben, ihren aufblühenden Charme an Maurice Chapelle zu erproben. Wie aufmerksam er ihre Finger in eleganter Melodie über das Klavier führt! Und die letzten Kräfte werden mobilisiert für das Besticken von Taschentüchern. Italienisch, Musik und Sticken ergeben den

Schlüssel zum höchsten Ziel: einen reichen Ehemann zu umgarnen.«

Charlotte blickt verblüfft zur Seite und sieht Monsieur kurz im gelblichen Licht einer Gaslaterne. Sein Mund verzieht sich zu etwas, was nach einem schiefen Lächeln aussieht, ein Grinsen, seine Augen verengen sich zu Schlitzen und die Fältchen auf seiner linken Wange setzen sich fort bis zu seinem Ohr.

»Das suchen Sie hier doch auch, nicht wahr, *Miess*? Einen Ehemann?«

Charlotte bleibt stehen und schüttelt verzweifelt den Kopf.

»Das haben Sie völlig falsch verstanden. Für meine Schwester und mich ist der Unterricht das Wichtigste.«

Constantin Heger geht weiter im Dunkeln, er sieht aus wie eine Bildplatte aus einer Laterna Magica.

»Ist das so?«

Er steht vor ihr, breit und drohend wie eine riesige Fledermaus.

»Und ich glaube trotzdem, dass Sie einen Ehemann suchen. Vielleicht keinen reichen Mann, das nicht – solch törichten Ehrgeiz sollte eine Frau von Ihrer bescheidenen Herkunft nicht hegen –, aber doch sicher einigermaßen wohlhabend, nicht wahr? Sie sind an den richtigen Ort gekommen. Hier in Brüssel gibt es entschieden mehr junge Doktoren, Schulmeister und Kaufleute als in Ihrem abgelegenen Dorf in *Yorkshierr*.«

Er sagt den Namen ihrer Heimat mit so viel Verachtung, dass es sich anhört, als würde er von den Hottentotten sprechen. Charlotte wird es ganz eng in der Brust, und um zu vermeiden, dass er ihre trotzigen Tränen sieht, geht sie in die Knie und bindet ihren Schnürsenkel neu.

»*Miess!* Was machen Sie denn? Ich wollte Sie doch nur ein bisschen necken.«

Er legt ihr die Hand auf die Schulter, oder besser gesagt, er fasst sie bei der Schulter. Sie fühlt durch Leder und Stoff hindurch den Druck seiner Fingerspitzen auf der Haut und bleibt länger in ihrer Haltung als nötig. Er ist nur noch seine Hand, und sie ist nur noch die Haut unter seiner Hand. Als sie sich aufrichtet, versetzt er ihr mit der behandschuhten Hand einen Klaps auf die Wange.

»Na, so ist es schon besser. Eine echte Engländerin, so überempfindlich.«

Eine Gasse, so eng, dass die beiden Häuserreihen einander an manchen Stellen fast berühren, wie zu dick geratene Oberschenkel. Bei Tageslicht kann man seinen Weg hier wohl finden, aber jetzt hat man nur den schwachen Schein von ein paar Öllaternen. Ein leeres Fass Bier steht im Weg, und eine Ratte huscht die Mauer entlang. Ratten sind in Charlottes Augen die widerlichsten von allen Tieren. Irgendwo schlägt jemand auf einen Gong, und das Gelächter Betrunkener schallt durch die Gasse. Irgendetwas liegt auf dem Boden – Lumpen, nein, verfaulte Gemüsereste sind es, von einem Markt oder einfach aus einer Küche geworfen. Monsieur Heger bahnt sich einen Weg hindurch, und Charlotte rafft ihre Röcke hoch. Was streift da über ihr Bein? Oh mein Gott! Sie schreit auf.

»Ein Schwein«, sagt Monsieur Heger. »Haben Sie so etwas in England nicht?«

Sie erwartet, dass er gleich in schallendes Gelächter ausbricht, aber das tut er gar nicht. Er bleibt ganz nah neben ihr, und es fehlt nicht viel, dass er ihr seinen Arm anbietet. Was natürlich ausgeschlossen ist, denn welcher Lehrer kann Arm in Arm mit seiner Schülerin dahingehen? Die Nähe von Constantin Heger nimmt ihr jegliche Fähigkeit, klar zu denken. Sie atmet oberflächlich, und ihr ganzes Wesen ist hellwach. Sie denkt an seine kräftigen Handgelenke, an die Bewegungen, die er mit den Händen macht, um seinen Argumenten Nachdruck zu verleihen. In der Luft liegt ein unangenehmer Geruch, und doch glaubt sie, dazwischen seinen sauberen männlichen Geruch wahrnehmen zu können.

Der Mensch ist schon verrückt. Wenn das Entzücken am größten ist, will er instinktiv zur Normalität zurückkehren. Er kann die Hitze der Flamme nicht vertragen und zuckt zurück. Und genau das tut Charlotte jetzt auch. Um ihre Zaghaftigkeit zu verbergen, schlägt sie mit forschem Ton vor:

»Warten wir doch auf Gertrude, Monsieur. Wo bleibt sie denn? Wer weiß, was ihr passiert ist?«

Schon wenig später kommt die Hausmeisterin um die Ecke, Händchen haltend mit einem Mann.

»Gertrude scheint einen Freund getroffen zu haben«, sagte Monsieur Heger. »Wir wollen ihr das Vergnügen nicht verderben. Nehmen Sie meinen Arm, *ma chère.*«

Charlotte lässt ihren Arm in seinen gleiten und fühlt den kräftigen Druck, mit dem er sie begrüßt, aber die Magie des Augenblicks ist verschwunden. Es kommt ihr auf einmal gar nicht mehr so bemerkenswert vor, dass ein Lehrer Arm in Arm mit einer Schülerin geht: er voll väterlicher Besorgnis, sie voll Vertrauen und Bewunderung. Ein solches Band zwischen Lehrer und Schüler kann im hellsten Tageslicht bestehen. Wenn Madame ihn so sehen könnte, würde sie ihren sanften, wohlwollenden Blick auf ihm ruhen lassen und keine Eifersucht empfinden, denn es ist ja nur eine galante Geste ihres Ehemannes. Oh ja, Charlotte weiß es ganz sicher: Wenn Monsieur hier heute Abend mit einer anderen jungen Frau aus dem Pensionat entlanggegangen wäre, hätte er ihr auch den Arm angeboten.

»Man kann ein Kind nicht von seinem Volk fernhalten«, sagt Monsieur, und Charlotte begreift nicht gleich, wovon er gerade redet. »Wenn man einen Indianerjungen in einer reichen weißen Familie aufwachsen lässt, werden ihm seine Wurzeln doch immer bleiben. Gertrude ist und bleibt eben Flämin.«

Seine Gedanken sind nicht bei ihr, sondern bei einem so unbedeutenden Geschöpf wie der Hausmeisterin

Wir wollen kurz einen Schritt zurücktreten, um die Situation besser einschätzen zu können. Sicher sind Sie fast ganz vereinnahmt von all den überreizten Überlegungen einer Frau, die schon längst verheiratet hätte sein müssen. Charlotte Brontë sollte in der Nacht in der festen Umarmung eines richtigen Ehemannes liegen, denn sie ist viel zu ungestüm veranlagt, um allein zu bleiben. Und viel zu naiv für eine Stadt wie Brüssel. Die englischen Abenteurerinnen bekommen von ihren Vätern und Onkeln ebenso leicht die Erlaubnis, nach Belgien zu reisen, als wollten sie eine Cousine in Sussex besuchen. Ohne männliche Begleitung von zu Hause an der Seite, werden sie in ihrer Einfalt leichte Beute der hiesigen Schürzenjäger. Der belgische Mann hat Gott sei Dank nicht den schlechten Ruf des Italieners, aber er hat doch mehr Oper im Blut als der Engländer, der ungefähr so viel Gefühlsleben vorzuweisen hat wie eine Eidechse. Die Brüsseler Herren ähneln eher den Parisern, obwohl sie ihnen an Eloquenz, Raffinement und Schliff letztlich doch nie ganz das Wasser reichen können. Während Überheblichkeit ein Geburtsrecht des Parisers ist, der seine Allüren mit ebenso viel Grazie trägt wie sein seidenes Halstuch und das goldene Monokel, macht die Arroganz der

Brüsseler den Eindruck, unverdient und unangemessen zu sein. Die diversen Temperamente der Herren kommen übrigens besonders deutlich im Werbungsverhalten zum Ausdruck. In der französischen Hauptstadt würde ein Mann der jungen Frau seiner Wahl enthusiastisch huldigen und versuchen, sie mit Wein und Komplimenten in sein Bett zu locken. Der Londoner macht seiner Auserwählten – nach drei Spaziergängen in Gesellschaft einer alten Tante – eine Heiratsantrag, und zwar in demselben nüchternen Ton, in dem er auf dem Pferdemarkt ein Gebot für eine gesunde Stute abgibt. Der Brüsseler schließlich ist dafür bekannt, dass er sowohl in Geschäften als auch in der Liebe »um den heißen Brei herumschleicht«: ein Ausdruck, der besonders gern in dieser Stadt benutzt wird und abgeleitet ist von *tourner autour du pot*. In diesem Fall ist es sicher ein süßer Grießbrei. Mit vagen Versprechungen und Anspielungen und einem einmaligen Ausblick auf das Paradies verdreht er einem Mädchen den Kopf. Er will ihr sein Herz schenken, aber nicht das ganze; er hält um ihre Hand an, drückt sich dabei aber so verschnörkelt aus, dass es doch kein richtiger Antrag ist. Sie liegt nächtelang wach und zerbricht sich den Kopf, denn sie weiß nicht genau, ob er nun eigentlich ein Bewerber ist und was er für Absichten hat – aber vielfach weiß er das ja nicht mal selber. So manche Frau ist in der Nervenheilanstalt in der Rue du Rempart des Moines gelandet, weil ihr Verehrer sie bis zum Äußersten getrieben hat. Der Brüsseler ist ein Don Juan ohne Kompass.

Nehmen wir einmal Constantin Heger. Er wurde in Brüssel geboren und hat zwischen seinem sechzehnten und zwanzigsten Lebensjahr den wenig frommen Einfluss der französischen Hauptstadt erfahren, wo er ein Praktikum bei einem Rechtsanwalt machte und in den Armen einer verblühten Kurtisane seine Unschuld verlor. Jetzt ist er der Ehemann von Claire

Heger, mit der er schon vier Kinder gezeugt hat. Seine Leidenschaft ist nie ganz befriedigt, weil er ständig von attraktiven Damen umgeben ist. Lehrerinnen und heranwachsende Mädchen begegnen ihm auf den Fluren, grüßen ihn respektvoll und hören mit großen Augen und leicht geöffnetem Mund auf jedes Wort, das er sagt. Wie sehr er ihre Gesellschaft genießt! Aber so wie jeder heranwachsender Junge wieder brav zu seiner Mutter zurückkommt, nachdem er einen Sommertag lang über die Felder geschweift ist, so ist auch Constantin Heger immer unversehrt wieder zu seiner Frau zurückgekehrt.

Zu Ihrer Information: Der Schulmeister und das englische Fräulein haben jetzt die Rue d'Isabelle erreicht. Man sieht sie jetzt so viel deutlicher im Licht der Gaslaternen. Charlotte in ihrem grauen Mantel, zu billig für dieses Pensionat und zu dünn für die Jahreszeit. Und dann ihr Hut, ihre Frisur – ein hoffnungsloser Fall! Aber das ist nicht weiter schlimm, denn Constantin Heger hat die junge Dame an seiner Seite fast vergessen. In Gedanken ist er schon wieder in seiner warmen Wohnung. Er würde gern ein Gläschen Likör trinken. Tagsüber gestattet er sich höchstens ein Weißbier oder eine einfache Weiße mit Schuss, aber vor dem Schlafengehen hat er gerne etwas Stärkeres. Wie kühl es hier draußen ist, und wie warm sein Bett gleich sein wird. Ob Claire wohl schon darinliegt oder ob sie noch an ihrem Frisiertischchen sitzt?

Als sie am Eingang des Pensionats angekommen sind, dreht Monsieur den schweren Schlüssel zweimal im Schloss, aber bevor er hineingeht, wartet er noch auf Gertrude. Da ist sie auch schon, mit einem so jungen, frischen Gesicht, dass Charlotte einen eifersüchtigen kleinen Stich fühlt.

»Und, habt ihr euch geküsst?«, fragt er, und Gertrude flüstert: »Oh, ich bitte Sie, sagen Sie Madame nichts davon!«

Gertrude huscht mit wehenden Röcken durch den Garten zum Karree, doch Charlotte bleibt noch stehen, während Monsieur den schmalen Holzbalken vorschiebt. Er schaut sie mit fragendem Blick an und lässt sie dann vorausgehen. Ihr Herz ist ganz warm: Es klopft nicht nur in seiner Funktion als Organ, sondern auch wie ein junges Tier, ein Welpe, ein verspielter Frischling! Sie geht die Treppe hinauf und muss sich zusammenreißen, um nicht loszutanzen. Ihre Schwester … Sie muss ihrer Schwester von heute Abend erzählen.

An der Tür zum Schlafsaal zieht Charlotte ihre Stiefel aus. Die Nachtkerze brennt, und sie kann die Umrisse der Betten erkennen. Durch den Wandschirm dringt der Schein von Emilys Kerze. Sie schläft nicht, sondern sitzt aufrecht im Bett, um Französischvokabeln zu lernen.

»Em?«, flüstert Charlotte. Doch sowie sie das strenge, verschlossene Gesicht ihrer Schwester sieht, weiß sie, dass sie ihr dieses Geheimnis nicht anvertrauen kann. Ihre Schwester versteht nichts von Herzensangelegenheiten – schlimmer noch: Sie würde sie verurteilen.

»Danke, dass du mich allein gelassen hast«, sagt Emily unfreundlich.

»Du bist doch selbst schuld.« Charlotte kann es sich nicht verkneifen. »Du hättest mitkommen können, es war sehr interessant. Aber nein, du sitzt ja lieber hier und schmollst.«

Noch bevor sie ihren letzten Unterrock in den Schrank gehängt hat, tut ihr der Ausbruch schon wieder leid. Es passiert öfter, dass sie mit Emily so redet, aber ihre Schwester ist diejenige, die jedes Mal gewinnt. Schuldgefühle sind dabei ihre stärkste Waffe. Sie liegt im Bett, und Emily wiederholt im Stillen ihre französischen Wörter, ihre Lippen bewegen sich dazu. Ihr Atem pfeift wieder, es ist nicht zu übersehen, dass sie Ruhe braucht. Doch Charlotte will nicht mehr an sie denken und macht die Augen zu. Das Laken ist aus wunderbar weichem Leinen, und es wird so schnell herrlich warm unter der Decke. Sie lässt die Hand unter ihr Nachthemd zu ihrem Bauch gleiten. Und dann auf einer Brust ruhen. Monsieur.

XII

Wir werfen noch einen letzten Blick hinter den Wandschirm. Emily hat ihre Kerze endlich ausgeblasen und sich hingelegt. Sie wird sehr rasch in tiefen Schlaf gleiten. Ab und zu hat sie finstere Träume, dieses Fräulein Brontë, von ihren verstorbenen Schwestern, die aus ihrem Grab kriechen und an Emilys Fenster klopfen. Die Haare voller Schlamm, die Gesichter kreidebleich und leblos wie leere Medaillons. Und auch der Schatten ihrer Mutter, wie ein scheues Reh zwischen Grabsteinen. Emily Brontë ist keine Frau, die in der Zukunft leben kann, da sie sich absolut nichts von ihr erwartet. Und die Gegenwart – was gibt es schon in der Gegenwart, was auch nur die geringste Bedeutung für sie haben könnte? Das endlose Herunterrattern von französischen Vokabeln und Grammatikregeln ist für Emily dasselbe wie der Rosenkranz für eine Brüsseler Nonne. Diese Beschäftigung macht das Bewusstsein so dünn, dass die Gegenwart hinter einem Nebel verschwindet. Umso mehr Platz räumt sie der Vergangenheit ein! Sie liegt auf dem Rücken, die großen, mageren Hände auf dem Laken, und denkt an Anne – ihre Anne, die Schwester, der sie sich am engsten verbunden fühlte. Wie sie zusammen die Chronik von Gondal schrieben und sich in eine Fantasiewelt entführen ließen, zu der nur sie Zugang hatten. Anne hat sie verlassen, um als Gouvernante für die Familie Robinson zu arbeiten. Zu Weihnachten kam sie nach Hause. »Liebe Schwestern«, sagte sie, »ich habe euch so schrecklich vermisst.« Auf Thorp Green hatte sie niemanden, mit dem sie reden konnte. Sie hatte ihre kleine Hand über den Tisch nach ihr ausgestreckt, um sie zu streicheln, doch Emily hatte sie erbarmungslos weggezogen. Anne. Anne, du hast kein Recht mehr auf meine Freundschaft, denn du hast mich im Stich gelassen.

Und dann schläft Emily ein, und im Traum löst sie sich auf einmal von der Matratze. Das Fenster öffnet sich, und sie schwebt hinaus, fort, fort vom Kontinent. Und im nächsten Moment läuft sie auch schon mit großen Schritten und Keeper an ihrer Seite über die purpurnen Hügel.

Es soll viel geschehen im Leben der zwei ältesten Brontë-Schwestern. Wir lassen ihnen ein paar Wochen, um sich in der neuen Umgebung einzugewöhnen, bevor wir sie wieder aufsuchen.

Den Rest der Nacht wollen wir sowieso überspringen, wir schauen uns an, wie in Brüssel der neue Tag anbricht. Nichts ist so schön wie das Erwachen einer Stadt, jedenfalls wenn man das Erwachen der Obdachlosen übersieht, aber das ist schwierig, denn die kommen einem immer wieder ungefragt ins Blickfeld. Gerade wenn man das nebelige Morgenlicht bewundert, das wie ein Gazeschleier über der Kirche Saint-Jacques-sur-Coudenberg liegt, sieht man dort im Portal – im Portal eines Gebäudes, das immerhin ein Haus Gottes ist und in dem jeder Mensch, ob Heide oder Christ, Unterschlupf finden soll – eine ganze Familie, die dort in Lumpen gewickelt die Nacht verbracht hat. Die Mutter spuckt auf einen Zipfel ihres Umschlagtuches, um ihrem Sohn etwas Schmutz aus dem Gesicht zu wischen, womit seine Toilette für diesen Tag erledigt wäre. Der Vater verteilt das karge Frühstück: Für jedes seiner drei Kinder gibt es ein Stück trockenes Weißbrot, das ihm gestern ein Küchenmädchen aus einem feinen Haus über die Hecke zugeworfen hat. An den Stadtquais, wo das Wasser der Zenne (dieser stinkenden Jauchegrube!) unter den Brücken fließt, liegen bärtige Männer auf der steinernen Uferbefestigung, und ihr Atem riecht nach Bier und einem leeren Magen. Wer jetzt noch schläft, wird schon bald geweckt durch den Stock eines Gendarmen.

König Leopold steht am Fenster seines Arbeitszimmers und schaut über den Warandepark, der in leichtem Nebel daliegt.

»Sire?«

Sein Kammerdiener rollt den Wagen mit dem Frühstück herein.

»Der Bote ist eingetroffen. Er wartet unten auf Ihren Bericht.«

Leopold kann sich nicht aufraffen, die Einladung zu schreiben. Und auch nicht, zu Tisch zu gehen. Normalerweise nimmt er die Mahlzeiten in den privaten Räumlichkeiten der königlichen Familie ein, aber heute Morgen ist er noch vor Tagesanbruch wieder heruntergekommen. Er fühlte eine Unruhe in sich, als er aufwachte, in dem Maße, dass er seine Wohnung am liebsten sofort verlassen hätte. Und warum sollte er sein Frühstück nicht in seinem Arbeitszimmer einnehmen? Louise-Marie schickt fast jeden Morgen eine ihrer Hofdamen und lässt sich entschuldigen, und dann sitzt er doch jedes Mal wieder allein am Tisch. Ach, er darf nicht zu streng mit seiner Frau sein. Er weiß sehr gut, dass sie nicht versucht, ihm auszuweichen. Wenn er länger als ein paar Tage fort ist, schreibt sie ihm zärtliche Briefe. Aber seit sie im Frühling vor zwei Jahren ihr viertes Kind geboren hat, kränkelt sie. Sie fühlt sich schwach und niedergeschlagen, und ihr täglicher Spaziergang geht nicht weiter als bis zum Maurischen Pavillon im Park. Bis jetzt hat ihr kein Arzt helfen können, was nicht verwunderlich ist, da sie von Natur aus wenig Abwehrkräfte besitzt. Als junges Mädchen hat sie recht rasch Abschied genommen von den Freuden des Lebens, wie eine Novizin, die ihr Gelöbnis ablegt. Dieser Katholizismus mit seinem Aberglauben und seinem Fanatismus!

Er weiß, dass Louise-Marie ihn sehr gern hat, aber nicht so, dass sie ihn umarmen, bei ihm auf dem Schoß sitzen und ihm mit der Hand durchs Haar fahren will. Nicht in dem Sinn, dass sie ihn begehrt und ihn in ihr Schlafzimmer einlädt. Aber man muss ihr lassen, dass sie sich ihm nie verweigert hat. Ihre Mutter – die vornehme Dame, die *reine des Français,* mit ihrer morbiden Vorliebe für tragische Heiligenlegenden – hat sie immer ermahnt, dass es die Pflicht einer Frau ist, sich ihrem Mann hinzugeben und ihm Kinder zu gebären, egal wie sehr ihr die geschlechtliche Liebe zuwider ist. In ihren Flitterwochen hat er noch die Illusion gehegt, dass er das Feuer in seiner jungen Frau durch Liebkosungen, Küsse und Koseworte wecken könnte. Doch sie lag da in ihrem keuschen Nachthemd, völlig erstarrt, wie ein Stock, der sich nie in eine wollüstig sich windende Schlange verwandeln wollte. Zweifellos hat sie es als Erleichterung empfunden, dass er nach der letzten Schwangerschaft seine nächtlichen Besuche bei ihr eingestellt hat.

Leopold geht an den Schreibtisch, nimmt eine Feder zur Hand und hält sie übers Tintenfass. Gerade als er sie in die Tinte tauchen will, zögert er und legt sie wieder aus der Hand. Er steht kurz davor, das Glück wieder in sein Leben zu lassen. Warum hat er dann solche Zweifel? Ist es so falsch, sich fürs Leben zu entscheiden? Vorläufig weiß er nicht, wen er in dieser Angelegenheit ins Vertrauen ziehen kann. Jules Van Praet kann offenbar kein Verständnis dafür aufbringen, dass es seinen König nach der Wärme einer Frau verlangt. Jules tratscht trotzdem ausgiebig über die Amouren an den europäischen Fürstenhöfen. Er selbst korrespondiert mit der Comtesse Le Hon, um über die Intrigen am französischen Königshof auf dem Laufenden zu bleiben. Aber mit seinem König ist Jules strenger als ein Feldwebel! Lächerlich, denn seit Leopold vor sechs Jahren mit Louise-Marie in den Stand der Ehe getreten ist, hat er keine feste Geliebte gehabt. Seine Sünden beschränkten sich auf vereinzelte süße Nachmittage in seinem Schloss in Ciergnon mit Schönheiten vom Land. Dieses Landgut hatte er in der Zwischenzeit gekauft, um Louise-Marie eine Freude zu machen.

»Oh, Leopich«, rief sie damals begeistert aus. »Hier ist alles so idyllisch und unverfälscht!« Genauso wie ihre entfernte Nichte Marie-Antoinette in ihrem künstlichen Bauerndorf in Versailles soll sie das Leben an der frischen Luft genießen, in einem schlichten Baumwollrock und mit roten Wangen. Ihre zerbrechliche Gesundheit machte das jedoch bald unmöglich. Tagelang saß sie in Schals gewickelt im kleinsten Salon des Schlosses am Kamin und jammerte:

»Wie es hier zieht, Leopold!«

»Es ist so kalt hier, Leopold!«

Er seufzt. Seine Frau beginnt ihn anzuöden mit ihrem zarten Madonnengesicht und ihren kraftlosen Händchen. Er ist der König. Er kann Entscheidungen treffen. Aber er schuldet ihr Respekt, denn sie ist immerhin die Mutter seiner Kinder.

In seinem Arbeitszimmer ist niemand. Kein Diener, der ihn belauert. Der wartende Bote sitzt Gott sei Dank unten. Leopold fasst den Rand seines Schreibtischs mit beiden Händen und würde ihn am liebsten umwerfen. Er hätte oft Lust zu schreien, aber er gibt diesem Drang nicht nach – auch nicht nachts, denn sonst würde sofort ein beunruhigter Kammerdiener bei ihm anklopfen. Der Schrei sitzt wie gefangen in seiner Brust.

Es ist ein Jammer, dass Louise-Marie seiner lieben Charlotte nicht ein bisschen ähnlicher ist. Dann hätten sie wirklich glücklich werden können. Der Kontrast zu seiner ersten Frau könnte größer kaum sein. Er sieht sich selbst noch vor dem Altar stehen: ein junger Prinz, erst fünfundzwanzig Jahre alt. Und neben ihm Charlotte, Prinzessin von Wales, seine strahlende, heißblütige Braut! Obwohl sie vorher Wilhelm von Oranien versprochen gewesen war, hatte sie sich für ihn entschieden. Das war nicht selbstverständlich, denn er war zwar ein gut aussehender junger Mann, aber keine gute Partie für eine Kronprinzessin. Das Herzogtum Sachsen-Coburg-Saalfeld lieferte ihm gerade mal bescheidene Einkünfte, und damals deutete noch nichts darauf hin, dass er auch einmal einen Thron besteigen würde. Es war dem sturen Beharren von Charlotte zu verdanken, dass ihr Vater, der Prinzregent von Großbritannien, nach viel Murren seine Zustimmung zu einer Heirat gab, die seiner Tochter weder politische noch finanzielle Vorteile einbrachte.

Charlotte und er hatten sich in London auf einem Dinner kennengelernt, das ihr Vater zu Ehren der Könige, Prinzen und Generäle gab, die Napoleon nach Elba verbannt hatten. Sie war die rotwangige Gesundheit in Person, ein bisschen mollig, mit einem herzförmigen Mund und einer kleinen Nase. Achtzehn, unbefangen und ungezähmt, und sie schreckte nicht davor zurück, ihr Interesse für ihn zu zeigen. Einen Monat nach ihrer Begegnung löste sie ihre Verlobung mit Wilhelm von Oranien, ohne ihre Familie zu konsultieren. Sie wollte ihn und niemand anders! Als seine schöne, verwöhnte

Charlotte zu Hause nicht sofort bekam, was sie wollte, stampfte sie mit den Füßen auf und schmollte. Er selbst versuchte, mit seiner geduldigen, taktvollen und zugleich unbeirrbaren Art die Zustimmung des Prinzregenten zu erlangen. Wilhelm von Oranien hasste ihn, weil er ihm die Verlobte gestohlen hatte, und er sollte ihn später noch viel mehr hassen, als er König der Südlichen Niederlande wurde. Aber in diesem Moment mit Charlotte vor dem Altar hatte er noch keine Ahnung, was das Schicksal für ihn bereithielt. Er sah seine Zukunft in England, an der Seite von Charlotte, die Königin von Großbritannien werden sollte.

Doch ihrem Glück wurde ein grausames, abruptes Ende gesetzt. Charlotte starb wenige Stunden, nachdem man sie von ihrem toten Sohn entbunden hatte. In dieser elenden Winternacht zerbrach sein Traum, ein Leben lang dieselbe Frau lieben zu können, eine Frau, die zugleich seine Ehefrau war.

Seine Jugend und seine große Liebe sind ihm genommen worden. Wo ist die Zeit geblieben, in der er sorglos und voller Vorfreude durch die Wälder galoppierte? Charlotte! Er hat in den Armen einer Reihe adeliger und vor allem diskreter englischer Damen Vergessen gesucht. Und dann war da noch die habgierige Karoline Bauer. Spielereien, mehr nicht. Seine Ehe mit Louise-Marie hat seine Hoffnungen kurzfristig noch einmal aufflackern lassen, aber momentan ist sie eher eine liebe Schwester als seine Geliebte. Sie kann seine Not nicht lindern, und das stellt ihn vor ein Problem. Ein Prinz kann sich das eine oder andere unschuldige Gerangel erlauben, aber ein König kann kein Dienstmädchen hinter einer Säule auf den Hals küssen, ohne dass der gesamte Hof Wind davon bekommt. Oh ja, er weiß es ganz sicher. Sogar Louise-Marie ist über seine Bauernliebchen in den Ardennen im Bilde. Glücklicherweise nimmt sie sich das nicht sehr zu Herzen.

Kaltes, milchiges Licht fällt durch die hohen Fenster auf die hochgewachsene Gestalt am Schreibtisch. Im Schein einer flackernden Kerze oder Gaslampe kann der König durchaus noch als sehr attraktiver Mann durchgehen, aber der Morgen ist gnadenlos. Wie kunstvoll sein Toupet auch frisiert ist, nicht einmal ein Kind würde sich davon täuschen lassen. Sein Backenbart ist ein klein wenig zu schwarz gefärbt, mit einem bläulichen Schimmer. Aber sein Bauch ist fest und seine Waden sind hart, und das Geschlecht in seiner Hose ist noch so, dass es beim Anblick einer schönen Frau schubweise zu wachsen beginnt. Er verdankt seine Kondition seiner deutschen Strenge: karge Mahlzeiten, Streckübungen am offenen Fenster und lange Ausritte zu Pferde.

Die Feder taucht in die Tinte und läuft dann in seiner bescheidenen Handschrift übers Papier, und ab und zu setzt er eine elegante Schleife vor ein »j«, ein »g« oder ein »l«. Mit Löschpapier ablöschen, ein kurzes Rucken an der Klingel, und schon steht der Haushofmeister neben ihm.

»Danke, Sire. Ich werde mich sofort um die Bestellung kümmern.«

Er fühlt sich unendlich erleichtert. Der Entschluss ist gefasst. Auf dem Tisch stehen Sauerteigbrot, Butter und eine Schale Birnen in Sirup. Er isst mit Appetit und lässt sich zweimal einen Becher warme Milch mit Honig bringen. Frische Milch, die heute Morgen noch im Euter war. Verdammt, ja! Seit er im Théâtre Royal diese kleine Juffrouw Claret kennengelernt hat, spürt er eine ganz neue Vitalität in seinem Körper: In ihm ist wieder ein Verlangen geweckt worden. Obwohl Juffrouw Claret üppige Formen hat, ist sie noch ein Kind, keine sechzehn Jahre alt. Und trotzdem kann er ihr nicht widerstehen. Diese grünen Augen, die vollen Lippen und das leicht schiefe Lächeln. Diese schmale Taille und dieser … ja, dieser so appetitliche Busen.

Er nimmt ein paar Schlucke Milch und wischt sich mit der Serviette den Mund ab. Die Mutter des Mädchens stellt kein Hindernis dar, ihre etwas verlegene Zurückhaltung ist nur aufgesetzt, und mit ihrem kaum merklichen Zwinkern hier und Lächeln dort scheint sie ihn ja geradezu aufzufordern, sich ihrer Tochter zu nähern. Sie hat keine Eile, ihre Tochter dem König zu schenken, aber es ist sonnenklar, dass sie es zum richtigen Zeitpunkt sehr wohl tun wird. Sie ist gerissen, diese Madame Claret, und hat ebenfalls entzückende Rundungen (wofür er bei Frauen eine Schwäche hat). Wenn ihre Tochter nicht so bezaubernd wäre, würde er eventuell sogar ein flüchtiges Abenteuer mit ihrer Mutter erwägen. Aber gegen Arcadie ist jede andere Frau chancenlos! Ihre letzte Begegnung liegt schon wieder Wochen zurück, am Strand – wenn auch nur in Gesellschaft ihrer Mutter. Niemand hatte ihn erkannt, aber wer würde an einem grauen Sonntagmittag am Strand von Middelkerke schon den belgischen König erwarten?

Auf dem Innenhof des Königspalasts besteigt ein junger Kurier sein Pferd. Er sieht beeindruckend aus in seiner Uniform eines Mitarbeiters der königlichen Post, mit goldenen Tressen an der Jacke und einer Hose aus Gamsleder. In der Satteltasche seines rotbraunen normannischen Wallachs steckt ein Umschlag, den der Kammerdiener Seiner Majestät ihm soeben übergeben hat und den er ohne Aufschub bestellen muss. Was für eine Ehre, dem König zu Diensten sein zu können! Verdammt schade, dass er so lange im Korridor auf die Sendung warten musste und so sein Frühstück verpasst hat: den herrlich sahnigen Haferbrei, mit dem die Schüsseln in der Nebenküche des Palasts immer so üppig gefüllt werden. Und dazu ein Becher süßer, heißer Kaffee!

Während Leopold das Sauerteigbrot kaut und die Kerne einer süßen Birne ausspuckt, reist seine Einladung in der Satteltasche des Kuriers. Der Ritt dauert nicht lang, er führt an der Porte de Namur entlang, wo es schon seit sechzig Jahren kein Tor mehr gibt, und über die gepflasterte Straße Richtung Elsene. Der Normannenwallach trabt an der Villa vorbei, in der der berühmte Geiger Charles de Bériot in den Armen seiner neuen Ehefrau schläft, und dann über die Straße, auf der wir Henriette Claret zu ihrer Nachbarin Babette haben watscheln sehen. Das schmiedeeiserne Tor des Claret'schen Anwesens steht offen, und der Kurier zügelt sein Pferd, denn man weiß ja nie, ob nicht plötzlich ein Kind mit seinem Trudelreifen auf die Straße hüpft.

XIII

Die Einladung wird gegen acht Uhr im Hause Claret zugestellt. Das Mädchen bringt den Umschlag hinein, genau in dem Moment, als Henriette mit einem silbernen Messer ihr Ei köpft.

»Madame, ein Kurier! Er sieht aus wie ein Prinz.«

Das Mädchen wird puterrot, umso mehr, als es sieht, dass das Ei von Madame nicht richtig hart ist.

»*Merci*«, sagt Henriette so nonchalant, als würde sie jeden Tag einen Brief mit aufgeprägter Krone bekommen. »Und nimm diesen Rotz mit, sei so gut.«

Der junge Marcel steht auf Zehenspitzen am Fenster und sieht zu, wie der Reiter wieder auf sein Pferd steigt.

»Er hat Bommel an seiner Mütze, Cédric«, sagt er zu seinem Bruder, der noch zu klein ist, um über die Fensterbank schauen zu können. »Das ist sicher ein Ritter.«

»Ein Ritter, natürlich«, spottet Arcadie, aber sie hat ihren Stuhl auch etwas zurückgeschoben und steht halb auf, um den Reiter sehen zu können. Seit einiger Zeit leidet sie an unstillbarer Neugier nach fremden Männern, und so viele von dieser Sorte tauchen im Hause Claret nicht auf.

»*Silence*«, sagte Henriette, aber sie klingt eher amüsiert als streng. »Wir essen noch.« Marcel hilft Cédric zurück auf seinen Stuhl und setzt sich selbst an den Tisch.

»Von wem ist die Karte, *maman*?«, fragt Arcadie.

»Ach.« Henriette fächelt sich gespielt gedankenlos mit dem Umschlag zu.

»Einfach ein Freund, der uns eine Einladung geschickt hat.«

Ein Freund, keine Freundin – ein Mann also! Arcadie bekommt ganz große Augen.

»Ach komm, *maman*, verrat's mir!«

Arcadie bekommt keinen Bissen mehr herunter und ist erleichtert, als ihre Mutter mit der Serviette wedelt, um zu signalisieren, dass die kleinen Kinder spielen gehen dürfen.

»*Maman*, darf ich mit Papa und dir mitkommen? Gilt die Einladung auch für mich?«

Nicht, dass es sie so sehr danach verlangen würde, den König wiederzutreffen, aber sie will furchtbar gerne den Palast von innen sehen.

Henriette antwortet nicht, sondern hält die kleine Pauline zurück, die sich mit einem Schokoladencroissant zwischen den Falten ihres Rockes aus dem Zimmer schleichen will.

»Pauline«, sagt ihre Mutter streng. »Wir haben schon darüber gesprochen. Willst du eine Prinzessin sein oder ein Schweinchen?«

»Ich finde Schweinchen süß«, sagt Pauline, aber sie legt das Croissant brav wieder vor ihre Mutter auf den Tisch, bevor sie davonhüpft.

»Du bist eingeladen«, sagt Henriette ruhig.

»Oh, *maman*!«, ruft Arcadie entzückt.

Henriette tätschelt ihr freundlich die Hand, woraufhin sie ein Stückchen von Paulines Croissant abreißt und mit verträumtem Lächeln in ihren duftenden Kaffee tunkt.

Wie himmlisch, eine Einladung aus dem Palast zu bekommen! Das würde einem Untertan, der nicht von adeligem Geblüt ist, äußerst seltsam anmuten. Und wenn der Kurier mit den goldenen Tressen ein solches Schreiben überbringt, wird es mit zitternden Händen entgegengenommen. Damen, die eine Karte mit der aufgeprägten Krone empfangen, träumen von Szenen wie aus Tausendundeiner Nacht und Begegnungen mit vornehmen Herren in Uniform. Danach schlägt die Unsicherheit zu. Sie greifen nach ihren Handspiegeln und fragen sich bang, welche Blumen sie im Haar tragen sollen. Und ist ihr schönstes Kleid wohl gut genug für den Anlass?

Henriette ist an diesem Morgen besonders nervös. Sie legt sich einen Schal um und läuft auf die Terrasse hinaus. Die feuchte Morgendämmerung ist goldenem Sonnenlicht gewichen, das sich in den betauten Blättern endlos widerspiegelt. Heute verspricht ein schöner Tag zu werden. Am liebsten würde sie zu Babette gehen, um ihr die große Neuigkeit zu erzählen, aber der Postmeister liegt mit der Grippe im Bett, und sie hat keine Lust, sich anzustecken. Sie kann auch nicht in die Stadt, denn die Pferde werden heute Mittag beschlagen. Also zieht Henriette im Gartenhäuschen ihre Gärtnerschürze an und geht die Rosen schneiden, obwohl es dafür noch viel zu früh im Jahr ist. Doch sie muss irgendetwas tun, um ihre Nerven zu beruhigen. Mit jedem Atemzug kostet sie den jungen Frühling. *Knips*, *knips*, macht die Schere in den Rosenzweigen, und das verschafft ihr ein Gefühl von Befriedigung. Aber dann lässt Henriette die Schere auf einmal sinken, denn erst jetzt dringt die Neuigkeit so richtig zu ihr durch. Ein Wunder, es ist wirklich ein Wunder! Der König erweist ihrer Tochter eine außergewöhnliche Gunst. Es geht hier nicht um ein Rendezvous am Strand oder um eine leicht erhobene Hand und ein angedeutetes Lächeln, wenn sich zwei Kutschen begegnen. Dies hier ist eine Einladung für ein Konzert bei Hofe, bei dem Arcadie in den engsten Kreis um Seine Majestät eingeführt werden soll. Wobei freilich zu hoffen ist, dass Ihre Majestät an diesem Abend nicht dabei sein wird!

Oh, Henriette wird dem König zeigen, dass ihre Tochter dieser großen Ehre würdig ist. Er hat sich nicht in ihr getäuscht, als er sie so positiv beurteilte. *Mon Dieu*. Sie setzt sich auf die niedrige Mauer, die den Rosengarten umgibt. Das Ganze ist natürlich eine Probe! Arcadie muss die Ausstrahlung eines adligen Fräuleins haben, mehr noch, die einer Prinzessin. Im *Journal de Mode* wurde vorigen Monat ein bildschönes Ballkleid gezeigt. Blassrosa mit einer spitz zulaufenden Taille und einem doppelten Rock à la Van Dyck, großzügig verziert mit Rosen aus weißer Seide. Arcadie könnte mehrere luftige Unterröcke darunter tragen, sodass der Rock beim Tanzen um sie herumwirbelt. Leopold und Arcadie, Walzer tanzend unter den Kronleuchtern.

Ach, du dumme Gans, korrigiert sie sich selbst. Es geht ja überhaupt nicht um einen Ball, und natürlich würde er sie nicht zum Tanz bitten. Diskretion, *Diskretion* ist das Schlüsselwort. Sie wird ihrer Tochter erklären, dass sie beide äußerst diskret sein müssen. Mit einem tiefen Seufzer nimmt sie Abschied von dem Bild von Arcadie in ihrem rosa Kleid. Und überhaupt, sie ist noch zu jung für einen Ball und hat in der besseren Gesellschaft noch gar nicht debütiert. Es sieht ganz so aus, als würde hier nichts nach den Regeln der Etikette ablaufen. Der König hat gesprochen.

Sie wird Arcadie etwas erwachsener kleiden, als es ihrem wahren Alter entspricht. Es geht niemanden etwas an, dass sie gerade erst sechzehn ist. Beziehungsweise noch nicht mal ganz sechzehn, denn sie hat erst Ende Mai Geburtstag. Das Kleid darf nicht zu auffällig sein. Seide steht ihr perfekt, in Lorbeergrün, dem genauen Ton von Arcadies Augen. Und ihr blondes Haar wird sie zum ersten Mal aufgesteckt tragen, durch den vielgelobten Brüsseler Friseur Frédéric. Ihre Tochter, die schönste aller jungen Frauen, dafür geschaffen, von einem König geliebt zu werden. Henriette zieht die Schürze aus und hängt sie wieder ins Gartenhäuschen. Sie hat eine Aufgabe zu erfüllen. Jos, der Stalljunge und Kutscher, muss dem Hufschmied Bescheid geben, dass er erst morgen kommen kann, denn jetzt braucht sie die Pferde und ihre Kutsche.

Noch am gleichen Tag drückt Henriette der großen, mageren Schneiderin in der Rue de la Montagne ein paar Geldscheine in die knochige Hand.

»Madame, ich …«

»Sie müssen unbedingt ein Kleid für meine Tochter machen, und Sie müssen den Auftrag vorziehen!«, flüstert Henriette zischend und schielt verdrießlich zu der älteren vornehmen Dame in Schwarz, die im Salon wartet. Ein junges Mädchen, sicher ihre Enkelin oder Nichte, steht am Fenster und blättert in einem Musterbuch. Sie muss natürlich auch ein Kleid haben.

»Das sonnenblumengelbe Kleid ist nicht passend.« Henriettes Geflüster wird noch drohender. »Die Farbe ist viel zu auffällig für einen Besuch im Palast. Wir brauchen etwas Neues.«

Die Schneiderin ragt so hoch vor ihr auf, dass es aussieht, als würde sie auf Stelzen stehen.

»Madame, Sie sind doch darüber im Bilde, was die Etikette vorschreibt, nicht wahr?« Die Frau schaut arrogant auf Henriette herab. »Ein neues Kleid darf erst nach zwölf Monaten getragen werden.«

»Als ob ich das nicht wüsste!« Henriette hebt ihren in himmelblau gehüllten Fuß und stampft wütend auf den Boden. »Aber was soll ich dem Kind denn sonst anziehen? Einen Rock, der ihr bis zur Mitte der Waden reicht? Sie ist mitten in der Entwicklung, alles ist zu klein geworden.«

»Nun ja.« Die Schneiderin schiebt die Geldscheine in die Tasche ihrer Schürze, ohne sich so weit herabzulassen, einen Blick auf das Schmiergeld zu werfen. »Dann bringen Sie die junge Dame her. Wollen Sie für sich selbst auch etwas Neues, Madame?«

Der spöttische Ton entgeht Henriette nicht. Nein, sie will nichts *Neues*. Sie wird sich mit etwas *Altem* begnügen, etwas, was seit letztem Frühjahr ganz hinten in ihrem Schrank hängt.

»Madame«, grüßt sie die vornehme Dame im Salon. Das Mädchen und die Schneiderin bekommen gerade mal ein kurzes Nicken. Sie dreht sich abrupt um und läuft mit wütend klappernden Absätzen die Treppe hinunter, während die Schneiderin ihre knochigen Knie beugt und mit den Fingern über das Parkett fährt.

»Also, Madame d'Ydeweel«, sagt sie zu der wartenden Dame. »So weit ist es also schon gekommen, dass solche Frauen an den Hof eingeladen werden.«

Am Abend des Konzerts, in der Kutsche auf dem Weg zum Palast, leidet Charles unter seinen Verdauungsbeschwerden. Er ist etwas grün im Gesicht und muss ab und zu sauer aufstoßen.

»Schrecklich peinlich«, sagt Henriette. Obwohl sie ihrem Ehemann eingeschärft hat, dass es nach dem Konzert noch ein Souper geben wird, hat er beim Abendessen wohl doch wieder zu beherzt zugegriffen.

Als ehemaliger Offizier kann Charles es sich nicht erlauben, wirklich dick zu werden, doch in letzter Zeit beginnt er um die Taille ganz beachtlich zuzulegen. Henriette findet diesen großen, molligen Körper ziemlich gemütlich. Ihr Charles, so stämmig und weich. So richtig streng kann sie in dieser Hinsicht nicht mit ihm sein, da er über ihre eigene Molligkeit noch nie eine gehässige Bemerkung gemacht hat. Aber heute Abend hätte sie ihn doch gern etwas schlanker und aristokratischer gehabt. Wie plump er doch aussieht, wenn er da auf der Bank sitzt: seine Füße fest auf den Boden gepflanzt, und seine Oberschenkel, die sich auf den Polstern so weit ausbreiten, wie es seine Hosenbeine eben zulassen. Sie sehen fast aus wie Schinken.

»Wenn ich nicht so gerne hören würde, wie gut der Geiger aus unserem Dorf spielen kann«, sagt Charles, »wäre ich wirklich lieber zu Hause geblieben.«

Schade, dass man als Frau nicht allein oder mit seinen Kindern zu einer königlichen Einladung gehen kann, denn sie hätte ihren Mann heute mit dem größten Vergnügen zu Hause am warmen Ofen sitzen lassen. Nach dem Abendessen geht Charles nicht mehr gerne aus, dafür legt er zu großen Wert auf seine ruhigen Abende zu Hause. Mit einem Pfeifchen und einem Glas Kräuterschnaps sitzt er da, seine nur mit Strümpfen bekleideten Füße auf dem Lederhocker, und hört seinen Töchtern zu, wie sie für ihn singen und Klavier spielen.

»Es ist nur noch ein kurzes Stück, *chéri*«, sagt Henriette, wobei sie ihre Korkenzieherlocken noch einmal zusammendrückt. Ihre Zofe hat sich über eine Stunde mit einem heißen Eisen an ihrer Frisur abgeplagt, aber viel Spannkraft haben diese Löckchen nicht. »Wir sind fast da.«

Sie dreht sich nach Arcadie um und mustert sie.

»Nicht bewegen.«

Mit der Spitze ihres Zeigefingers fährt sie ihrer Tochter über die Wangen, um das Rouge, das sie ihr aufgetragen hat, noch ein bisschen besser zu verreiben. Es muss aussehen, als wären ihre Wangen von Natur aus rot, denn auch wenn fast alle eleganten Frauen heimlich Rot auf ihre Wangen und Lippen auftragen, würden sie so etwas bei einer anderen aufs Strengste verurteilen.

Jubilierende Klänge füllen den mit blauer Seide ausgeschlagenen Empiresaal wie Rehe und verspielte Kaninchen eine Waldlichtung. Die Noten kugeln übereinander wie herumalbernde Fuchswelpen. Nach dem letzten freien Bogenstrich reißt Charles de Bériot seinen Bogen theatralisch in die Höhe, um ihn dann zusammen mit Geige, Kopf und Schultern zu einer tiefen Verbeugung nach vorne fallen zu lassen. Sein gewelltes Haar ist ganz durcheinander, als er sich wieder aufrichtet, eine Locke fällt ihm über die Augen, aber gerade die Damen klatschen bei diesem Anblick noch enthusiastischer. Wilfrid de Bériot, das Wunderkind von knapp neun Jahren, gleitet vorsichtig von seinem Klavierhocker, und Vater und Sohn verbeugen sich noch einmal gemeinsam.

Das Publikum bietet einen ebenso spannenden Anblick wie der charmante Geigenspieler und sein Sohn. Die Herren tragen Uniform oder *habit habillé*, und die Damen Kleider aus Satin und Samt und dazu so lange und bunte Federn im Haar, dass jemand, der hinter ihnen säße, das musikalische Geschehen durch eine exotische, hie und da leicht zitternde Vegetation verfolgen müsste. Es sind adelige Bekannte des Königspaares anwesend, ebenso der französische Marquis de Rumigny (über den man sich erzählt, dass er von Louis-

Philippe noch dieses Jahr den Botschafterposten in Brüssel bekommen soll) und zwei Generäle mit ihren Gattinnen. Aber wer mag nur dieser Herr mit dem auffallenden Schmerbauch sein, fragt sich eine Gräfin. Den Rangabzeichen auf seiner Uniform kann man entnehmen, dass er gerade mal Major ist. Und seine Frau – oh *Seigneur*, einfach unglaublich vulgär! Ihr Dekolleté ist so tief, dass ihre schweren weißen Brüste schier hinauszukullern drohen. Dann wird die Aufmerksamkeit der vornehmen Dame durch zwei Lakaien in rosa Livree abgelenkt, die die großen Türen öffnen und den Blick freigeben auf die langen Tafeln, die schon fürs Souper gedeckt sind.

Neben dem Major und Madame Claret sitzt ganz still die liebreizende Arcadie und schaut sich um. Der Palast ist so ganz anders, als sie erwartet hätte. Ihre ganze Jugend hat sie wundersame Erzählungen in sich aufgesogen, und sie stellte sich den Palast als ein Märchenschloss vor, mit orientalischen Teppichen, einem bunt gekleideten Hofnarren, der Possen reißt, bezaubernd süßen Getränken und einem König, der hoch oben auf seinem Thron sitzt, gehüllt in seinen Hermelinmantel. Doch Seine Majestät trägt Uniform, genau wie ihr Vater und der Großteil der anderen Gäste. Sein Stuhl und der der Königin unterscheiden sich von den anderen Stühlen nur durch die etwas massiveren Armlehnen. Obwohl keine harfespielenden Engel durch die Luft schweben, ist sie aufgeregt, denn schließlich sitzt sie hier ja im Palast. Derselbe Palast, den sie so oft durch die Fenster einer Kutsche angeschaut hat, wobei sie sich fragte, wie das Leben darin wohl aussehen mochte. Das Geigenspiel des Herrn Bériot hat sie beinahe trunken gemacht. Und mit was für einer erwachsenen Konzentration der Junge Klavier gespielt hat! Und kommt der junge Wilfrid nicht gerade zu ihr herüber? Er schüttelt die blonden Locken mit einer Geste, die zwischen Verlegenheit und Eitelkeit liegt.

»*Maman*«, sagt Arcadie leise zu ihrer Mutter. »Schau, da ist Wilfrid. Kommt er mich holen?«

Henriette lächelt freundlich, obwohl sie an dem eingebildeten Lümmel nichts finden kann und sich wünscht, der König würde seine Aufmerksamkeit ihrer Tochter zuwenden. Er hat noch nicht einmal in ihre Richtung geschaut und unterhält sich mit ein paar älteren Herren. Jede anwesende Dame unter zwanzig zwitschert, kichert und fächelt sich Luft zu, um irgendwie aufzufallen, aber er ignoriert sie alle. Und das ist der König, dem man nachsagt, eine Schwäche für weibliche Schönheit zu haben? Sie kann gut verstehen, warum er kaum zu seiner Ehefrau schaut. Es stimmt, was man sich von ihr erzählt: Sie ist nicht unbedingt ein Bild von Gesundheit. Ihre schweren Augenlider sind wie halb heruntergelassene Jalousien, und auf ihren Schultern scheint das Gewicht der ganzen Welt zu lasten.

Charles Claret leert sein zweites Glas Champagner und ist ganz in seinem Element. Das goldene Getränk hat seinen Magen beruhigt und sein Appetit ist zurückgekehrt. Was für eine Erleichterung! Obendrein ist er ganz hocherfreut, dass er Bériot hat spielen hören. Verdammt gutes Geigenspiel. Nicht, dass er viel von dieser Art Musik verstehen würde – er ist ja mehr für einen geselligen Walzer oder ein schönes Lied (vor allem, wenn es ein wehmütiges Lied ist, dann kommen ihm die Tränen) –, doch Henriette hat recht: Ein Mann muss sich regelmäßig mal aus seinem faulen Sessel hochraffen und ein paar kulturelle Einflüsse aufnehmen. Bériot muss ja ein großer Violinist sein, sonst würde man ihn bestimmt nicht bei Hofe auftreten lassen. Toll, dass der Mann Charles heißt und aus Elsenaar ist, so wie er selbst.

Aha, da geht Arcadie am Arm des kleinen Klavierspielers in den Speisesaal. Wie adrett sie aussehen! Seine liebe Tochter schaut mit einem so erwachsenen Blick auf den Jungen, dabei ist sie selbst noch fast ein Kind. Schade, dass sie ihr blondes Haar nicht offen auf den Schultern trägt. Henriette wollte unbedingt, dass Arcadies Haare hochgesteckt werden, und es macht sie irgendwie älter. Und da geht Henriette am Arm eines baumlangen Kerls. Sicher ein Adliger, so stolz wie er daherspaziert! Ach ja, wo ist noch mal die alte Schreckschraube, die man ihm als Tischdame zugewiesen hat?

»Da sind Sie ja endlich, Charles«, sagt sie mit Nachdruck und deutet mit ihrem Stock zum Speisesaal, um deutlich zu machen, dass er sich jetzt nicht noch ein Glas Champagner holen darf. »Von der Königin habe ich gehört, dass Sie im Kriegsministerium arbeiten. Sie sind der Schatzmeister der Witwen- und Waisenkasse des Belgischen Heeres.«

»Ja, allerdings«, sagt er stolz und überrascht. Aber gleichzeitig ist er auch auf der Hut, denn er weiß, was jetzt gleich kommen muss.

»Dann haben wir eine ganze Menge zu besprechen«, verkündet sie energisch und deutet auf ihre Plätze am Tisch. Dann klopft sie leicht mit dem Stock gegen sein Schienbein, weil er ihr den Stuhl nicht schnell genug herauszieht. »Eine von meinen Nichten – aus dem verarmten Zweig unserer Familie, wissen Sie? – wartet schon seit sechs Jahren auf die Unterstützung, die ihr als Witwe eines gefallenen Soldaten zusteht. Er hat bei seinem heldenhaften Widerstand gegen die Plünderungen der Oranier sein Leben gelassen.« Sie feuert ihre Worte auf ihn ab wie Geschosse aus einer Schrotkanone, und er würde am liebsten die Flucht ergreifen.

Beim Tischgebet sieht er zwischen halb geschlossenen Lidern Henriette am Ende der Tafel, mit einem Gesichtsausdruck vollkommener Hingabe. Wenn er nur bei ihr wäre! Arcadie sitzt mit dem jungen Bériot gegenüber von Henriette und ihrem adligen Tischherrn. An der Ehrentafel greift die Königin zaghaft zur Gabel, um ein Häppchen Entenpastete zu kosten. Damit ist die Mahlzeit eröffnet. Mit halbem Ohr hört Charles seiner Tischdame zu und verspricht ihr, sich sogleich den Namen ihrer Nichte und ihres unglücklichen Mannes zu notieren. Glücklicherweise sitzt an seiner anderen Seite eine junge Dame, der er großartige Geschichten von seinen Jahren in der napoleonischen Armee erzählen kann. Er nimmt noch einen letzten Löffel Baiser, da merkt er, dass seine Tochter verschwunden ist.

XIV

Mademoiselle Brontë?«, hört Emily eine Mädchenstimme hinter sich. Sie hält den Blick starr auf ihr Grammatikbuch gerichtet. Wer um alles in der Welt lässt es sich einfallen, sie zu stören? Sie zuckt sogar kurz mit den Schultern, wie ein Falke, der seine Flügel zurechtschüttelt.

»Emily?«

Widerwillig schaut sie auf. Neben ihr steht Louise de Bassompierre, ein Mädchen von sechzehn Jahren, das mit Charlotte und ihr in der Klasse ist.

»Was ist?«, fragt Emily, und es klingt wie das »Scher dich weg!«, mit dem man ein Glas kaltes Wasser über eine angriffslustige Katze ausschüttet. Sie schlägt das Buch zu, weil sie es hasst, wenn Menschen bei ihr über die Schulter mitlesen, aber sie hat den Finger auf der richtigen Seite eingelegt.

Die junge Louise hingegen lässt sich nicht abschrecken und setzt sich neben Emily an den Tisch. Es ist sieben Uhr abends. Die Abendbrottische sind abgeräumt, und die anderen jungen Damen sitzen im Garten, um den milden Frühlingsabend zu genießen. Louise streckt die Hand nach einer Kanne auf dem großen Tablett aus und schenkt sich ein Schälchen Zichorienkaffee ein.

»Willst du auch?«

Emily gibt keine Antwort. Niemand braucht weniger zu essen und zu trinken als sie. Niemand ist so diszipliniert wie sie.

»Was?«, fragt sie. »Was willst du von mir?«

Louise rührt unerschütterlich in ihrer dampfenden Tasse.

»Ich will dir einen Vorschlag machen.«

Sie ist ein gesundes junges Ding, diese Louise de Bassompierre, Tochter eines Barons. Ihre Augen haben die Farbe von braunem Zucker, Augen, die manchmal etwas melancholisch dreinblicken, was in scharfem Kontrast zum Rest ihrer Erscheinung steht. Sie hält den Kopf etwas schräg, und auf ihrer rechten Wange erscheint ein Grübchen.

»Emily, du sprichst doch perfekt Englisch. Und mein Französisch ist auch perfekt.«

»Nicht perfekt«, sagt Emily. »Es ist dumm und eingebildet, so etwas zu denken. Niemand erreicht wirklich Perfektion.«

»Das stimmt sicher.« Louise schlüpft aus ihren bestickten Schuhen und zieht die Füße unter den Hintern. »Aber du hast etwas, was ich nicht habe, und umgekehrt. Glaub mir, bei deiner Schwester wirst du das nicht finden. Ich hab euch miteinander Französisch sprechen hören.« Sie rümpft die Nase. »Das war wirklich nichts.«

Emily schlägt mit unterdrücktem Stöhnen ihr Buch auf. Doch Louise steht sofort auf und schlägt das Buch mit einer raschen Bewegung wieder zu. Um ihre Lippen spielt ein Lächeln, und Emily verschlägt es die Sprache vor so viel Keckheit.

»Wir könnten uns unterhalten, Emily. Daran ist doch nichts Verkehrtes, oder? Eine halbe Stunde Englisch jeden Tag, und du korrigierst mich. Und eine halbe Stunde Französisch, da korrigiere ich dich.«

»Nein«, sagt Emily und hebt abwehrend die Hand, um Louise zu signalisieren, dass dieses Gespräch vorbei ist.

»Deine Französischkenntnisse würden sich in Riesenschritten verbessern«, beharrt Louise. »Morgen Mittag fangen wir an. Ich fahre diesen Sonntag doch nicht nach Hause. Um zwei Uhr, nicht unter dem großen Birnbaum, sondern in der kleinen Gartenlaube.« Sie lässt die Füße wieder in ihre Schuhe gleiten und kneift Emily freundschaftlich in den mageren Oberarm.

»Warum trägst du eigentlich noch diese eng zulaufenden Ärmel? Deine Schwester hat sich auch ein neues Kleid zugelegt, und das war klug von ihr, denn diese Ärmel sind wirklich aus der Mode.«

»Ich möchte gern so sein, wie Gott mich geschaffen hat«, sagt Emily feierlich.

»Bist du denn mit Flügeln auf die Welt gekommen?«, grinst Louise, aber in ihrer Stimme liegt nichts Boshaftes. Sie verlässt den Speisesaal mit einer vollen Schale Zichorienkaffee und einem ordentlichen Stück Spekulatiusgebäck. Was gegen die Regeln von Madame verstößt, denn um einer Mäuseplage vorzubeugen, hat sie beschlossen, dass außerhalb des Speisesaals kein Krümelchen mehr verzehrt werden darf.

Am Sonntagmorgen kommt Constantin Heger beim Frühstück zu Charlotte. Ganz formlos steigt er über die hölzerne Bank, um sich neben sie zu setzen. Ob dieser Dreistigkeit setzt Emily auf der anderen Seite des Tisches ihre Tasse so brüsk auf den Tisch, dass ein wenig Kaffee überschwappt. Doch davon nimmt er gar keine Notiz, da er mit einem Bleistiftstummel anfängt, einen Plan auf ein Stück braunes Packpapier zu zeichnen. Claire hat ihm erzählt, dass Charlotte heute eine Freundin im Schloss Koekelberg besuchen will. Und so wahr er Constantin Heger heißt, er lässt keinen seiner Schützlinge ohne einen anständigen Stadtplan losziehen.

»Das ist der Norden von Brüssel«, erklärt er, »mit der Rue de Laeken, sehen Sie? Aber Sie müssen hier mehr nach links, nach Molenbeek, schauen Sie, und dann so nach Koekelberg. Sie kommen durch die ärmeren Viertel, was interessant ist, aber nicht ganz ungefährlich. Nehmen Sie auf jeden Fall *Miess* Emily mit.«

Als Charlotte und Emily das Pensionat verlassen, um zum morgendlichen Gottesdienst zur protestantischen Kapelle zu spazieren, steht das Kindermädchen Lena schon mit der kleinen Claire, Marie und Louise da, und wartet auf Monsieur und Madame.

»Die Katholiken gehen wieder in ihre Messe, um Götzen anzubeten«, sagt Emily, scharf und ein bisschen zu grob. Charlotte wirft einen flüchtigen Blick auf Lena, aber sie weiß, dass sie nichts zu befürchten haben, denn das Mädchen versteht kein Wort Englisch. Sie tadelt Marie auch nicht, als das Kind neben dem Gully in die Hocke geht und versucht, die Anhänger von seinem Bettelarmband zu ziehen.

In der Chapelle Royale dauert das einleitende Orgelspiel länger, als es sonst in protestantischen Gotteshäusern üblich ist. Der Grund ist der, dass König Leopold, der überzeugte Protestant, ein einziges Mal dem Gottesdienst beigewohnt hat, woraufhin der Prediger jetzt jeden Sonntag zögert, mit dem Gottesdienst zu beginnen, weil er Angst hat, dass doch noch Seine Majestät auftauchen könnte. Die Brontë-Schwestern haben den König noch nicht gesehen, und das wird auch heute Morgen nicht geschehen.

»Leo ist zum Jagen in den Ardennen«, flüstert der Küster dem Prediger keuchend ins Ohr, ganz außer Atem, weil der so schnell zum Palast und zurück gelaufen ist. Daraufhin kann der Organist sein Spiel einstellen, und der Pastor greift zu seiner Bibel.

Der Frühling hat die feuchte Kälte aus der Kapelle vertrieben, und der Pfarrer spricht ein singendes, liebenswertes Französisch, doch Charlotte hat Mühe, ihre Aufmerksamkeit auf den Gottesdienst zu richten. Beim Singen des Psalms bewegt sie nur ihre Lippen, weil sie den Text in ihrer Bibel nicht findet, und Emily scheint es nicht zu merken. Als die zehn Gebote verlesen werden, beginnt sie sich rastlos in der Kirche umzuschauen. Hier sitzen mehrere Engländerinnen, aber wie schlecht sie alle gekleidet sind! Formlose Umhänge, angegilbte Hauben und lächerlich weite Krägen, sodass ihre Köpfe aussehen wie Pasteten, die auf einem papierenen Tortendeckchen serviert werden. Die Belgierinnen kleiden sich so viel besser: schlicht, mit anliegenden Ärmeln und kleinen, bestickten Krägen. Ihr eigenes Kleid ist sittsam und doch schick. Charlotte ist England untreu geworden und hat sich Anfang März in Brüssel ein Kleid nach einem Pariser Entwurf schneidern lassen. Außerdem hat sie sich Stiefel mit schmal zulaufender Spitze gekauft. Das hat nicht gerade wenig gekostet, und Emily hat ihr diese Verschwendung noch immer nicht verziehen. Inzwischen ist man beim neunten Gebot, aber sie will nicht mehr hinhören. Sie zieht die Handschuhe aus. Das zehnte Gebot. Sie will den Pastor nicht ansehen und schaut dann doch zu ihm hin. Seine Hände sind zu weiß und zu glatt, um kräftig zu sein. Seine Lippen sind zu feucht, seine Stimme zu melodiös.

»Du sollst nicht begehren deines Nächsten Haus. Du sollst nicht begehren deines Nächsten Weib, Knecht, Magd, Rind, Esel, noch alles, was dein Nächster hat.«

Aus seinem Munde klingt das Ganze wie ein Kinderreim, und doch lässt er seinen Blick prüfend über die Gläubigen in den

Bankreihen gleiten. *Du sollst nicht begehren, was dein Nächster hat.* Sie wagt kaum zu atmen. *Begehren, was dein Nächster hat.*

Nach dem Gottesdienst will Emily zurück ins Pensionat.

»Ich komme wohl erst das nächste Mal mit zu Mary«, sagt sie.

»Du hast es mir versprochen!«, flüstert Charlotte bestürzt. »Lässt du mich jetzt ganz alleine gehen?«

»Ich habe andere Pläne.«

»Andere Pläne? Ach, hör doch auf! Wahrscheinlich wieder den ganzen Tag die Nase in dein Buch stecken. Wart's nur ab, bald wirst du einen Buckel kriegen.«

Emily, stur wie immer, geht davon. Mit großen Schritten überquert sie den Platz vor der Kapelle, wobei ihre Bibel an einem alten Band neben ihrem Rock herabbaumelt. Charlotte weiß nicht, was sie tun soll. Ihrer Schwester nachlaufen oder einfach an ihren eigenen Plänen festhalten? Emily sieht so verletzlich aus. Sie trägt zu wenige Unterröcke, daher liegt ihr Rock eng an den dünnen langen Beinen. Ihr Hintern ist so flach wie der eines zwölfjährigen Jungen. Sie hat nie viel gegessen, aber seit sie in Brüssel sind, hungert sie sich selbst aus.

Die Schuldgefühle nagen an Charlotte: Ihre Schwester braucht sie. Aber sie kann den Gedanken nicht ertragen, sich an einem freien Sonntag im Pensionat einzuschließen. Sie ist entschlüpft und will durch unbekannte Straßen laufen und gewundenen Pfaden folgen. Irgendwohin, wo sie sich hemmungslos ihren Tagträumen hingeben kann. Sie ist mehr als nur jemandes Tochter oder Schwester.

Die Straßen sind voller Menschen. Es ist ein wunderbarer Tag Ende März, und es sieht so aus, als würden alle Brüsseler auf einem kleinen Umweg von der Kirche nach Hause spazieren. Charlotte hält ihr Gesicht in die Sonne. Wie wohl die Wärme tut! Der Frühling ist noch nicht ganz da, aber im Moment fühlt es sich schon so an, als wäre Sommer. Wie gut, dass sie nicht mit ins Pensionat zurückgegangen ist. Eigentlich stört es sie gar nicht so sehr, dass Emily nicht mitgekommen ist. Heute ist ein gestohlener Tag – ein Tag, den sie ganz für sich allein hat. Ob Anne in Thorp Green wohl Heimweh nach dem Pfarrhaus hat? Sie jedenfalls nicht, oh nein! Papa hat in seinem letzten Brief geschrieben, dass Branwell wieder zu Hause ist, weil man ihm bei der Eisenbahn gekündigt hat – es soll Geld aus der Kasse verschwunden sein. Wahrscheinlich herrscht im Pfarrhaus im Moment eher düstere Stimmung. Nein, nein, dann ist sie schon lieber hier. Mehr noch: Sie ist glücklich! Fast schon hüpfend läuft sie die Treppen zur Rue de la Madeleine hinunter. Wenn auf irgendeinem Platz die Leute Ringelreihen tanzen würden, sie würde sich einhaken und eine Runde nach der anderen mittanzen, um den Frühling zu feiern, zu feiern, dass sie noch nicht alt ist und noch eine Chance bekommen hat. In Gedanken sieht sie Monsieur genau einen Schritt vor sich herlaufen. Seinen breiten, muskulösen Hals, sein gelocktes, ein klein wenig zu langes Haar. Sie kann geradezu seinen Geruch wahrnehmen.

In der Rue de la Madeleine ist vollends das Frühjahr ausgebrochen, und die farbenfrohen Schaufenster und die Damen in ihren geblümten Kleidern erinnern an den Garten von Madame Heger, voll rosa und weiß blühender Obstbäume und mit den ersten Tulpen. Die Herren sind etwas nüchterner gekleidet, aber trotzdem mit Sorgfalt, Ruhepunkte in dieser Explosion von Heiterkeit. Die Kinder rennen fröhlich voraus, und zweimal muss Charlotte ausweichen und den Gehweg verlassen, weil ein Kindermädchen mit einem riesigen Kinderwagen den Weg blockiert. Hie und da werden Schals abgelegt und Umhänge aufgeknöpft.

Ihr eigener Rock ist grau. Ein leichtes Perlgrau, und zum ersten Mal in ihrem Leben ist sie gar nicht mal so unzufrieden mit ihrem Aussehen. Aber sie ist nicht groß und stämmig gebaut wie die meisten Belgierinnen. Schöne Frauen sind das, mit marmorartigen, runden Gesichtern, so ohne Runzeln und Fältchen, dass sie fast ausdruckslos wirken. Volle Lippen, von denen Branwell zweifellos sagen würde, dass sie zum Küssen gemacht sind. Engländerinnen sind wie Stare: banal in der Farbgebung, kühn und nervös, während man die Belgierinnen eher mit Gänsen vergleichen könnte, plump und glatt, mit leicht wiegendem Hinterteil. Sie wäre auch gerne so. Wenn sie doch ein bisschen mehr Fleisch auf den Rippen hätte. Aber vielleicht gibt es ja noch Hoffnung: Vielleicht besitzt sie ja ihre ganz eigene Schönheit und kann ebenfalls Liebe bei jemandem erwecken. Nichts scheint unmöglich, wenn die Sonne so scheint. Sie kauft sich ein Schälchen Erdbeeren an einem Stand. Schrecklich teuer, aber so muss sie nicht mit leeren Händen zu Mary kommen. Genüsslich lässt sie sich eine Erdbeere auf der Zunge zergehen.

Nach den richtig vornehmen Straßen kommt sie in Stadtviertel, in denen die Familien wohl noch eine junge Dienstbotin beschäftigen, die bei den gröberen Arbeiten hilft, aber die meisten gehen hier selbst auf die Knie, um das Unkraut zwischen den Pflastersteinen vor ihrer Haustür auszureißen. Leute, die ihr Bestes geben, um ihren Stolz hochzuhalten. *Gentile poverty*, gar nicht mal so tief unter Charlottes eigenem Stand. Auch hier gehen Familien spazieren. Ein Vater mit einem Spross auf den Schultern. Eine Mutter mit ihrem jüngsten Kind auf dem Arm oder in einem alten Kinderwagen. Die älteren Kinder sind frisch gewaschen, Seitenscheitel, Haare kurz geschnitten. Fromm und frei von Sünden. Denn wer katholisch ist, kann immer zur Beichte gehen. Und nach der Beichte ist man wieder rein. Man braucht dem Herrn nicht einmal sein Gesicht zu zeigen, um ihn um Vergebung zu bitten. Der Pfarrer bringt das für einen in Ordnung. Sie spürt, wie heftiger Ärger in ihr aufsteigt. Wie befremdlich, dass Monsieur überzeugter Katholik ist.

Sie hatte gedacht, dass es in den Arbeitervierteln ruhiger sein würde. Stille, ärmliche Straßen, in denen sich das Elend hinter tristen Mauern verbirgt. Aber auch hier scheint die Sonne, auch hier wollen die Bewohner draußen sein. Arbeiter, die sich zur Feier des Tages das fettige Haar gekämmt haben, gehen an ihr vorbei. In aufgeräumter Stimmung wegen des sonnigen Wetters, aber mit dumpfen Augen und blassen Lippen, weil sie gestern dem Bier und dem Genever so reichlich zugesprochen haben. Junge Frauen laufen untergehakt durch die Straßen und schielen kichernd nach den Männern. Charlotte ist froh über ihren grauen Rock, den braunen Umhang und ihre Haube, die nicht mit Seidenblumen verziert ist. Sie könnte als Näherin oder Lehrerin durchgehen, oder vielleicht sogar als Ehefrau des örtlichen Arztes oder Apothekers. Eine anständige Frau, die fast mit dem Brüsseler Straßenbild verschmilzt. Eine Stadt als Bühne für einen neuen Abschnitt in ihrem Leben. Eine neue Kammer in ihrem Herzen.

Sie folgt aufs Genaueste der Route, die ihr Lehrer ihr aufgezeichnet hat. Sie traut sich nicht, mit der Fingerspitze über die Skizze zu fahren, vor lauter Angst, dass sie die Bleistiftstriche verwischen könnte. Nicht, dass sie so viel Angst hätte, sich zu verlaufen, aber sie will diese Zeichnung von seiner Hand nicht verlieren. Hier kennt sie niemanden, niemand kann ihre Gedanken erraten. Ihr Geheimnis ist sicher. Aber als ein hübsches Mädchen an ihr vorübergeht, mit stolz erhobenem

Haupt trotz seiner Holzschuhe und seinem geflickten Rock, kommt Charlotte doch wieder ins Zweifeln. Dies ist eine Frau, die sicher ein oder mehrere echte Geheimnisse hat. Ein stiller Verehrer oder vielleicht sogar ein Antrag, den sie in Erwägung zieht. Aber welches Geheimnis kann sie selbst schon hegen, die kleine, kurzsichtige Charlotte? Sie lässt sich nichts einreden. Es ist nur Verrücktheit, eine wahnwitzige Idee, die dadurch entstanden ist, dass sie sich einsam fühlt und ihr Lehrer in denselben hohen Mauern wohnt, in ihrer unmittelbaren Nähe schläft, isst und sogar Kinder zeugt.

In dem Augenblick, als Charlotte den Quai aux Tourbes hochläuft, sieht sie weiter oben einen Mann auf der Brücke über die Zenne stehen. Er lehnt mit dem Rücken an der Balustrade und scheint vor sich hin zu träumen oder auf irgendetwas zu warten. Es ist ein schönes Bild: Die Silhouette eines Mannes auf einer Brücke, hinter dem zwei ganz gewöhnliche blaue Kähne vertäut sind. Ein Hauch von Schönheit in einer trübseligen Umgebung. Es sieht fast aus wie das Gemälde von einem alten Meister, das an der grauen Mauer einer Fabrik aufgehängt wurde. Das Licht ist besonders, denn gerade brechen ein paar Sonnenstrahlen durch die leichte Bewölkung, sodass sich ein Fächer von Lichtstrahlen über die Szene ausbreitet. Während sie sich der Brücke nähert, befällt sie das Gefühl, dass ihr hier etwas bekannt vorkommt. Der Mann beugt sich vor und scheint etwas in seinen Hosentaschen zu suchen. Als er sich wieder aufrichtet, ist sie ganz sicher: Es ist Emile, der Arbeiter, den sie beim abendlichen Unterricht von Monsieur gesehen hat. Unwillkürlich zuckt ihre Hand zu ihren Zöpfen: Sitzen sie noch gut? Am liebsten würde sie ja umdrehen und davonlaufen. Sie könnte auch nach rechts gehen, ohne die Brücke zu überqueren, und so tun, als hätte sie ihn gar nicht gesehen. Weiter oben gibt es sicher noch eine andere Brücke über den Kanal.

Obwohl sie nicht so reserviert ist wie ihre Schwester, hat sie doch auch etwas Einsilbiges. Es wäre nicht das erste Mal, dass sie so tut, als ob sie einen entfernten oder sogar einen guten Bekannten nicht sieht und einfach weiterläuft, nur um einem Gespräch aus dem Weg zu gehen. Doch Emile hat sie bemerkt. Aus dem Augenwinkel sieht sie, wie er von der Brücke in ihre Richtung kommt. Er lässt die Hand übers Geländer gleiten. Einen Moment lang fühlt sie den Impuls, ihn einfach zu ignorieren, aber so eine Unhöflichkeit kann sie sich nicht erlauben. Man stelle sich vor, wenn Emile sich bei Monsieur Heger über sie beklagt. Ein elendes, schwindliges Gefühl steigt in ihr auf.

»So eine Überraschung!« Sie hört seine Stimme, schaut aber auf ihre Schuhe. Wenn man die mit etwas Fett einreiben würde, würden sie gleich ein bisschen besser aussehen.

»Ich glaube ja langsam, dass Sie eine Vorliebe für die schmutzigen Stadtviertel haben, *Mam'selle*.«

Die Bemerkung lässt sie schaudern, denn sie hasst Sarkasmus. Schon seit Jahren versucht sie, diesen bitteren Humor bei Emily zu bekämpfen, aber ohne Erfolg. Und der Sarkasmus eines ungelernten Arbeiters ist endgültig unerträglich.

Ungelernt, ungelernt. Das Wort spukt ihr immer noch durch den Kopf, als sie endlich den Mut hat, ihren Blick auf sein Gesicht zu richten. Und dann wird es still in ihr. Dieser Mann ist ein Engel.

Sein Hemd hat Gilbränder, vielleicht weil die Seife nach dem Waschen nicht gründlich genug ausgespült worden ist, und seine Hosenträger sind ausgefranst. Charlotte sieht so viel, was sie abstoßend finden könnte. Und doch. Der Mann scheint ein Licht auszustrahlen, so wie junge, ganz reine Kinder es tun. Seine Haut ist makellos und glänzt, obwohl er einen Schmutzrand am Hals hat. Galant zieht er den Hut und schüttelt sein langes, nicht allzu sauberes Haar.

»Oh«, sagt sie. »Woher kenne ich Sie noch gleich?«

Wie anmaßend und unecht sich das anhört. Natürlich weiß er, dass sie ihn schon vorher bemerkt hat, nicht erst vorhin, sondern auch schon beim Unterricht. Bestimmt weiß er nur zu gut, wie attraktiv er aussieht. Aber warum schaut er dann so verlegen zu Boden und fährt sich mit dem Handrücken über die Lippen? Emile. Ein schöner Name, er klingt ein bisschen wie Emily.

»Emile«, sagt sie. »Wie konnte ich das vergessen?«

Ihr wird klar, dass sie nicht einfach mit einem Gruß und einem kurzen Nicken davonkommt. Es ist nicht zu übersehen, dass er sich mit ihr unterhalten will. Wie hält man es hier mit der Etikette? Man kann doch nicht mit einem wildfremden Mann auf der Straße plaudern. Natürlich ist er nicht vollkommen fremd, das ist schon wahr. Schließlich hat sie ihn über ihren Lehrer kennengelernt. Monsieur hat ihr außerdem geradezu empfohlen, sich mit den Arbeitern zu unterhalten und sie nach ihrem Familienleben und ihren Arbeitsbedingungen zu fragen. Das wäre nicht nur gut für ihre persönliche Entwicklung, meinte er, vielmehr würden die Arbeiter auch die Aufmerksamkeit so einer gebildeten jungen Frau genießen.

Emile setzt seinen Hut wieder auf.

»Sind das Erdbeeren?«, fragt er verwundert. Er steht so nah vor ihr, dass er fast gegen das Schälchen mit den Beeren stößt. »So früh im Jahr?«

»Sie kommen aus einem Gewächshaus«, sagt Charlotte. »Sie sind ein Geschenk. Ich gehe eine Freundin besuchen.«

Unwillkürlich nimmt sie das Schälchen in die andere Hand, aber nun sieht es wieder so aus, als hätte sie Angst, dass er ihr die Früchte stehlen will. Sie wirft ihm einen verstohlenen Blick zu. Sein Mund ist großzügig gezeichnet, und seine Oberlippe leicht nach oben geschwungen. Sie wünschte, sie wären zusammen im Warandepark, auf einer Bank unter den Kastanienbäumen. Oder noch besser: im Foyer eines Theaters, in ein Gespräch vertieft. Sie wünschte, er wäre gut gekleidet, ein Gentleman. Warum muss so ein Engel in so armseligen Lumpen stecken?

»Sind Sie zum Arbeiten hier, Emile?«

»An einem Sonntag?«, fragt er spöttisch. »Nein, *Mam'selle*, selbst Sklaven ruhen am Sonntag aus. Ich bin hier, um mich von einem Freund zu verabschieden, der nach Verapas zieht. Vielleicht sollte ich mit ihm mitgehen.«

Das weckt ihre Neugier, denn wo, um Himmels willen, liegt dieses Verapas? Doch sie will nicht unwissend scheinen und schweigt. Er schiebt die Hand in die Jackentasche und holt eine kleine Karotte heraus, die offenbar von einem Gemüsekarren heruntergefallen ist.

»Geht Ihre Freundin im Schloss Koekelberg zur Schule? Dort gehen viele Mädchen aus England hin.« Und als sie nickt, fragt er: »Soll ich Sie ein Stück begleiten?«

»Wenn Sie nichts Besseres zu tun haben.« Oh, was für einen herablassenden Ton sie da anschlägt. Damit gibt sie ihm fast das Gefühl, nicht mehr zu sein als ein dummer Arbeiter. »Ich fände es schön, wenn Sie mich begleiten«, fügt sie schnell hinzu. Er fährt sich mit einem Finger über den Schnurrbart und lächelt, was seinem Gesicht einen weicheren Ausdruck verleiht. Denkt er am Ende, dass sie ihm Avancen macht?

»Monsieur Heger sagt, dass ich, um Brüssel wirklich kennenzulernen, mich auch mit Arbeitern anfreunden sollte.«

Sie bereut es sofort, dass ihr kein besseres Wort als »Arbeiter« eingefallen ist, obwohl das für ihn vielleicht nicht so negativ belegt ist. »Er will, dass ich Ihre Lebensumstände kennenlerne.«

»Sie sind ja auch nicht reich«, sagt Emile, und einen Moment lang verlangsamt sie verblüfft ihre Schritte. Seine Schultern zucken unter dem verschossenen braunen Stoff seiner Jacke.

»Ich meine, dass Sie nicht so reich sind wie die Hegers und ihre verwöhnten Schülerinnen. Diese Mädchen kommen nie hierher, denen wird schon von unserem Geruch schlecht. Wird Ihnen von unserem Geruch nicht schlecht, *Mam'selle*?«

Seine Stimme klingt hart. Er hasst sie.

»Erzählen Sie mir doch was von Ihrer Arbeit«, sagt sie und schlägt dabei automatisch den Ton an, mit dem man sich an einen armen Weber oder eine Wäscherin wendet. Es ist kein schlechter Geruch, der ihr das eingibt, denn sosehr sie sich auch bemüht, ihn zu riechen, er riecht einfach nicht. Sie hat in ganz Brüssel noch keinen besser aussehenden Mann gesehen als Emile, und obwohl er mit einem fremden, starken Akzent Französisch spricht, klingt er nicht so, als würde er vom Land kommen. Wie wäre es, wenn er ihre Hand ergreifen würde? Wenn seine Hand warm und fest wäre, könnte sie sie dann wieder loslassen?

»Ich handle mit Lumpen.« Er schaut nicht weg, nein, sie fühlt, dass sein Blick prüfend auf ihrem Gesicht ruht. Jetzt nur nicht angeekelt den Mund verziehen. »Was wollen Sie darüber wissen? Ein Franc und dreißig Centimes pro Tag. Wir wohnen zu acht in einem Arbeiterhaus auf einer Insel bei der Kaserne.«

Er ist nicht verheiratet. Er hat keine Familie.

»Was macht Ihr Vater?«

Die Karotte bekommt diesmal einen etwas festeren Tritt. Sie rollt unter ein Ruderboot mit abblätterndem roten Anstrich, das kieloben auf der Werft liegt.

»Mein Vater hat sich kaputt gearbeitet. Ende der Zwanzigerjahre verdiente er zwei Franc pro Tag in einer Baumwollfabrik in Gent. Ein guter Lohn, aber als dieser Leopold kam, fiel er auf zweiundsechzig Cent. Von zweiundsechzig Cent kann man keine Familie ernähren.«

Emile bleibt stehen, um sich eine Pfeife zu stopfen. Sie würde gerne wissen, wie alt er ist. Oder vielleicht lieber doch nicht, denn es könnte sein, dass er jünger ist als sie.

»Mein Vater lebt von dem, was meine Brüder und ich ihm geben«, sagt er. »In diesem Land gibt es keine Zukunft. Unter den Holländern war es besser.«

»Sie müssen Französisch lernen, Emile«, sagte Charlotte, denn nach Monsieurs Angaben ist das der einzige Weg, wie ein flämischer Arbeiter seinem Elend entkommen kann.

»Was sprechen wir denn gerade? Ich gehe zum Französischunterricht bei Monsieur Heger, um meinen Chef verstehen zu können, sonst kann ich kein Vorarbeiter werden.«

»Ich meinte damit richtig gut sprechen, ohne Akzent. Und gut schreiben. Sie müssen lernen, fehlerlose Briefe zu schreiben.«

Ein Schatten von Gereiztheit zieht über sein Gesicht.

»Die Sprache der Herrschenden«, sagt er. »Die Sprache der Männer, die uns arbeiten lassen wie Vieh. Sie wissen nicht, wovon Sie da sprechen, *Mam'selle*.«

Sie erschrickt, als sie ihn so wütend reden hört.

»Flandern war früher einmal ein reiches, mächtiges Gebiet. Was weiß eine Engländerin über die Flamen und die französischsprachige Bourgeoisie?«

»Unter den französischsprachigen Brüsselern sind viele scharfsinnige, belesene Männer«, sagt sie beschwichtigend.

»Die Flamen scheinen mir natürlich auch nette Menschen zu sein, aber …«

Er bleibt so abrupt stehen, dass sie nicht weiterzugehen wagt. »Sie sind doch wirklich zu intelligent, um so etwas zu glauben. Haben Sie diese Phrasen von Ihrem Lehrer?«

Er klingt wie ein Jüngling aus gutem Hause, der einen Mann fordert, der seine Ehre gekränkt hat. Mit einem Satz springt er auf einen Poller, nimmt elegant den Hut ab und macht eine tiefe Verbeugung.

»Unsere Wege trennen sich hier, *Mam'selle*. Aber wir werden uns wiedersehen, da können Sie sicher sein.«

Er sagt es so laut und theatralisch, dass ein paar ältere Fischer von ihren Angeln aufblicken.

Sie kommt viel zu spät in Koekelberg an. Mary und Martha wollten ihr das ganze Landgut zeigen, und sie laufen Arm in Arm durch den Park, mit Charlotte in der Mitte. Unterwegs wird sie jungen Frauen vorgestellt, die ihre Muttersprache sprechen, aber sie müssen sich im Flüsterton unterhalten, denn auf dem Gut darf nur Französisch gesprochen werden. Eine strenge Regel, von der Emily und sie in ihrem Pensionat glücklicherweise verschont geblieben sind.

Die Taylor-Schwestern schlendern mit ihr bis zur Sint-Jans-Molenbeek-Kirche. Es ist schon gegen acht, als Charlotte sich wieder auf den Heimweg macht. Sie ist enttäuscht, denn sie hat Mary keinen Augenblick für sich allein gehabt. Stundenlang haben sie geplaudert, aber sie hat ihr nichts von ihrem Geheimnis erzählen können. Vielleicht hätte sie auch etwas von Emile erwähnt. Das Bild von Monsieur Heger, das sie in sich trägt – sein männliches Gesicht im Licht einer Gaslaterne –, wird zerstört durch die ganz frische Erinnerung an Emile auf der Brücke. Das plötzliche Auftauchen des Arbeiters und sein ebenso plötzliches Verschwinden haben sie verwirrt. Aber sie hat keine Gelegenheit, mit einer Freundin darüber zu sprechen, und solche delikaten Angelegenheiten würde man doch keinem Brief anvertrauen.

Während Charlotte über die Felder eilt, ziehen sich am Himmel längliche, dunkelgraue Wolken zusammen, aber sie wirken nicht wirklich bedrohlich. Über den Horizont ziehen sich gelbe Lichtstreifen. Als sie den Boulevard erreicht, der sich rund um Brüssel zieht, beginnt es schon zu dämmern. Sie geht mit schnellen Schritten durch die Straßen, doch die Dunkelheit holt sie ein. Hie und da gibt es noch einen beleuchteten Platz oder eine Straße mit ein paar Laternen, aber sie verläuft sich dann doch. Mit klopfendem Herzen geht sie weiter, festen Schrittes, um bei Passanten nicht den Eindruck zu erwecken, dass sie sich verirrt hat. Eine Weile läuft ihr ein Hund nach, und dann noch ein Kind, das mit kläglicher Stimme um Brot bettelt. Als sie beim Tor des Internats angekommen ist, kommt Gertrude nach draußen. Sie hat sich einen Schal um Kopf und Schultern geschlungen. Ihr blondes Haar trägt sie in einem nachlässig geflochtenen Zopf, und sie trägt keine Uniform, was nur bedeuten kann, dass sie aus dem Bett geholt wurde und sich hastig zurechtgemacht hat.

»*Mam'selle* Charlotte, oh, *Mam'selle*«, stammelt sie. »Ich gehe die Hebamme holen, bei Madame haben die Wehen eingesetzt.«

Charlotte läuft durch den dunklen Garten und hört zwei Mädchen kichern. Sie bleibt kurz stehen und starrt zu den Bäumen und Sträuchern, doch sie hat keine Lust zu fragen, wer dort drüben ist. Sie selbst ist auch zu spät im Haus, viel zu spät, und sie möchte nicht, dass Juffrouw Blanche sie hört. Im

Karree setzt sie sich auf die unterste Treppenstufe und zieht ihre Stiefel aus. Ihre Füße sind geschwollen, und sie massiert sich einen schmerzenden Zeh. Müde lehnt sie den Kopf gegen die Mauer. Monsieur ist irgendwo hinter dieser Mauer. Was tun Männer, wenn ihre Frau ein Kind zur Welt bringt? Er ist bestimmt in irgendeinem Salon und läuft rastlos auf und ab. Sie zieht ihren Mantel aus und löst die Bänder ihrer Haube. Vielleicht sieht sie ihn ja noch, wenn sie kurz wartet. Er wird sicher nachsehen, wo die Hebamme bleibt. Doch dann hört sie Schritte auf der Terrasse hinter der Tür zum Garten, sie greift hastig nach ihrem Mantel und den Stiefeln und läuft so schnell und geräuschlos wie möglich die Treppe hoch.

Im Schlafsaal brennt nur noch die Nachtkerze, und sie muss sich ihren Weg beinahe ertasten. Seit ein paar Tagen gilt die Regel, dass nachts alle Mädchen die Vorhänge um ihr Bett zuziehen müssen, doch die von Emily sind noch offen. Sie liegt gar nicht in ihrem Bett! Charlotte steckt ihre Kerze an und schaut sich um. Wo um Himmels willen steckt Emily? Man kann sie wirklich nicht alleine lassen. Als sie sich gerade auf die Suche nach ihrer Schwester machen will, hört sie vorsichtige Schritte, und zwei Gespenster in Nachthemden und Schals betreten den Schlafsaal.

»Wo hast du denn gesteckt?«, flüstert Charlotte entsetzt, als Emily ihren Schal vor dem Kleiderschrank auf den Boden wirft.

»Das würdest du wohl gerne wissen, hm?«

»Emily!«

»Alles in Ordnung«, beschwichtigt Emily. »Ich war im verbotenen Teil des Gartens und habe Spukgeschichten erzählt.« Sie deutet mit einer Bewegung ihres Kinns auf das Mädchen, das sich in ein Bett auf der anderen Seite zurückgezogen hat. »Mit Louise de Bassompierre.«

»Die mit den Locken aus unserer Klasse? Wie alt ist das Kind – sechzehn?«

»*Silence*«, sagt eine schläfrige, gereizte Stimme. Charlotte hält ihre Kerze hoch und sieht Emily leise lächeln – und das ist wirklich außergewöhnlich.

In dieser Nacht wird Charlotte von Babygeschrei aus dem Schlaf gerissen. Es ist nicht mehr als ein dünnes Geräusch, wie das Jammern einer rolligen Katze. Sie setzt sich auf und horcht angespannt. Ein neugeborenes Kind! Unten im Karree hört man Stimmen. Ein schmerzliches Gefühl lastet auf ihrer Brust. Aber es ist natürlich möglich, dass Madame gestorben ist – die Wahrscheinlichkeit wäre gar nicht mal so gering. Wie viele Frauen sterben nicht im Kindbett? Und wenn sie lebt – falls sie lebt –, dann hat sie hoffentlich keinen Jungen zur Welt gebracht. Sondern ein Mädchen. Charlotte geht auf die Knie und faltet die Hände zum Gebet. Oh Gott, was ist sie für ein schlechter Mensch! Wie kann sie solche schrecklichen Wünsche hegen? Oh Herr, führe mich zurück zu deiner Herde!

Als ihr richtig kalt wird, legt sie sich wieder hin und zieht die Bettdecke fest um sich, wie einen sicheren Kokon, in dem nichts sie erreichen kann. Ihr Gebet hat keine Kraft. Ihr wird gemütlich warm und sie lässt ihre Hand unters Nachthemd wandern, streichelt sich den Bauch und berührt das weiße Vlies zwischen ihren Beinen. Wäre sie imstande, ihm einen Sohn zu schenken?

XV

Das bin eben ich«, sagt Emily mit fester Stimme, und sie streckt ihre großen, gefleckten Hände auf dem Schreibtisch aus. »Bitten Sie mich nicht zu heucheln. Nicht mal für ein *devoir*.«

Sie spricht das letzte Wort aus, als wäre es glitschig und grün, und ignoriert Charlottes Schuh an ihrem Schienbein.

Constantin Heger starrt sie mit wachsender Verärgerung an. Gegen die Sturheit dieses Frauenzimmers scheint kein Gras gewachsen zu sein. Bei einer anderen Schülerin wäre er richtig in Rage geraten, aber bei diesem englischen Frauenzimmer hat es keinen Sinn: Sie kennt keine Furcht. Ihre Intelligenz grenzt ans Geniale, so etwas lässt sich nicht zähmen. Sie ist eigensinniger als die Katze, die sie in ihrem Aufsatz beschreibt. Seine Augen gleiten hastig über das Blatt, das er in der Hand hat. Wo stand es noch gleich?

»›Die Katze reißt ihrem Herrn das, was sie haben will, nicht aus der Hand‹«, liest er vor. »›Sie streckt eine Pfote aus, ganz sanft. Doch sowie sie hat, was sie will, fällt sie zurück in ihren Charakter von Timon von Athen. Die Listigkeit, die damit einhergeht, nennt man Heuchelei.‹«

»Eine Eigenschaft, die Sie mir jedenfalls nicht vorwerfen können«, sagt Emily.

Ihre Augen unter den weißen Lidern mit den rötlichen Wimpern schauen voll Verachtung auf seinen Schreibtisch.

Ihre scharf geschnittene Nase, länger denn je, sieht aus wie eine Stichwaffe. Auf seinem Tisch herrscht Chaos, das weiß er sehr gut. Stapelweise Hausarbeiten, die er noch korrigieren muss, französische Literatur, das Menü des alljährlichen Diners des Saint-Vincent-de-Paul-Vereins, ein fleckiges Löschpapier und ein Tintenfass mit schwarzer Tinte, umgeben von Klecksen, die tief ins Holz gedrungen sind.

»Was habe ich hier gelesen?« Er richtet seine Aufmerksamkeit auf den Aufsatz und macht eine vage Bewegung mit seinem freien Arm. »*Par pure affection! À son dernier soupir!* Das sind französische Entsprechungen englischer Ausdrücke, die ich so nicht durchgehen lassen kann. Sie müssen die richtigen französischen Idiome finden.«

Nichtsdestoweniger hegt er große Bewunderung für sie. Der Aufsatz ist wunderbar geschrieben, wenn man sich vor Augen hält, dass sie erst drei Monate hier ist. Aber in jedem Satz verbirgt sich unübersehbare Rebellion.

»Meine Rechtschreibung ist gut«, antwortet Emily ungerührt.

Er dreht sich um zu seinem Bücherregal, das bis zur Decke reicht. Der Band, den er gerne hätte, steht viel zu weit oben. Er kann ihn nicht erreichen und hört, wie ein Stuhl über den Boden geschoben wird. Es ist Emily, die ihm helfen will. Sie könnte es wahrscheinlich auch, denn sie ist ein bisschen größer als er, aber er schiebt sie weg, ohne sich umzusehen. Er balanciert auf Zehenspitzen und reckt seinen rechten Arm so angestrengt, dass es fast schon wehtut, doch zu guter Letzt gelingt es ihm, das Buch zwischen zwei anderen herauszuziehen.

»Lassen Sie mich mal nachschlagen. Die Katze in der *Histoire Naturelle*.« Er befeuchtet die Spitze seines Zeigefingers und blättert energisch im Buch. »Wir haben diesen Artikel analysiert und besprochen. Und Sie sollten Ihre eigenen Gedanken in demselben Stil zu Papier bringen. So lautete die Aufgabe: in demselben Stil, *Miess* Emily! Und bei Graf de Buffon kann ich beim besten Willen keinen Sarkasmus bemerken, geschweige denn Misanthropie.«

»Sie wissen, dass ich nicht an Ihre Methode glaube«, erwidert Emily. »Wenn Charlotte und ich Ihre Schriftsteller imitieren, verlieren wir die Ursprünglichkeit unserer Ideen und unseres Ausdrucks. Ich kann das nicht. Meine Schwester hat ein großes schöpferisches Talent, dem darf man keine Fesseln anlegen. Ich …«

»*Miess* Emily!« Heger lässt eine Faust herabsausen, bremst sich aber gerade noch, bevor sie auf die Tischplatte trifft. »Mir ist klar, was Sie sagen wollen. Geruhen Sie Ihre Meinung des Weiteren für sich zu behalten!«

Er wendet sich zu Charlotte und schaut sie mit einem Blick an, in dem das Feuer noch weiterschwelt.

»Ich … Ich bin nicht ganz überzeugt von den Vorteilen Ihrer Methode, Monsieur«, bringt Charlotte mühsam hervor. »Meine Schwester und ich haben eine natürliche literarische Begabung, und die lässt sich nicht einfach in die Form eines anderen Schriftstellers gießen.« Sie zögert, doch dann hebt sie das Kinn und fügt hinzu: »Sie mögen das Schlichte, den eher knappen Einsatz von Adjektiven und – wie sagen Sie das immer – ›ein gnadenloses Zurückstutzen von allem, was keinen direkten Beitrag zur Erzählung darstellt‹, während mein Stil eben eleganter ist. Aber ich mache ja, was Sie verlangen. Ich bin hier, um zu lernen, und Sie sind mein Lehrer.« Sie schaut ihn an. »Meine Hingabe ist total.«

Emily schnaubt vernehmlich wie ein Pferd.

»Fort, raus jetzt«, sagt er müde. »Genug für heute.«

Emily geht ohne einen Gruß, doch Charlotte bleibt an der Tür noch einmal stehen.

»Ihre Schwester hätte ein Mann werden sollen.« Er spitzt seine Feder an und zupft sich nachdenklich an der losen Haut unter dem Kinn. »Ein großer Anführer. Ihre Herrschsucht lässt sich von Widerstand oder Schwierigkeiten nicht abschrecken.«

»Oh, aber sie wird ganz bestimmt zu Ihnen kommen und sich entschuldigen, Monsieur!«, ruft Charlotte erschrocken aus.

»Sie würde lieber sterben, als nachzugeben«, sagte Constantin, und er sieht, wie seine ergebene Schülerin mit dem rührend ernsten Gesicht rasch auf den Korridor verschwindet.

Beim Abendessen kommt die Hausmeisterin und holt Charlotte aus dem Speisesaal. Sie freut sich nie sonderlich, wenn sie Gertrude sieht, denn mit ihrer mädchenhaften Unschuld und ihrem festen Busen ist sie ein Symbol für alle Versuchungen, denen Monsieur Heger ausgesetzt ist. Doch Gertrude nimmt sie mit einem geheimnisvollen Lächeln bei der Hand und zieht sie mit zum Karree. In ihrem dunklen Kabinett unter der Treppe holt sie irgendwo zwischen den Falten ihres Rockes einen Brief hervor.

»Von Emile«, flüstert sie im Verschwörerton. Charlotte fühlt wieder, wie ihr dieses schwache, verwirrte Gefühl in den Kopf steigt, das sie immer überkommt, wenn es um den hübschen Arbeiter geht. Gertrude schiebt ihr den zweifach zusammengefalteten Brief in die Hand und kneift sie vertraulich in den Oberarm.

Oben auf ihrem Bett faltet Charlotte den Brief auseinander. Es ist ein beschriebenes Blatt und eine kurze Notiz, in der er seine Bewunderung für ihre Sprachkenntnisse ausdrückt und sie bittet, ihm den Brief ins Englische zu übersetzen. Enttäuscht lässt sie das Schreiben auf ihren Schoß sinken. Was hatte sie denn erwartet? Eine Liebeserklärung? Als ob ein hübscher Arbeiter eine alte Jungfer wie sie um einen Kuss anbetteln würde. Er bittet sie um praktische Hilfe. Sie überfliegt den Brief. Gott sei Dank ist er an keine andere Frau gerichtet. In ihrer Einbildung sieht sie ihn vor der stolzen jungen Frau mit dem Lumpenrock und den Holzschuhen auf die Knie fallen, die bei ihrem Spaziergang durch die Stadt Charlottes Aufmerksamkeit auf sich gezogen hatte. Oder vor Little Nell aus *Der Raritätenladen*: bettelarm, aber bildschön, mit großen dunklen Augen in einem unschuldigen Gesicht.

Emile hat vor, in das Städtchen Green Way im amerikanischen Wisconsin zu ziehen, und er bittet den Bürgermeister, Arbeit für ihn zu suchen. Seine Handschrift ist ungelenk, wie die eines Schulkindes, mit krampfhaft sorgfältigen Buchstaben auf mit Bleistift gezogenen Linien. Das Schreiben wimmelt nur so vor Rechtschreibfehlern, aber sie begreift, was er sagen will.

Schließlich schiebt sie den Brief in ein Buch und beschließt, sich später damit zu befassen. Emile muss warten, denn Monsieur erwartet auch noch einen Aufsatz von ihr. Warum eine Übersetzung anfertigen, wenn sie prächtige lange Sätze für ihren Lehrer schreiben kann? Sie lässt sich rücklings auf ihr Bett fallen. Die Sonnenstrahlen tanzen sich ihren Weg durch das offene Fenster mit den wehenden Leinengardinen und zaubern ein magisches Lichtspiel auf die weißen Betten. Monsieur. Sie liebt ihn.

Unten im Karree steht Lena, das Kindermädchen, bereit. Sie will einen Spaziergang mit dem zwei Monate alten Sohn der Hegers machen. Lena hat eine seltsam runde Stirn und die dicklichen Hände und Handgelenke eines Mädchens, das zu viel Haferbrei isst.

»Ist Prospère nicht zum Fressen süß?«, sagt sie, so stolz, als wäre der kleine Junge ihr eigenes Baby. Sie schiebt den Rand seines gehäkelten Mützchens beiseite, sodass Charlotte seine glatte Wangen und klaren Augen sehen kann. Haselnussbraune Augen, genau wie die von Madame.

Draußen setzt sie sich auf einen Holzblock an der Hauswand und hält ihr Gesicht in die Sonne. Ein heidnisches Gebet an den strahlenden Sonnenwagen des Helios. *Lass Claire Heger sterben.* Madame ist gesund, aber das kann sich jederzeit ändern. In den Straßen von Brüssel wütet regelmäßig die Cholera. Und die Cholera macht ihre Arbeit sehr schnell. Gertrude hat erzählt, dass Monsieur als junger Mann schon einmal verheiratet war, aber seine Frau nach knapp drei Jahren Ehe an der Cholera gestorben ist. Die Krankheit wurde auch ihrem Sohn zum Verhängnis. Solche Dinge geschehen nun mal. Madame hat reichlich irdische Glückseligkeiten empfangen. Sie ist mit einem großartigen Mann verheiratet. Er hat sie geliebt und sie hat Kinder gebären dürfen. Und in was für einer Welt sie lebt: ein vornehmes Haus, ein magischer Garten, eine eigene Schule. Keine Baracke für arme Kinder, sondern ein Internat für junge Damen aus wohlhabendem Hause. Madame ist so verwöhnt. Jetzt kann man es doch gut sein lassen, sie hat wahrlich genug gehabt. Jetzt soll Charlotte eine Chance kriegen. Sie ist perfekt dafür geeignet, Madames Platz einzunehmen. Mehr noch: Sie würde ihre Rolle so viel besser ausfüllen. Mag sein, dass sie nicht Madames äußerliche Reize besitzt, aber Charlotte mit ihrem überlegenen Verstand passt viel besser zu Monsieur. Madame langweilt ihn, das ist nicht zu übersehen. Charlotte würde schon für ihren Mann, ihre Kinder und ihre Schule sorgen. *Lass ihn in*

Ruhe trauern. Sie ist jung und gesund, sie würde schon auf ihn warten. Wenn die vorgeschriebene Trauerzeit vorbei wäre, könnte Monsieur sie heiraten.

Als Charlotte den pfeifenden Gärtnerjungen den Weg heraufkommen hört, schlägt sie erschrocken die Augen auf. Was für teuflische Worte murmelt sie hier in sich hinein? Wie konnte es nur so weit mit ihr kommen? Herr, Herr, rette mich! Sie muss ihn vergessen. Er gehört einer anderen.

XVI

Schließen Sie die Augen, um sich von all diesen heftigen Gefühlen zu erholen. Wenn Sie sie wieder aufschlagen, sind Sie in einer heitereren Umgebung: im Palast von Ostende, im Schlafzimmer Ihrer Majestät.

Louise-Marie sitzt halb aufgerichtet im Bett und nimmt vorsichtig einen Löffel von ihrer Bouillon. Ihre Hand sieht fast aus, als wäre sie zu schwach, den Löffel zu halten, und ihr Handgelenk ist so schmal, dass sie den silbernen Serviettenring darum tragen könnte. Ihre Majestät ist krank – *wieder einmal*, könnte man wohl sagen. Sie ist so zart an Körper und Geist, dass sie wirklich nicht dazu geeignet ist, Königin zu sein. Ihr Tulpenköpfchen scheint unter dem Gewicht einer Krone oder Tiara schier vom Stängel zu knicken. Obwohl sie die Tochter von Louis-Philippe ist, *roi des Français*, und ihre Erziehung in Versailles sie auf die Ehe mit einem König vorbereitet hat, wäre sie viel lieber ins Kloster gegangen. Wir wollen nur im Flüsterton davon sprechen, denn das hat sie ihrem Ehemann niemals gebeichtet. Leopold ist die Güte in Person, und ihre drei überlebenden Kinder sind gesund und von ansprechendem Äußeren, was für ein Recht hat sie also, von einem anderen Leben zu träumen! Und doch. Und doch.

Die Kammerzofe räumt den noch halb vollen Teller ab, und Louise-Marie sinkt in die weichen Kissen zurück. Hinter den geschlossenen Lidern sieht sie das hohe Tor des Klosters. Ein

Kloster vor den Toren von Paris, das sie als Vierzehnjährige mit ihrer Mutter besucht hat. Es war so friedlich dort. Während ihre Mutter sich mit der Mutter Oberin unterhielt, schlenderte sie durch die Bogengänge und in den Garten und hörte eine Amsel singen, klar und ein wenig wehmütig. Am liebsten wäre sie an diesem friedvollen Ort geblieben, aber eine Stunde später saß sie wieder neben ihrer Mutter in der Kutsche, auf dem Rückweg ins mondäne Versailles. Hätte ihr Vater zugestimmt, wäre sie ins Kloster eingetreten. Dann wäre sie jetzt eine Nonne, *une sœur*, mit sanften Händen, die Salbei, Zitronenmelisse und Eisenkraut im Kräutergarten zieht und in einem lavendelduftenden Saal für Damen, die Ruhe im Kloster suchten, aus der Bibel vorlas. Dank der königlichen Mitgift von ihrem Vater wäre ihr das Unterrichten von aufsässigen und oft so widerspenstigen jungen Mädchen und das Austeilen von Brot an die Armen sicher erspart geblieben. Oh, verstehen Sie die gute Seele nicht falsch! Sie hätte Karren voller Brot kommen lassen – aber sie hätte es lieber den anderen Schwestern überlassen, dem zahnlosen Mütterchen, dem verrückt gewordenen Kriegsveteranen und dem barfüßigen Kind das Brot in die Hand zu drücken, einfach weil sie den Kontakt mit Menschen, die hässlich, krank oder arm sind, nicht vertragen kann.

Ach, die Gerüche des Klostergartens! Das Lied der Amsel, verwoben mit dem sachten Rauschen der Bäume. Ihr spitzes Gesicht entspannt sich bei der Erinnerung. Wäre sie jemals in einer englischen Karikatur mit einem Hundekopf abgebildet worden, hätte der Künstler zweifellos den schmalen Kopf eines polnischen Windhundes gewählt: große feuchte Augen, in denen ewige Trauer zu lesen ist, die Ohren herabhängend wie ihre Korkenzieherlocken, der lange jungfräuliche Hals.

Leopold hält es nicht lange im Herrenhaus an der Langestraat in Ostende aus. Er fühlt sich dort wie ein Jagdhund an der Kette an einem windigen Tag. Die Haushälterin serviert ihm Kaffee, obwohl diese Frau doch mittlerweile wissen sollte, dass seine Leber dieses Getränk nicht verträgt. *Tee* will er haben, Kamillentee, wie seine Mutter ihn im Kinderzimmer von Ehrenburg servieren ließ. Er bekommt eine Tasse schwarzen Tee, zu stark, mit einem Film auf der Oberfläche. Er blättert in seiner Zeitung und wirft sie dann auf den Boden. Es ödet ihn an, dass Louise-Marie nach Ostende wollte. Natürlich konnte er sie nicht allein reisen lassen, aber für ihn gibt es hier nichts zu erleben. Ihre Anwesenheit macht es ihm unmöglich, Damen zu empfangen. Und dann dieses Haus: Was hat ihn vor sieben Jahre dazu getrieben, es zu mieten? Bei Hof heißt es »Königlicher Palast von Ostende«, aber das ist lächerlich überzogen. Mag sein, dass es einmal das Hauptquartier von Napoleon gewesen ist, aber es ist nicht mehr als eine komfortable bürgerliche Wohnung, eines Königspaars völlig unwürdig. Eines Tages wird er ein prächtiges Holzchalet für seine Familie bauen lassen, in den Dünen, den Blicken neugieriger Passanten gänzlich entzogen. Doch Louise-Marie betrachtet dieses Haus – oder besser gesagt: ihr Schlafzimmer im ersten Stock – als ein Refugium, und bei ihrer Ankunft hat sie sich sofort dorthin zurückgezogen. Es beruhigt sie, dass das Haus so wenige Zimmer hat, ihres ist ganz klein, und der Garten ist von einer Mauer umgeben. Sie haben weniger Personal, deswegen kommen auch weniger Menschen, die ständig fragen, was Madame von ihnen erwartet. Sie muss sich ausruhen; die Haushälterin hat Anweisung, sie nicht zu stören. Viel essen tut sie auch nicht: Bouillon, Zwieback, geschmorte Taube mit etwas Spargel. Kein Wein, aber den Holundertrank, den ihr eine Tante aus Versailles schickt. Louise-Marie hat ihn auch einmal ein Glas davon kosten lassen, und er fand ihn sehr lecker. Eine vage Wehmut befällt ihn. *Ma petite femme*, wo ist die Zeit, als du noch mit mir an den Strand gekommen bist?

Dieser düstere Ort tut ihm nicht gut. Es ist sehr unwahrscheinlich, dass Louise-Marie heute noch nach unten kommt. Also kann er auch schlecht ausgehen. Er verlässt das Haus nur, um im Hôtel La Cour Impériale zu frühstücken. Die Austern sind herrlich salzig, und vom Champagner wird ihm so schön leicht im Kopf. Über die flachen Anekdötchen von Bürgermeister Serruys kann er trotzdem nicht lachen, er erträgt seine Gesellschaft sowieso nur in Ermangelung besserer Alternativen. Der Mann denkt offenbar, dass er seinen König unterhalten muss wie ein mittelalterlicher Hofnarr.

Wie kann er von hier entkommen? Soll er nach Brüssel zurückkehren? Aber dort wird er mit Argusaugen von Jules Van Praet überwacht. Dieses Land irritiert ihn. Das Essen, die Sprache. Er sehnt sich danach, Deutsch zu reden. Ihm fehlt ... verdammt noch mal, ihm fehlt einfach eine Frau! Wäre er doch ein Araber, dann könnte er noch eine heiraten. Ein Schauder durchläuft ihn, und er wirft abrupt seine Serviette auf den Tisch, woraufhin der Bürgermeister erschrocken an seinem flachsblonden Ziegenbärtchen zupft.

Leopold schiebt seinen Stuhl nach hinten und steht auf. Jetzt weiß er, was er zu tun hat. Er wird nach Brüssel fahren und von dort ein paar Tage nach Wiesbaden reisen. Und dort muss und wird er die schöne Arcadie treffen.

»*Chérie*, ich muss gehen.«

Leopold ist die Treppe hinaufgelaufen und ins Schlafzimmer seiner Frau geplatzt, ohne der Hofdame, die neben der

Tür saß, Gelegenheit zu geben, seine Frau zu warnen. Louise-Marie blickt mit einem verwunderten Lächeln in ihren blauen Puppenaugen von dem Schreiben in ihren Händen auf.

»Die Pflicht ruft«, sagt Leopold. »Ich werde dich so vermissen.« Letzteres ist eine glatte Lüge. Er hat seine Frau sehr gern, aber eher so, wie ein Bruder seine kleine Schwester gernhat, und da kann man schon einmal ein paar Wochen Trennung aushalten.

»*Je t'aime*«, sagt er, und während der Satz noch in der Luft nachklingt, beschließt er, dass er diese Worte hiermit zum letzten Mal zu ihr gesagt hat. Er küsst sie auf die dünnen Lippen und bekommt keine Reaktion.

»Mein lieber Mann«, sagt sie mit aufrichtiger Zärtlichkeit, aber er weiß, dass sie auch froh sein wird, wenn er abgereist ist. Am liebsten ist sie ja doch alleine, mit einer Hofdame oder ab und zu einem ihrer Kinder als Gesellschaft. Heute Mittag kommt ihre kleine Charlotte mit dem Kindermädchen.

Er richtet sich wieder auf und liest aus dem Augenwinkel einen Satz des Schreibens auf ihrem Schoß: »So hässlich sie auch zugerichtet wurde, so schön war sie in den Augen Gottes.« Liest sie schon wieder eine ihrer Heiligenlegenden. Um wen geht es denn diesmal? Theresia von Lisieux oder Katharina von Cordona? Exzentrische Frauenzimmer, die sich geißelten und eiserne Ketten trugen, die ihnen ins Fleisch schnitten. Ihm graut vor diesem religiösen Fanatismus, in dem sich seine Frau verliert. Sie scheint vor seinen Augen zu verblassen wie ein altes Bild, das mit schlechter Farbe gedruckt wurde. Er beugt sich hastig vor, um sie noch einmal zu umarmen, als wollte er sich vergewissern, dass sie noch da ist. Sie schaut weg, weil es in diesem Moment an der Tür klopft, und sein Kuss landet auf ihrem Hals. Sie scheint geruchlos zu sein, wie Knochen, die schon seit Jahren im Wüstensand liegen.

Der Bischof von Brügge wird für einen Besuch bei Ihrer Majestät angekündigt. Er wartet unten im Salon, und Leopold geht ihm aus dem Weg, indem er heimlich aus dem Haus schlüpft. Mit einem Seufzer zieht er eigenhändig die Tür hinter sich ins Schloss. Seine Koffer werden gerade auf die Kutsche geladen, und die Pferde sind angespannt. Er ist frei, frei! Ein Lakai klappt die Treppe für ihn aus. Er ist der König.

»Arcadie!«, ruft Henriette, und sie winkt mit dem weißen Seidenschal aus der gemütlichen Tiefe einer mit Kissen gepolsterten Gartenbank, die unter einem Dach von Blauregen steht. »Geht es dir gut? Du siehst mir in den letzten Tagen immer ein bisschen blass aus. Und heute Nacht hab ich dich husten hören!«

Wie ihre Tochter so auf dem Rasen steht – federnd auf bloßen Füßen, die Beine leicht gespreizt und die Arme halb erhoben, um ihren Schwestern den Ball zuzuwerfen –, sieht sie so verspielt und munter aus wie eine junge Stute auf einer Weide voller Gänseblümchen. Doch der Mensch muss bei Bedarf auch einmal eine Lüge anzuwenden wissen.

»*Maman*«, sagt Arcadie unbekümmert und macht ein paar Schritte seitwärts zu ihrer Mutter, während sie den Ball mehrmals hochwirft und wieder auffängt. »Mit mir ist alles in bester Ordnung.«

Henriette steht von der Gartenbank auf, was sie normalerweise sicher noch eine Stunde aufgeschoben hätte. Das Hausmädchen hat ihr vorhin eine dringliche, besonders aufregende Nachricht vom Palast gebracht, die sie unter ihrem Strumpfband versteckt hat.

»Ich finde, dass du dringend mal wieder rauskommen musst, *mon petit chou.*« Sie wirft durch die halbgeschlossenen Lider einen Blick auf ihre schöne Tochter, die sich in einer Glocke aus weichem, goldenem Frühjahrslicht zu bewegen scheint. Als das Mädchen vor ihr steht, kneift sie sie kräftig in die Wange, wie man es bei einem schwächlichen Kind tut, um ihm etwas Farbe ins Gesicht zu zaubern.

»Gesunde Luft atmen, am besten im Wald. Oder weißt du was? Eine Kur in einem Thermalbad! Ich könnte dich in ein Kurbad mitnehmen.«

»Oh, *maman*, dürfen wir da auch mit?«, rufen die jüngeren Töchter im Chor.

»Nein«, sagt Henriette und entblößt ihre großen weißen Zähne wie ein hungriges Nagetier. »Pauline, du bist zu jung für ein Kurbad, und du, Henriette, du weißt, dass du erst deinen Bauch loswerden musst, bevor du wieder etwas Schönes machen darfst. Renn dem Ball doch etwas schneller hinterher, hm?«

Aber weit und breit gibt es keinen Ball, dem sie hinterherrennen könnte, denn Arcadie ist so verdattert, dass sie ihn mit beiden Armen an die Brust drückt. Will ihre Mutter sie wirklich in ein *Kurbad* mitnehmen? In den Romanen, die sie heimlich liest, werden Kurbäder von eleganten Damen und geheimnisvollen, gut aussehenden Herren bevölkert. Oh, wie herrlich es wäre, einmal an einen solchen Ort zu reisen! Sie lässt es geschehen, dass die kleine Henriette ihr den Ball aus den Händen reißt, und starrt in die Luft. Natürlich würde das bedeuten, dass sie Monsieur Jacques eine Weile nicht mehr unter der großen Linde treffen kann. Aber das ist nicht so schlimm, denn Chloé sagt auch immer, dass man die Jungs warten lassen muss, dann sehnen sie sich nach einem und sind bereit, wirklich alles für einen zu tun. »Genauso wie mit deiner Schwester und den Süßigkeiten«, hat Chloé ihr erklärt.

»Wenn eure Köchin keine Zeit hat, Mousse au chocolat zu machen, verspricht die pummelige Henriette ihr alles Mögliche, um sie doch noch herumzukriegen.«

Arcadie hustet. Und hustet noch einmal. In ein paar Jahren wird sie Jacques bestimmt heiraten, und dann bekommen sie fünf goldige kleine Kinder. Aber vorher will sie gerne noch ein bisschen mit anderen Jungs herumschnäbeln.

»Siehst du, Arcadie?«, gurrt ihre Mutter vergnügt und drückt ihre Tochter an sich. »Du hast einen Husten auf der Brust, mein armes Schätzchen. Wir werden nach Wiesbaden fahren.«

»Was für ein Unfug«, sagt Charles. Er sitzt in seinem bequemen Sessel am Ofen, in dem er es sich gemütlich gemacht hat, um sein Pfeifchen zu schmauchen und seinem schmerzenden Rücken etwas Ruhe zu gönnen. »Schau dir unsere Tochter doch an! Die strotzt nur so vor Gesundheit. Sie muss ganz sicher nicht nach Wiesbaden.«

Arcadie steht vor ihm und hat die Hände auf den Rücken gelegt. Ihre adretten Schulmädchenzöpfe stehen ihr nicht mehr so gut, denn sie scheint über Nacht weiblichen Charme entwickelt zu haben. In ihrem ärmellosen Kleid, das unter den Achseln zu eng geworden ist, und mit einem Rock, der gerade mal die Hälfte ihrer Waden bedeckt, sieht sie so entzückend aus wie ein Sahnetörtchen, das an den Seiten über das Papierförmchen quillt. Henriette macht den vollen roten Mund auf, um zu widersprechen, aber so auf die Schnelle will ihr nichts Plausibles einfallen, und sie schnappt nach Luft. So leicht gibt sie sich allerdings nicht geschlagen!

»Arcadie, *mon enfant*, lass uns kurz allein«, sagt sie theatralisch. Sowie die Tür zugegangen ist, setzt sie sich zu ihrem

Mann auf die Armlehne, legt eine Hand aufs Herz (wo sich zugleich der Ansatz ihres üppigen Busens befindet) und schaut ihn ernst an.

»Charles, du musst mir zuhören.« Kein Schimmer eines Lächelns auf ihrem Gesicht, nicht einmal ein verführerisches Schmollmündchen. »Ich möchte dir erzählen, warum ich Arcadie wirklich nach Wiesbaden mitnehme. Du hast scharfe Augen, es ist wahr, dass ihr gar nichts fehlt. Aber Charles – da gibt es einen Mann, der ein Auge auf sie geworfen hat.«

Charles nimmt die Pfeife aus dem Mund und starrt sie an.

»Meinst du den König?«, fragt er verblüfft. »Hat er sich ihr genähert? Ich hatte schon den Verdacht, dass man dem Mann nicht über den Weg trauen darf, wenn es um Frauen geht. *Sacrebleu!*« Mühsam hievt er sich in eine aufrechtere Position, wobei seine Doppelkinne der Reihe nach rot anlaufen. »Als Arcadie beim Souper im Palast an der Tafel erschien, habe ich schon darüber nachgegrübelt. Er wollte ihr ungestört beim Klavierspielen zuhören, nicht wahr? Einfach nur eine Ausrede, um neben ihr sitzen und sie angaffen zu können.«

Mit einer ungeduldigen Geste wischt Henriette seine Einwände vom Tisch. »Nein, nein, nein! Es ist der Klavierlehrer, dieser Jacques.«

Charles zieht ungläubig die Augenbrauen hoch. »Ach so? Das war doch ein netter Kerl? Ich fand es seltsam, dass du den fortgeschickt hast. Wo er doch so gute Referenzen von unseren Nachbarn hatte, meine ich mich zu erinnern.«

»Ein Flegel war das.« Henriette legt sich seufzend den Handrücken an die Stirn. »Oh, Charles, wie konnte ich diesen Mann nur jemals in unser Haus holen? Du weißt, dass ich ein großes Herz habe und an das Gute im Menschen glaube. Erst als seine wahren Absichten nicht mehr zu übersehen waren, habe ich ihn entlassen. Das ist jetzt ein paar Wochen her, aber es war schon zu spät! Er hat unserer Tochter schier den Kopf verdreht: Sie geht mit ihm spazieren. Jos hat die beiden bei der Bank unter der Linde gesehen. Und Jacques hielt ihre Hand dabei.«

»Vielleicht hat er ja ehrenvolle Absichten.«

»Glaubst du das wirklich, Charles? Hat er dich aufgesucht, um um ihre Hand anzuhalten? Hast du einen Brief von ihm bekommen?« Triumphierend stemmt sie ihre Hände in die Hüften.

»Er hat vor, unsere Tochter irgendwo in den Wäldern zu entehren.«

»Mon Dieu«, sagt Charles, der nun doch etwas bestürzt ist. Er legt seine Pfeife im Aschenbecher ab und streckt die Arme nach seiner Frau aus. »Wie konnte ich nur so blind sein? Mein Liebling, was würde ich nur ohne dich tun?« Er zieht sie auf seinen Schoß, doch sie sträubt sich.

»Sei mir nicht böse, Henriette.« Er drückt eine Fingerspitze in die weiche Haut an ihrem Dekolleté wie in einen Kuchenteig. »Du hast ganz recht, mein Engel. Dann muss es wohl sein. Nimm sie mit nach Wiesbaden, damit sie den Jungen vergisst. Aber die Unkosten, oje …«

»Charles, du alter Esel!«, ruft Henriette. »Wenn der Name unserer Tochter erst einmal besudelt ist, wird kein anständiger Mann sie mehr heiraten wollen. Dann müssen wir für ihren Unterhalt aufkommen. Und willst du, dass sie ihr Dasein in einem Kloster fristen muss?«

»Nein, nein!«, flüstert Charles panisch. »Sag doch nicht so etwas. Arcadie verdient einen Mann, der sie auf Händen trägt, und sie ist zur Mutterschaft geboren. Nimm sie nur mit nach Wiesbaden. So lange, wie du es für nötig hältst.«

XVII

Während des Musikunterrichts von Monsieur Chapelle will Madame Heger manchmal ein Lied vortragen. Dann stellt sie sich neben das Klavier, zupft die Locken neben ihrem Gesicht zurecht und wiegt sich zur Melodie hin und her, bis der Moment für ihren Einsatz gekommen ist. Madame ist am schönsten, wenn sie singt, schöner als ihre jungen Schützlinge, die um sie herumstehen: ein Kastanienbaum in voller Blüte inmitten junger zarter Birken. Ihre Stimme ist etwas heiser, und bei den hohen Tönen scheint sie wie durch einen Nebel zu dringen, manchmal fast schon etwas falsch. Obwohl sie das zweifellos selbst hört, lässt sie sich davon nicht stören, was Charlotte für eine Dame etwas unpassend findet. Aber sie muss zugeben, dass es ein Zeichen großer Selbstsicherheit ist: Ihr ist noch nie eine Frau begegnet, die ihre Unvollkommenheiten zu Verführungszwecken einsetzt.

Sie hasst es, diesen Demonstrationen von Madames Charme beizuwohnen, aber sie gehören zu den obligatorischen Gesangsstunden. Diesen Mittag steht sie mit ihrer Schwester hinten in *la grande salle*, als Madame kommt, um ihre Schülerinnen mit einem Lied zu erfreuen. Mit dem Flügel, dem großen Kronleuchter und dem riesigen Globus – der an der Decke hängt, aber mittels eines schweren Seils nach unten gezogen werden kann – hat der geräumige Saal etwas von einem Bühnenbild. Monsieur Chapelle spielt immer mit viel Pathos, wobei er hie und da theatralisch eine Hand hebt, um sie anschließend auf die Tasten sausen zu lassen wie ein Hermelin aufs Mäusenest. Bei den leichtfüßigen Liedern, die Madame bevorzugt, versucht er sein Temperament im Zaum zu halten, doch selbst die spielerische Version einer Bellini-Oper, aus der Madame heute ein Lied zu Gehör bringt, bekommt unter seinen Fingern etwas Drohendes. Monsieur Chapelle hat heute außerdem wenig Augen für Madame, sondern schaut mit hochgezogener Augenbraue zu den jungen Damen, die ihn anschmachten. Doch das scheint Madame gar nicht zu stören, so begeistert ist sie von sich selbst und ihren Sangeskünsten. Außerdem scheint sie heute Mittag einen stillen Verehrer zu haben. Sie selbst kann ihn nicht sehen, denn er steht versteckt an der Tür, doch Charlotte bemerkt ihn dennoch.

Wie immer hat Monsieur einen Stapel Bücher unter dem Arm und ist zweifellos auf dem Weg in sein Arbeitszimmer. Er muss extra gekommen sein, um seiner Frau zuzuhören, denn der große Musiksaal befindet sich am anderen Ende des Schulgebäudes. Madame singt, und wenn sie singt, ist sie nicht mehr die Direktorin mit dem mechanischen kühlen Lächeln, sondern *une chanteuse* in einem verrauchten Herrensalon. Auf Monsieurs Gesicht liegt ein intensiver Ausdruck. Seine Lippen sind leicht geöffnet, seine Augen sind scharf und dunkel. Ihr noch leicht gewölbter Bauch und ihre milchvollen Brüste lassen sie nur noch attraktiver aussehen: Sie lassen an Liebesspiel und Paarung denken. Charlotte meint, einen dunklen Fleck auf der Höhe einer Brustwarze auszumachen – tritt dort etwa Milch aus? Ob Monsieur sich in der Intimität ihres Bettes, in einer Aufwallung von Leidenschaft, wohl an diesen Brustwarzen festsaugt? Das Lied von Madame lullt sie fast in einen tranceartigen Zustand, und sie fühlt ein Sehnen im Unterleib.

Dann bekommt Emily auf einmal einen Hustenanfall und lässt ihre Mappe mit den Noten zu Boden fallen. Ruckartig dreht Monsieur sich um, und sein Blick fällt auf Emily, die in die Hocke gegangen ist, um die Blätter wieder zusammenzusuchen. Charlotte bückt sich ebenfalls, um ihrer Schwester zu helfen, und als sie wieder aufblickt, ist er verschwunden.

Sie verlässt die Schule. Rafft die Röcke hoch und läuft auf der Treppe vor dem Pensionat auf und ab. Was hatte sie denn gedacht? Dass Monsieur seine attraktive Ehefrau für sie aufgeben würde? Für ein kleines, dunkles, jämmerliches Geschöpf? Was für ein krankhafter Hochmut hat sie auf solche Wahnideen gebracht? In Wirklichkeit ist sie so winzig, dass sie ihm nicht mal auffällt, eine von vielen Frauen im Pensionat. Da ist nichts, gar nichts, nur das, was sie sich eingebildet hat. Der nächtliche Spaziergang Arm in Arm durch die Straßen von Brüssel hatte für ihn keine Bedeutung. Das Tor geht einen Spaltbreit auf. Emily erscheint und fragt sie, was sie da draußen auf der Straße tut, und sie solle gefälligst wieder reinkommen.

Sie ist nicht mehr dieselbe. Als ob sie unsanft aus einem Traum gerissen worden wäre, mit einem Eimer kaltem Wasser ins Gesicht und einem Tritt in die Rippen. Maitage ziehen vor den Fenstern vorbei, und der Himmel ist wolkenlos, doch sie fröstelt. Wie die anderen Mädchen trägt sie ein baumwollenes Sommerkleid, doch wenn sie weiß, dass sie Monsieur nicht auf der Treppe oder im Klassenzimmer begegnen wird, legt sie sich einen alten Wollschal um die Schultern. Sie ist müde. Am liebsten würde sie sich auf den Boden legen, in den Sand auf dem Dielenboden. Sie will allein sein, aber das ist ihr hier nicht vergönnt. *Ach, lasst mich doch alle in Frieden!* Im Unterricht macht sie sich ganz klein hinter ihrem Pult, aber das Lineal von Juffrouw Blanche deutet unmissverständlich auf sie. Und wenn sie dann etwas sagen muss, klingt ihre Stimme gebrochen.

Nach einem Mittagessen, im vollen Speisesaal, bekommt sie auf einmal grässliche Bauchschmerzen. Sie ist gerade aufgestanden, mit Teller, Messer, Gabel und Becher in der Hand, um die Sachen in die Küche zu bringen, da überfällt sie ein Krampf. Alles fällt auf den Boden, was einen ohrenbetäubenden Lärm verursacht. Sie steht vornübergebeugt und muss sich mit einer Hand auf dem Tisch abstützen. Man stelle sich vor, wenn sie jetzt sterben würde – nicht Madame, sondern sie. Noch bevor sie auch nur eine einzige Erzählung geschrieben hat, die die Mühe wert wäre, gelesen zu werden. Ein Mädchen legt ihr den Arm um die Schultern. Es ist Marianne, ein nettes Kind, nicht viel älter als siebzehn. Ihre Freundin Godelieve hilft hier, sich auf die Holzbank zu setzen. Ein drittes Mädchen schenkt ihr ein Glas Wasser ein. Charlotte will diese ganze Aufmerksamkeit gar nicht. Die Tränen stechen in ihren Augen, sie ist diese ganze Aufmerksamkeit nicht wert. Emily kommt, um herauszufinden, was los ist, und Charlotte fühlt ihre festen Finger am Kinn.

»Es ist nichts weiter«, beteuert sie. »Nur meine Zeit im Monat.«

Eine Ausrede, um dem strengen Urteil ihrer Schwester zu entgehen. Aber später, als sie zwischen zwei Unterrichtsstunden in den Hof geht, sieht sie das Blut in ihrer Unterhose. Rote Flecken, das Blut so rot, dass es aussieht, als würde es aus einer Schnittwunde quellen. Sie wird nicht sterben.

Charlotte hat den hungrigen Blick nicht vergessen, mit dem Monsieur seine Frau angesehen hat, als sie ihn mit Suzette sieht. Diese junge Französin ist seit Ende Mai im Pensionat. Morgens ist sie im Unterricht dabei, aber am frühen Nachmittag verschwindet sie mit dem Geigenkasten unterm Arm aus dem Institut. Es heißt, dass sie sehr begabt ist und von Charles de Bériot Privatstunden am Konservatorium bekommt. Eine weibliche Geigerin! Ungewöhnlich, denn die Geige braucht einen Meister, um gespielt und bezwungen zu werden. Dieses Instrument mit seinen weiblichen Formen scheint nicht von einer Frau in die Hand genommen werden zu wollen. Doch Suzette ist keine alltägliche Frau. Ihre wallenden schwarzen Haare verleihen ihr ein südländisches Aussehen, und hinter vorgehaltener Hand flüstert man sich zu, dass algerisches Blut in ihren Adern fließt. Die schwarzen Haare sind allerdings das einzig Schöne an ihr. Sie ist klein, ihr Teint ist matt und schlaff wie Brotteig. Ihre Augen sind zu rund und gelblich, und wenn sie (während die anderen noch im Bett liegen) mitten im Schlafsaal steht und übt, scheint sie zu schielen, dann schaut sie so intensiv auf ihren Bogen, dass sie mit ihm verschmilzt. Sie hat eine Vorliebe für extravagante Stücke, die den Mädchen überhaupt nicht gefallen, doch Charlotte kann die Schönheit in diesen Melodien sehr wohl ahnen. Als Suzette ins Pensionat eintrat, mit einem fremdartig aussehenden Mantel und drei Geigenkästen, die sie eigenhändig die Treppe hochtragen wollte, konnte sie sie nur bewundern, obwohl so viel weibliche Unabhängigkeit sie eher erschreckt.

Ein paar Tage nach dem letzten Auftritt von Madame trifft sie Monsieur im Gespräch mit der Französin an. Sie führen eine philosophische Diskussion, so tiefsinnig, dass Charlotte ihnen nicht folgen könnte. Nach dem Abendessen und vor den Gebeten gibt es immer ein paar Freistunden, die die

Schülerinnen im Garten und im Speisesaal verbringen. Monsieur und Suzette sitzen im Speisesaal nebeneinander am Kopfende eines der langen Tische, neben ihnen das geöffnete Fenster. Sie selbst sitzt mit einem englischen Roman am Kachelofen, der nicht an ist, den jedoch ein Blumenstrauß ziert. Sie will ihre Hausaufgaben nicht machen, denn *La Suzette* macht sie auch nicht. Die anderen Mädchen beugen sich über ihre Lehrbücher oder ihre Handarbeiten, und Emily macht im Licht der untergehenden Sonne eine Skizze von einem halb vermoderten Birnbaum. Sie versucht sich auf ihren Roman zu konzentrieren, fängt aber Fetzen des Gesprächs von Monsieur und Suzette auf. Und dann hört sie auf einmal dieses durchdringende Geflüster hinter sich: »Schaut ihn euch an, den verliebten Trottel!« Sie dreht sich um und sieht Renate, die alberne Grimassen schneidet. Sie schürzt übertrieben die Lippen, wie ein Clown, der die Trapezkünstlerin küssen will, und das Mädchen neben Renate verschwindet kichernd hinter ihrem Stickrahmen.

»Der ewige Liebhaber«, flüstert Renate verächtlich, während sie Monsieur aus dem Augenwinkel beobachtet.

Das kann nicht sein, das kann einfach nicht sein. Charlotte drückt ihr Buch an die Brust. Sie hat die Schülerinnen schon öfter solche Bemerkungen über Monsieur machen hören, doch sie war taub dafür und sah immer nur den Lehrer, der seine Kenntnisse mit seinen unwissenden Schülerinnen teilt. Und doch! Man muss sich ja bloß anschauen, wie er Suzette ansieht. Wie er sich über eine geistreiche Bemerkung von ihr vor Lachen schier ausschütten will. Wenn sie sein Gesicht nur zwischen die Hände nehmen und wegdrehen könnte von dieser dunklen jungen Frau, sodass er ihr in die Augen schauen würde und sie ihn küssen könnte. Dass er Madame noch zugeneigt ist, kann sie ja noch eine Weile ertragen, doch Suzette ist eine Schülerin. Wie er sie anstarrt. Suzettes Stimme ist tief und gebieterisch, mit einem klagenden Unterton. Sie dreht sich um, um selbst einen Blick auf das dunkle Mädchen zu werfen. Was ist das dort auf ihrer Oberlippe – ein Haarflaum? Monsieur nimmt Suzettes gelenkige Finger in seine Hände, um ihren Redefluss zu unterbrechen und seine eigene Argumentation zu unterstreichen. Nennt er das etwa Nachhilfeunterricht? Wo ist Madame, und wie ist es möglich, dass sie so etwas zulässt? Mit einem abrupten Knall schlägt Charlotte ihren Roman zu, schiebt geräuschvoll ihren Stuhl zurück und verlässt den Speisesaal.

Charlotte sitzt draußen, auf der Fensterbank hinter ihrem Bett, die bloßen Füße auf der Kante des Daches unter dem Fenster. Es ist wärmer, als sie gedacht hatte. Sie fährt sich mit dem Ärmel ihres Nachthemds über die nassen Wangen, passt aber gut auf, dass das mit Tinte beschriebene Blatt auf ihrem Schoß nicht nass wird. Der Himmel sieht hübsch aus, ein immer dunkler werdendes Blau mit leuchtend rosa Wolkenfetzen. Es wird noch gut eine Stunde dauern, bis die anderen zu Bett gehen, hoffentlich lassen sie sie so lange in Ruhe. Emily hat dieses perfekte Versteck auf dem Dach entdeckt, als sie einen Anfall von Atemnot bekam, aber jetzt macht Charlotte dankbar Gebrauch davon.

Die Tränen fließen und fließen, Tränen der Enttäuschung, aber die Traurigkeit weicht langsam einer gewissen Hoffnung. Wenn Monsieur sich früher auch schon das eine oder andere Mal in eine Schülerin verliebt hat und jetzt Gefühle für Suzette hegt, gibt es noch eine Chance. Dann kann er sich auch in sie verlieben. Oder er hat sich bereits in sie verliebt.

Sie versucht das Diktat noch einmal durchzulesen, das Monsieur Emily und ihr gestern gegeben hat. Etwas über einen Christen, Eudorus, der in eine römische Arena geführt wurde, wo er den Löwen zum Fraß vorgeworfen werden sollte. Seine Verlobte wurde gefangen genommen vom Philosophen Hierokles. Der Richter macht Eudorus einen Vorschlag: Wenn er den römischen Göttern ein Opfer bringt, wird er freigelassen und auch seine Verlobte darf wieder zu ihm zurück. Oh, die Verlockung! Eudorus scheint ihr zur erliegen, doch dann sagt er laut und mannhaft: »Ich bin ein Christ.«

Religion höher stellen als Freiheit und Liebe: Das ist eine Botschaft, für die Charlotte im Moment keinen Sinn hat. Aber sie sieht Eudorus in der Arena stehen und hört seine kräftige Stimme. Sie wünschte, sie könnte sich so mutig äußern. »Hier bin ich, schaut her«, würde sie dann rufen. »Ich kann an niemand anderes mehr denken als an Sie. Ich bin ganz die Ihrige.« Aber das kann sie nicht, denn sie ist eine gut erzogene Pfarrerstochter. Wenn sie ein Straßenmädchen wäre – so eine, wie sie sie in der Rue d'Argent gesehen hat: keck, das Dekolleté so weit ausgeschnitten, dass man fast bis zu den Brustwarzen sehen konnte, die Wangen rot –, dann würde sie ihn ansprechen und ihn ohne Umschweife bitten, mit ihr zu schlafen. Aber die Chance wäre groß, dass Monsieur an so einem leichten Mädchen vorbeilaufen würde, wenn er sie nicht sogar ungeduldig beiseiteschieben würde.

Das Blatt auf ihrem Schoß erinnert sie daran, dass sie noch immer den Stift in der Hand hält. Schönheit und Musikalität sind ihr nicht vergönnt gewesen, aber beherrscht sie das geschriebene Wort nicht auf eine ganz wunderbare Weise? Ist ihre Feder nicht das Instrument, mit dem sie drohen, verwunden, bezaubern und vielleicht sogar verführen kann? Sie kriecht wieder ins Zimmer, und im Waschraum spritzt sie sich Wasser ins Gesicht. Sie hat noch vier Abende, um an ihrem neuen Aufsatz zu arbeiten.

»›Anne Askew ließ die Feder fallen, mit der sie beinahe unterschrieben hätte, und streckte sich dann willig auf ihrem Folterbett aus.‹« Emily hält inne, um zu husten, und sucht in ihrer Schürzentasche nach einem Taschentuch. Dann liest sie weiter. »›Ihre Augen schlossen sich, als würde sie einschlafen, und sie sagte: ›Ich bin Protestantin.‹« Charlotte ist ganz benommen. Monsieur hat ihren Aufsatz nicht vorgelesen, sondern hat ihre Schwester gebeten, es zu tun. Er spricht ihr keine Anerkennung aus und bekommt auch keinen seiner kritischen Wutausbrüche, die sie zum Weinen bringen und mit beschwichtigenden Worten abgeschlossen werden. Man kann es nicht anders sagen: Er macht einen gleichgültigen Eindruck. Er sitzt an seinem Schreibtisch und sortiert seine Papiere, vielleicht für eine abendliche Unterrichtsstunde bei seinen flämischen Arbeitern.

»*Miess* Emily«, sagt er, als ob er das Gefühl hätte, dass etwas von ihm erwartet wird. »Sie korrigieren den Essay von *Miess* Charlotte. Und Sie, *Miess* Charlotte, den von Ihrer Schwester. Das ist mal etwas anders: Veränderung hält uns geistig wach.« Woraufhin er die restliche halbe Stunde mit einer langweiligen grammatischen Erklärung füllt, zu der Emily eine Frage gestellt hatte. In regelmäßigen Abständen schaut er auf seine Armbanduhr, und Punkt fünf schiebt er ein paar Mappen in seine leere Tasche und verlässt das Zimmer mit einem gemurmelten »*Bonsoir*«. Charlotte bewegt sich nicht. Ihre Schwester steht auf, aber sie selbst bleibt sitzen wie versteinert. Schließlich erhebt sie sich auch, lässt ihre Sachen liegen und geht ihm nach. Dort ist er: Er verlässt gerade das Karree und geht in den Garten.

»Monsieur, einen Moment, bitte!«

»Ja?« Er bleibt auf der Terrasse stehen und dreht sich mit einem grimmigen Zug um den Mund halb zu ihr um. Sie weiß, sie hätte ihn nicht aufhalten sollen, aber sie kann ihn nicht aufgeben.

»Monsieur, ich möchte mich bei Ihnen entschuldigen. Ich hatte so unrecht!«

»Wovon reden Sie?«, fragt er und spielt mit seinem Schlüsselbund.

»Von Anne Askew«, sagt Charlotte rasch. »In meinem Aufsatz wende ich mich gegen den Katholizismus. Aber ich bitte Sie um Entschuldigung, ich hatte nicht darüber nachgedacht, dass Sie ja Katholik sind.«

Er schaut sie verwundert an und schweigt kurz, als bräuchte er einen Moment, um sich zu erinnern, wovon sie redet.

»Hatten Sie vergessen, dass Sie in einem Land wohnen, wo die ganze Bevölkerung katholisch ist?«, fragt er schließlich. Ein amüsiertes Lächeln entspannt seine Lippen. »Das kann ich nicht glauben, junge Dame. Aber ich nehme das nicht so ernst. Sie sind Engländerin, Sie sind kühn und fühlen sich überlegen.« Er scheint einen ganz bestimmten Schlüssel an seinem Bund zu suchen.

»Monsieur …«

»Lassen Sie es gut sein«, sagt er streng, ohne sie anzusehen. Und dann geht er rasch in den Garten hinaus.

Sie starrt auf die geschlossene Tür. Hinter ihr liegt das Pensionat, es brennt in ihrem Rücken. Bestimmt wird schon das Abendessen serviert, aber sie will nicht hineingehen. Einen Moment lang ist ihr das Haus genauso zuwider wie die Landgüter, auf denen sie als Gouvernante gearbeitet hat. Am liebsten würde sie ihrem Lehrer hinterherrennen. Und wenn sie ihm nicht folgen darf, dann würde sie gerne an einen Ort gehen, an dem viel los ist: ein Markt mit dem Geschrei der Händler, ein Viehmarkt, am liebsten mit Tieren und Bauern. Männer – sie will Männer sehen. Nicht mehr immer nur Frauen um sich herum haben. Frauen sind ihr zuwider. Außer ihren Schwestern sind ihr alle Frauen zuwider, obwohl ihre Schwestern vielleicht auch ihre Gefängniswärterinnen sind. Sie dreht sich um und läuft zur Tür. Kurz, ganz kurz nur will sie weg von hier. Aber dort, auf dem Gehweg, kommt ihr Monsieur entgegen.

»*Miess* Charlotte!«

Sie will ihn nicht sehen, sie kann seine Gleichgültigkeit nicht ertragen. Aber man kann seinem Lehrer ja schlecht den Rücken zudrehen.

»Was tun Sie hier draußen? Sie sind doch gar nicht für einen Spaziergang gekleidet« Er fasst sie beim Arm und macht Anstalten, sie zu führen wie ein Kind.

»Warum sind Sie zurückgekommen?«, stammelt sie und macht eine halbherzige Bewegung mit dem Arm, um seine Hand abzuschütteln.

»*Miess!* Was ist denn?« Er klingt völlig verblüfft. »Ich habe ein Buch vergessen, das muss noch in meinem Arbeitszimmer liegen.«

»Nehmen Sie mich mit zu den Arbeitern«, bittet Charlotte.

»Mein liebes Kind«, sagt er erschrocken. »Das geht heute Abend nicht. Ich gehe erst bei einem Kollegen vorbei. Außerdem findet Claire die Arbeiterviertel abends zu gefährlich für ihre Schülerinnen.«

»Unser unterschiedlicher Glaube braucht nicht zwischen uns zu stehen«, sagt Charlotte, und sie fühlt sich so zitterig, dass sie die Augen schließt. Sie fühlt seine Hand an ihrem

Nacken. Er kommt ihr so nah, dass sie seine Wärme fühlen kann, und zieht sie dann fest an sich. Sie riecht den Tabakgeruch seiner Jacke, riecht seinen ganzen Körper, sein zu langes, lockiges, ungekämmtes Haar; sein Bauch an ihrem Bauch, sein Oberschenkel an ihrem, seine Männlichkeit – seine Männlichkeit an ihrem Bauch. Ein paar Augenblicke, eine Minute, sie könnte es nicht sagen – sie denkt daran, wer sie so sehen könnte, bleibt aber trotzdem stehen.

»Gehen Sie jetzt hinein«, sagt er sanft.

XVIII

Es herrscht eine geradezu afrikanische Hitze, was in Brüssel selten der Fall ist. Drückend heiße Luft hängt bebend in den Straßen und über der Zenne wie der Atem eines Feuergottes. Der Fluss hat schon etwas Sirupartiges, und hie und da sieht man die silbrigen Schuppen eines tot dahintreibenden Fisches. Die Blätter der Eichen und Buchen am Boulevard, der die Stadt umgibt, sind ledrig, und die Wiesen im Warandepark haben gelb versengte Stellen. Die Brüsseler klagen und schnaufen, reißen abends die Schlafzimmerfenster weit auf und liegen verschwitzt auf ihren feuchten Laken. Nachts ist es zu heiß zum Schlafen oder um Liebe zu machen, und untertags ist es zu heiß, um zu arbeiten, aber kaum einer kann es sich erlauben, im Schatten zu bleiben und sich kühlende Luft zuzufächeln.

Der Arbeiter Emile reißt mit aufgeknöpftem Hemd und lose herabbaumelnden Hosenträgern schweißgebadet die Lumpen für die Papierfabrik in Fetzen und verflucht sein Los. Bald ist Abend, dann kann er nach Hause gehen, aber in seiner Kammer unter den glühenden Dachziegeln ist es auch erstickend heiß.

König Leopold steht im Schloss Laken mit der allzeit kühlen Königin Louise-Marie Modell für einen versnobten Maler. Der König sehnt sich nach dem Moment, in dem er sich den hohen Kragen herunterreißen und mit seinen Söhnen im Meer baden kann. Seine Hand ruht auf der nackten Schulter seiner Frau, fühlt den Knochen unter der weißen Haut, einen derart spröden Knochen, dass man meint, er schreie geradezu danach, zerbrochen zu werden, wie der Wunschknochen eines Hähnchens. Louise-Marie riecht nach Lavendelwasser, ein diskretes Eau de Toilette, aber er findet den Geruch erstickend, wie ein Zuviel an weißen Lilien in einer Totenkammer. Mit seiner freien Hand streichelt er heimlich die goldene Seide des Empiresessels, auf dem sie sitzt. Einst gehörte der Sessel der schönen Josephine, Napoleons Gefährtin, einer Frau, so lebendig und sprudelnd wie ein Wasserfall.

Im trockenen, staubigen Brüssel bildet das Pensionnat Heger eine seltsame Oase. Die hohen Mauern werfen Schatten auf den Garten. Die Erdbeerpflanzen und Stachelbeersträucher gedeihen so gut, dass die Frauen in der Schule die Früchte gar nicht aufessen können und die Köchin sie zu ihren berühmten Konfitüren und Kuchen verarbeitet. Jeden Tag nach Sonnenuntergang gießt der Hilfsgärtner die Sträucher und Madames Topfmargeriten. Ihr Brunnen ist der beste in der ganzen Stadt, sagt Monsieur. Er hat noch nie erlebt, dass er einmal ausgetrocknet wäre.

Unter dem riesigen Birnbaum, der Methusalem genannt wird, sitzt Charlotte mit drei anderen Schülerinnen bei Madame Heger. Madame hat ihre Handarbeit in den Schoß sinken lassen und erzählt von Jeanne d'Arc.

»Seht«, sagt sie am Ende ihrer Erzählung und nimmt das gestreifte Hemdchen für Prospère wieder auf. »Man braucht kein Mann zu sein, um in der Welt etwas zu bewirken. Jeanne war gerade mal siebzehn Jahre alt, als sie an der Spitze des französischen Heeres in den Kampf zog.«

Eine ganze Weile ist es still, und das Sonnenlicht fällt durch das Blätterdach über ihnen wie durch ein Sieb. Ein Taschentuch bekommt noch eine Initiale aufgestickt, ein Brief nach Hause wird vorgelesen, und ein Mädchen lehnt dösend an ihrer Freundin. Charlotte blättert in einem Herbarium und murmelt die französischen Namen der Kräuter vor sich hin. Normalerweise wohnt sie diesem entspannten Zusammensein mit Madame nicht bei, aber heute möchte sie etwas von ihr.

»Arcadie Claret ist gerade mal sechzehn«, sagt Cecilia, eine junge Frau mit überheblicher Ausstrahlung und schönen grauen Augen. »Sie sollte gut und rein sein, aber nein, sie verführt unseren König.«

Charlotte hat keine Ahnung, wer diese Arcadie Claret sein könnte, aber es ist ganz deutlich, dass Cecilia die Gelegenheit ergreifen will, ein bisschen zu lästern. Marianne, das Mädchen, das fast schon eingedämmert war, hat sich bei diesen Worten jäh wieder aufgesetzt, als hätte sie ein Insekt gebissen.

»Oh, Madame!«, ruft sie. »Meine Tante ist gerade zurück von einer Kur in Wiesbaden, und sie hat den König dort mit Arcadie Arm in Arm gesehen. Jeder klatscht darüber. Unsere arme Königin. Wenn man sich vorstellt, dass dieses Mädchen … Wenn man sich vorstellt …«

»Wenn man sich vorstellt, dass sie ein Kind vom König kriegt?«, vervollständigt Cecilia ihren Satz und zieht dazu eine Augenbraue hoch. »Das wird so schnell nicht passieren. Wie es aussieht, ist *maman* Claret eine sehr berechnende Person. Sie bringt ihrer Tochter bei, wie sie das Verlangen des Königs anstachelt, indem sie ihm ihre Zuneigung krümelweise hinwirft und ihn dann warten lässt. Genauso wie Anne Boleyn damals mit König Heinrich VIII.« Ihre Worte drücken Verachtung aus, aber in ihrer Stimme klingt kaum verhohlene Bewunderung mit.

»*Pourvu que ça dure*«, witzelt Marianne mit einem starken korsischen Akzent und imitiert damit die Mutter von Napoleon, die sich so immer zu den Eroberungen ihres Sohnes äußerte.

Anis, cannelle, verveine. Anis, Zimt, Eisenkraut. Charlotte versucht, sich auf ihre Lektüre zu konzentrieren, aber es gelingt ihr nicht. *Ein großer, gewissenhafter Mann.* Er würde sie nie heiraten. Ihre Kehle ist trocken, am liebsten würde sie weggehen, aber das ist unmöglich. Sie muss ruhig bleiben. Madame spricht über den König und seine Maitresse, nicht über Monsieur und Charlotte. Davon weiß sie doch nichts, oder?

Cecilia beugt sich vertraulich vor, aber noch bevor sie etwas sagen kann, ruft Madame: »*Mesdemoiselles!* Genug mit dem Klatsch. Sie sind ja die reinsten Waschweiber.« Ihre Mundwinkel gehen leicht nach oben, als würde sie über die Naivität ihrer Pensionatstöchter spotten.

Die Glocke ruft zum Abendessen, und die Schülerinnen stehen auf und raffen ihre Röcke zusammen.

»Madame«, sagt Charlotte und merkt, dass ihre Stimme zittert. »Haben Sie einen Augenblick Zeit für mich?«

»Natürlich«, sagt Madame und näht noch einen säuberlichen kleinen Stich in den Baumwollstoff.

Charlotte wartet einen Moment, bis die anderen Frauen im Haus sind. »Unser halbes Jahr in Ihrem Pensionat neigt sich ja jetzt dem Ende zu«, sagt sie schließlich, »aber meine Schwester und ich würden gern noch bleiben, Madame. Unser Studium ist bei Weitem noch nicht abgeschlossen. Ich muss nur Ihrem schönen Französisch lauschen, um zu begreifen, wie viel ich noch zu lernen habe.«

Madame schaut sie leicht spöttisch aus dem Augenwinkel an.

»Dürfen wir noch bleiben, Madame?«

»Ich dachte, dass Ihr Geld aufgebraucht ist«, sagt sie ziemlich schroff.

»Das ist auch so.« Charlotte schluckt die Demütigung herunter. »Unsere Tante kann uns nicht weiter unterstützen. Aber meine Schwester und ich scheuen uns nicht zu arbeiten. Wir könnten kostenlos Unterricht geben, Emily Klavier und ich Englisch, als Gegenleistung für unseren weiteren Aufenthalt hier.«

Madames Lippen öffnen sich leicht, als sie das Hemdchen vor sich in die Höhe hält, um das Ergebnis ihrer Mühen zu mustern.

Sie zögert, weiß Charlotte, aber sie ist eine nüchtern denkende Frau. Sie weiß, was ein gutes Angebot ist, und sie wird es nicht abschlagen.

Madame lässt den Faden aus der Nadel gleiten und schneidet ihn mit einer kleinen Kupferschere ab. »Nun gut, warum nicht? Sie könnten beide täglich vier Stunden Unterricht geben. Aber ich muss das zuerst noch mit meinem Mann besprechen.« Die Worte »mein Mann« hängen seltsam überdeutlich in der Luft.

»Das versteht sich von selbst, Madame.« Charlotte senkt demütig den Kopf, aber inwendig frohlockt sie.

Louise de Bassompierre ist mit ihrer ganzen Karawane von Familie auf ihren Sommersitz bei Veurne gefahren. Der Abschied war sehr gefühlvoll, weil sie erst Anfang Oktober wieder ins Pensionat zurückkehren wird. Emily spürt immer noch, wie Louises kühle Hand am Tor aus ihrer glitt, sie spürt noch ihren Kuss, halb auf der Wange, halb auf dem Hals. Nichts kann sie mehr freuen. Der Garten ist zu heiß, und in der Bibliothek steht kein Buch mehr, das sie gern lesen würde. Das belgische Essen, das ihr eine Zeit lang geschmeckt hat (wahrscheinlich, weil Louise so gerne Brötchen mag und sie ihr regelmäßig ein Glas kalten Kakao brachte), findet sie mittlerweile zu schwer. Am liebsten würde sie nur Kaffee und etwas Obst und Brot zu sich nehmen, aber dann würde Charlotte garantiert sofort einen besorgniserregenden Brief an ihren Vater schreiben.

Charlotte erkundigt sich, warum sie so in sich gekehrt ist.

»Ich vermisse Louise!«, würde sie am liebsten rufen. »Sie ist die Einzige, die mich versteht.« Aber sie ruft nichts, sie gibt überhaupt keine Antwort. Sie hat keine Lust zu reden, und obendrein könnte ihre Schwester ihr dann wieder eine Eifersuchtsszene machen. Sie erinnert sich noch zu gut, wie neidisch Charlotte auf ihr starkes Band zu Anne sein konnte. Es ist auffallend, dass Charlotte sie nicht mit besorgten Bemerkungen quält. Zweifellos sind ihre Gedanken ganz bei Heger, dem eingebildeten Bauernlümmel. Sie kann nicht begreifen, wie Charlotte, die mit ihrer Feder den gefährlich attraktiven Herzog von Zamorna mit seiner engelsgleichen Schönheit erschaffen hat, jetzt von einem Mann besessen ist, der eine Brust hat, so haarig und breit wie die eines schottischen Hochlandrinds. Charlotte kann gar nicht genug von ihm reden, *Monsieur-ci, Monsieur-là*.

Es wäre nicht so schlimm, wenn sie sie nur in Ruhe lernen ließe. Doch seit Charlotte den absurden Plan gefasst hat, noch ein halbes Jahr hierzubleiben (ohne jegliche Rücksprache mit ihr), gibt sie mehrmals die Woche Klavierunterricht. Und zwar nicht talentierten jungen Damen, sondern drei Kindern. Die jüngsten Töchter eines gewissen Thomas Wheelwright, eines englischen Arztes, der sich gerade in Brüssel niedergelassen hat. Die Mädchen bekommen während der Ferien Unterricht, um ihren Rückstand aufzuholen. Frances ist zehn, Sarah acht und Julia sieben, und sie sind so ungeschickt und haben so winzige Hände, dass es unmöglich ist, ihnen etwas Ordentliches beizubringen. Sie quengeln auch dauernd, dass sie lieber draußen spielen würden, aber sie will die Kinder nur in der Mittagspause unterrichten, denn sonst würde sie selbst eine ihrer Privatstunden in Französisch oder Deutsch versäumen.

Emily erklärt Julia gerade, dass sie nicht mehr mit klebrigen Fingern Klavier spielen darf, als sie von einem kurzen Trommeln an der Tür gestört wird. Gertrude bringt einen Brief. Die Handschrift ist nicht die von Louise, sondern die ihres Bruders Branwell, und sie legt den Brief auf den Ofen. Nach dem Abendessen fällt er ihr wieder ein. Charlotte öffnet den Brief und liest ihn vor. Der Hilfsprediger ihres Vaters, ihr hübscher, aufgeweckter William, ist an der Cholera gestorben.

Als Charlotte und Emily sich nebeneinander auf ein Sofa sinken lassen und die Ältere die Hand der Jüngeren sucht, wissen sie noch nicht, dass dies gerade mal die erste von einer ganzen Reihe trauriger Neuigkeiten gewesen ist.

Charlotte kann nicht um William weinen. Sehen Sie sie an, wie sie da auf dem Sofa sitzt. Warum sollte sie weinen über den Tod eines Hilfspredigers, wenn sie als kleines Mädchen doch schon das kalte, blutleere Gesicht ihrer Mutter gesehen hat? Und als Neunjährige die stille Gestalt ihrer Schwester Maria, wie sie da auf einem Stuhl im Schulkorridor saß, bis ihr Vater sie abholte – mit grauen Schatten unter den großen müden Augen, denn der nahende Tod ist wie eine Kohlezeichnung. Maria lachte tapfer und Charlotte küsste ihr die bleiche Wange, aber dann lief sie auf den Pausenhof, um den anderen Mädchen beim Ballspielen zuzusehen. Der Tod hatte keinen Platz im Leben der kleinen Charlotte, solange sie ihre Aufmerksamkeit auf etwas Schönes richten konnte: spielende Freundinnen, einen jungen Hund oder Kornblumen auf der Wiese. Aber ab und zu drängte der Tod sie doch grob in eine Ecke und zwang sie, ihm ins Gesicht zu schauen. Wie an dem Mittag, als ihr Vater mit ihr die Treppe hochging, um Abschied von ihrer Schwester Elizabeth zu nehmen. An der Tür zögerte sie, aber die Hand ihres Vaters lag auf ihrem Rücken. Elizabeth lag in dem Bett, in dem wenige Wochen zuvor Maria gestorben war, und rang verzweifelt nach Atem. Ihre Lippen waren so violett wie Brombeeren, und auf ihren Lidern glänzte der Schweiß. Wie sie auf die Kissen zurücksank und wie sie, Charlotte, auf einmal die Älteste war, und ihr Vater sagte, dass sie jetzt tüchtig sein musste, für ihren kleinen Bruder und ihre kleinen Schwestern.

Charlotte kann nicht um William weinen, so gern sie auch wollen würde. Während sie im Schlafsaal ihr Nachthemd anzieht, versucht sie sich das Bild des Hilfspredigers zu vergegenwärtigen. Er war immer so gut aussehend, sein Bart war so säuberlich gestutzt, und seine Stimme so fröhlich wie das Klingeln der Glöckchen, die die Schafe trugen. Schade, dass er das Pfarrhaus nicht mehr aufhellen wird mit seiner Fröhlichkeit, und es ist die Frage, was für ein langweiliger Mensch seine Stelle einnehmen wird. Armer William. Und arme Anne – obwohl nicht klar ist, ob er jemals mehr als Kameradschaft für sie gefühlt hat. Er hat so vielen Mädchen den Hof gemacht. Aber es ist gut möglich, dass er letztlich doch Anne gewählt hätte, trotz ihrer etwas blässlichen Natur. Als Schwiegersohn von Papa hätte er auf jeden Fall größere Chancen gehabt, ihm als Pastor nachzufolgen. Nicht, dass William hinterhältige Absichten gehabt hätte – nein, das denkt sie nicht, aber er hatte nun einmal die Neigung, immer den einfachsten und angenehmsten Weg zu nehmen. Arme Anne. Charlotte steht vor dem Spiegel und löst nachdenklich ihre Flechten. Ihre Schwestern sind dazu verdammt, alte Jungfern zu werden. Sie seufzt, aber mit einer gewissen Erleichterung.

XIX

Tauben sitzen auf den Dächern von Brüssel. Sie sitzen auf den Firsten der vornehmen Häuser und der Paläste. Sie gurren und girren auf den schmalen Rändern der Kirchtürme und auf den Fensterabsätzen vor den Buntglasfenstern. Ab und zu lässt sich eine Schar Tauben auf den schäbigen Dächern in den Arbeitervierteln nieder, und sie scharren, wo das Kopfsteinpflaster uneben ist und schmutzige Kinder sich neben ihnen niederkauern. Kein Brüsseler Kind, das nicht schon einmal einer Taube ein paar Krümel hingeworfen hätte. Kein Land, in dem es mehr Tauben gäbe, als Belgien. Kein wohlhabender Brüsseler, der ohne seinen Taubenschlag könnte, und hie und da fängt selbst ein Arbeiter, der ein paar Pfennige hat, oder ein Bauer mit einem hübschen Hof an, ein paar Tauben zu halten.

Charlotte beobachtet die Tauben aus ihrem Versteck auf dem Dach. Sie stützt die Ellenbogen auf die Knie und legt das Kinn auf die Handflächen. Schiefergrau sind diese zahmen Vögel, mehr oder weniger gemustert; eine einzige ist schneeweiß. Ihre Augen sind klein und hart wie Stecknadelköpfe. Sie girren und gurren, trippeln über die Dachfirste, zwei Schritte links, zwei Schritte rechts, sie ordnen ihr Gefieder, fliegen weg und landen wieder. Charlotte sitzt regelmäßig hier auf dem Dach, mit ihrer Feder und ihrem Heft, mit ihren Leidenschaften und Stimmungen. Sie sitzt hier, als die erste Herbstkühle aufzieht, und wird hier von den ersten dicken Oktoberregentropfen überrascht.

Die Tage im Pensionat sind wie die Tauben auf den Dächern von Brüssel. So sehr unterscheiden sie sich nicht voneinander. Sie kommen und gehen, geräuschlos oder mit Geflatter und Geschnatter. Beim Aufstehen im Schlafsaal hört man vorsichtiges Geflüster, als ob der frühe Morgen zu zerbrechlich für laute Worte wäre; die nassen, geröteten Gesichter über den Waschschüsseln, und dann auf einmal ein helleres Lachen, ein Stück Seife, das auf den Boden fällt, oder ein Aufschrei, wenn ein Korsett zu fest geschnürt wird. Ein neuer Tag. Eine Perle in einem Topf voller Perlen. *Vergesst nicht zu beten.* Das Vaterunser für Emily und Charlotte, das Gegrüßt seist du Maria für die Katholiken. *Betet.* Juffrouw Marie, die schon beim Frühstück nach Schnupftabak riecht. *Nicht schlurfen auf der Treppe!* Stillschweigen, wenn Charlotte ihrer Englischklasse aufgetragen hat, eine Erzählung zu schreiben, die kratzenden Federn ihrer Schülerinnen, ein Zweig, der bei Sturm gegen die Fensterscheibe schlägt. Und dann eben Monsieur.

Monsieur, der seine Hand um ihr Handgelenk schließt, als er ihren Aufsatz »La justice humaine« vorliest. Der feste Griff seiner Finger, als ob er sie nie wieder loslassen würde, und dann fängt Emily natürlich an zu husten. Monsieur, der unten an der Treppe steht, wenn sie nach unten kommt, der ihren Blick festhält, als wären seine Augen eine Falle, die Kiefer eines Raubtiers. Es gibt keine Suzette mehr. Genauer gesagt: Sie ist schon noch da, kann aber nicht mehr auf Monsieurs Aufmerksamkeit rechnen. Dann ist da noch Madame, irgendwo im Hintergrund, und ansonsten ist da niemand anders mehr als sie, Charlotte. Sie sieht, wie er nach ihr schmachtet, wenn er sie während der Unterrichtsstunde anschaut: seine Fingerspitzen, die sein stoppeliges Kinn betasten und ganz leicht über seinen Mund fahren. Sie fühlt das Begehren in den Fingern an ihrem Handgelenk.

Sie wartet, sie wartet. Wie sie ein letztes Mal auf der Fensterbank sitzt, um mit ihren Grübeleien allein zu sein, ein letztes Mal, bevor die Dachziegel unter ihren Füßen zu kalt und zu glatt werden. Es gibt goldene Momente des Glücks, dann wieder scheint Monsieur sie plötzlich zu vergessen, wird absorbiert vom Athénée, seiner Ehefrau und den Büchern, die er noch lesen muss. Nur um sie anschließend wieder aufs Neue zu entdecken, auf dem Flur an ihr vorbeizugehen, mit Glut in den Augen, und sie ganz leicht mit der Hüfte zu streifen.

Ihr Verlangen ist heftig und äußerst hartnäckig: Es raunzt und schlägt seine Krallen in sie, wie eine hungrige Katze, die einem um die Fußknöchel streift, während man am Herd steht. *Monsieur, Monsieur.* Schauen Sie mich an. Sie will ihn anfassen, sie will ihn fühlen.

»Er kommt vom Schloss Koekelberg«, sagt Emily, als sie in der Schublade des Küchenbuffets nach einem Messer sucht, um den Brief zu öffnen. Der Speisesaal riecht nach kaltem Haferbrei, denn das Mädchen ist noch nicht gekommen, um die Reste des Frühstücks aufzuräumen. Emily lässt den Blick ruhig über die Zeilen wandern. »Martha Taylor ist ernsthaft krank. Sie hat Durchfall und muss sich übergeben.«

Sie spricht die Worte so unbeteiligt aus, dass Charlotte sie am liebsten ohrfeigen würde.

»Schlimm«, sagt Emily und reicht ihr den Brief. »Wahrscheinlich wird sie daran sterben, genauso wie William. Wir müssen zusehen, dass wir dieser hässlichen Krankheit so gut als möglich aus dem Weg gehen. Du darfst Mary nicht besuchen.«

»Ach, hör doch auf!« Charlotte lässt sich auf die lange Bank sinken. Mit einem unguten Gefühl wendet sie sich vom Tisch ab, der übersät ist mit Fettflecken und den Rändern von Kaffeetassen. Martha, dieses fröhliche, liebe Mädchen! Es ist schrecklich.

Und diesmal muss sie weinen, um Martha, aber auch darüber, dass das Leben so plötzlich bedroht sein kann. Dass man von einer Kutsche mit durchgehenden Pferden überfahren oder von einer grässlichen Krankheit befallen werden kann. Zerbrechlich und wehrlos ist der Mensch, wie die Maus, auf die in der Küche gnadenlos der Besenstiel herabsaust. Sie muss mit Mary sprechen. Sie muss nach Koekelberg!

Eine Wolkendecke in hellen Grautönen wird vom Wind über die Stadt getrieben. Hie und da ein Stückchen nackter Himmel. Es ist kühl, doch Charlotte lässt ihren Mantel eine ganze Weile lose um den Körper flattern. Sie hat weder Zeit noch Lust, sich umzusehen, schlägt einen großen Bogen um den Grand Place und eilt über die Quais, obwohl ihr eine Brücke am Quai aux Tourbes mit einer gewissen Wehmut die Begegnung mit Emile in Erinnerung bringt. Sein Brief an den Bürgermeister einer Kleinstadt in Amerika liegt vergessen zwischen ihren Leinentüchern unten im Kleiderschrank, sie hat ihn nie übersetzt. Doch Emile ist weg, der Himmel wird dunkel, und gegen Mittag, auf den Wiesen bei Molenbeek, beginnt es heftig zu regnen. Als sie das Tor zum Schloss aufschiebt und durch den Park eilt, ist sie völlig durchnässt und erschöpft.

»Du kommst zu spät«, sagt Mary. Sie kommt die prächtige runde Treppe herunter, und ihre ganze Erscheinung – die kraftlose Hand auf dem Geländer, der Ernst in ihren dunklen Augen – spricht von ihrer Trauer. Sie streckt beide Hände nach Charlotte aus. »Martha hat den Morgen nicht mehr erlebt.«

Gemeinsam waschen die beiden Freundinnen das tote Mädchen. Mary zieht die Vorhänge auf, und das Schlafzimmer füllt sich mit Licht. Vor den hohen Fenstern erstreckt sich der Park in gedeckten Farben. Mary tunkt ein Leinentuch in eine Schüssel mit lauwarmem Seifenwasser, und Charlotte tupft damit den stillen Körper ab, der seine Wärme schon verloren hat. Marthas liebe Hände, ihre Schultern, ihr junger Bauch. Sie ziehen ihr saubere Unterwäsche und ein marineblaues Wollkleid an. Danach sitzen sie nebeneinander am Bett, um erst befangen miteinander zu reden, doch dann – zum ersten Mal seit einer Ewigkeit – erzählt Mary von ihren Plänen, nach Deutschland zu gehen, um dort Unterricht zu geben, und Charlotte gesteht flüsternd in erregten Worten ihre Liebe zu Constantin Heger.

Gertrude entpuppt sich – ganz anders, als ihr ach-so-nettes Gesicht und die süße Stupsnase vermuten lassen – als böser Engel. Sie bringt Emily und Charlotte eine schlechte Neuigkeit nach der anderen. Martha ist gerade mal einen Tag begraben, da steht Charlotte mit einem Brief von ihrem Vater in der Hand auf der Terrasse. Sie ist mit Emily hinausgegangen, um sich dem neugierigen Blick der Hausmeisterin zu entziehen. Obwohl sie gerade erst zu Abend gegessen haben, hat die Dämmerung der Welt schon jede Farbe ausgesogen. Kurz zuvor hat es geregnet, und nun tropft es von den fast schon kahlen Zweigen, und die Steinfliesen unter ihren Füßen sehen rutschig aus.

»Ist was mit Papa?«, fragt Emily erschrocken. Ihn kann sie nicht entbehren. Ohne ihn gibt es kein Zuhause mehr oben in den Hügeln.

Aber es geht nicht um ihren Vater, sondern um Tante Elizabeth. Sie ist schwer krank, sie leidet unter einer Verstopfung.

»Ach«, sagt Emily, »das hat sie doch oft.«

»Dieses Mal ist es ernst. Es sieht sehr schlecht aus. Wir müssen nach Hause, Em.«

Das scheint Emily auf einmal zu verwirren. Ihre langen Finger flattern zur Brust, um ihr Umschlagtuch festzuknoten, so als wollte sie sich jetzt schon zum Aufbruch fertig machen. Doch sie schweigt. Charlotte beißt sich auf die Unterlippe. Ein schrecklicher Brief! Sie will nicht nach Hause. Sie will im Pensionat bleiben, denn Suzette darf ihr Monsieur nicht stehlen, und Madame darf ihn nicht wieder komplett in ihre Macht kriegen.

Doch kaum eine Stunde später klopft sie bei den Hegers. Das Mädchen führt sie in *le salon de Madame*, und Madame Heger lässt nicht lange auf sich warten. Sie hat schon ihre Nachthaube auf, und im schummrigen Licht des ersterbenden Feuers sieht sie so verbraucht aus wie eine alte Waschfrau. Ihr dunkles Haar scheint jeden Glanz verloren zu haben und ist nur ganz nachlässig unter die Haube geschoben worden, nicht einmal auf Lockenwickler hat sie es gedreht. Ist es wohl wahr, was die Dienstmädchen sagen – hat Madame eine Fehlgeburt gehabt? Charlotte ist aufgestanden, und Madame macht keine Anstalten, sich hinzusetzen.

»Armes Mädchen«, sagt sie, als sie sich Charlottes Geschichte angehört hat. Sie legt ihr die Hand auf die Schulter und drückt sie tatsächlich ganz kurz an ihren weichen, mütterlichen Körper. Jeder Muskel in Charlotte will sich dieser Umarmung widersetzen, und sie muss sich beherrschen, um nicht zurückzuweichen. Sie ringt sich etwas ab, was wie ein Lächeln aussieht, und wünscht Madame eine gute Nacht. Dann erkundigt sie sich bei Gertrude nach den Abfahrtszeiten der Züge, und die Hausmeisterin eilt zum Bahnhof, um sich den Fahrplan anzusehen und nach den Abfahrtszeiten der Schiffe zu fragen.

Dann schleppt Charlotte sich müde die Treppe hoch, um ihre Koffer zu packen. Emily wird zweifellos ihre Hilfe brauchen.

Da sitzt Emily auf ihrem Bett: ihr gebeugter Rücken und ihre Schultern in ihrem warmen Kleid mit dem zarten Blumenmotiv, man ahnt ihr Profil, wie eine blasse Mondsichel, und ihr rötliches Haar ist zu einem losen Knoten zusammengesteckt. Und an ihrer Schulter lehnt dieses junge Mädchen, Louise de Bassompierre, die sie an den schmalen Schultern und dem dicken, braunen Zopf erkennt. Sie weiß, dass Louises kleine Hand in der großen von Emily liegt. Charlotte räuspert sich.

Es wäre Charlotte nie eingefallen, das Pensionat zu verlassen, ihren Koffer nach unten bringen zu lassen, das Fester hinter ihrem Bett aufzustoßen und den Tauben ein Adieu zuzurufen, sodass ihr verschrecktes Geflatter die Ordnung der Dinge störte. Obwohl sie im Pensionat sehr unangenehme Momente erlebt hat, genießt sie ihre Studien, und ihr Platz ist bei ihrem Lehrer. Es wäre ihr nie eingefallen, das Pensionat zu verlassen, aber sie hat keine andere Wahl.

Emily und sie stehen mit den Hegers vor dem Tor, und ihre Abreise kann nicht mehr aufgeschoben werden.

»Erlauben Sie mir, Sie zum Bahnhof zu bringen«, sagt Monsieur Heger zu ihrem Entzücken, und er läuft zu den Droschken, um dem Kutscher zu helfen, die Koffer aufs Dach zu hieven.

Emily gibt Madame förmlich die Hand. Sie hat ein Buch unterm Arm, ein französisches Werk, um im Zug gleich mit dem Lesen anfangen zu können, am besten gleich schon in der Kutsche. Sie ist eine Meisterin darin, sich der Welt zu entziehen.

Charlotte hingegen gibt Madame einen Kuss auf die Wange, sie weiß, was von ihr erwartet wird. Als sie so neben der Direktorin steht, die noch genauso blass aussieht wie gestern Abend, fühlt sie sich zum ersten Mal hübscher als sie.

»Madame«, sagt sie, heiser nach einer Nacht ohne Schlaf, und schaut dann zu Monsieur.

»Gehen wir«, sagt er. »Sonst kommen Sie zu spät.«

Sowie sie außer Sichtweite seiner Frau sind, nimmt er ihre Hand.

»Kommen Sie zurück«, flüstert er eindringlich, und er schiebt ihr einen zusammengefalteten Brief in ihre Tasche. »*Miess* Charlotte, kommen Sie zurück zu mir. Der Brief ist für Ihren Vater.«

Er hilft ihr beim Einsteigen und nimmt ihre Hand wieder, als er neben ihr sitzt. Sie hat es sich also nicht eingebildet. Sie dankt dem Herrn für dieses deutliche Zeichen. Er liebt sie, und sie werden sich wiedersehen

Emily sitzt kerzengerade auf der anderen Bank und starrt blind durchs Fenster. Das Buch liegt ungeöffnet auf ihrem Schoß. Als die Droschke auf der Höhe der Place d'Anvers plötzlich einer Kutsche ausweichen muss, die mit erheblicher Geschwindigkeit vom Boulevard kommt, und dabei heftig ins Schwanken gerät, verliert Emily einen Moment die Selbstbeherrschung, und die Tränen schießen ihr in die Augen. Hätten ihre Tränen ihr nicht so die Sicht verschleiert, hätte sie durch das Fenster in der anderen Kutsche ein blondes Mädchen mit unverschämt vollen Lippen gesehen: die junge Arcadie Claret neben ihrer stolzen *maman*, die den Kutscher aufgefordert hat, sich zu sputen. Juffrouw Claret wird nämlich in einem Haus an der Rue Royale erwartet.

WEIHNACHTEN IN ENGLAND

XX

Bei ihrer Ankunft auf dem Wagen von Davy vom Black Bull schaut sich Charlotte zögernd um. Die Stute hat Mühe, die steile Main Street hinaufzukommen, obwohl das Tier diese Gegend in- und auswendig kennt und die flachen Pflastersteine absichtlich leicht unregelmäßig verlegt sind, um Pferdehufen etwas besseren Halt zu bieten. Die alten, durch Steinkohlerauch verfärbten Häuser stehen hoch und schmal rechts und links der schmalen Straße, und darunter ist kein einziges Haus, in dem man einen halbwegs angesehenen Bewohner vermuten könnte. Haworth mit seinen Krämern, Bäckern und Metzgern; Haworth, wo man Weißkohl, Branntwein, Kerzen, Brot und Lammbraten kaufen kann, aber sobald man nach Romanen, Briefpapier oder modischen Stoffen fragt, schnellen die Augenbrauen in die Höhe, denn dafür muss man nach Keighley fahren, wenn nicht gar nach Bradford.

Haworth mit seinem bäuerlichen Dialekt, in dem alte Bekannte ihr einen Gruß zurufen, den sie dann mit einem verkrampften Lächeln erwidert. Die Rückständigkeit dieses Ortes nimmt ihr die Luft, und sie würde zu Emily gern eine Bemerkung darüber machen, wenn sie nicht fürchten müsste, Davy oder einen Passanten mit ihrer Abneigung gegen die kleine Stadt zu beleidigen. Deren Stadt ist es, nicht Charlottes Stadt. Jedenfalls nicht mehr. Und wie schlecht die Bewohner gekleidet sind: die Frauen mit Umschlagtüchern aus grober Wolle und die Männer in Hemden, die eher gelb als weiß sind. Schuhe, Jacken, Hüte, aber auch Teekannen und Quilts: Bei der Auswahl eines Gegenstandes spielt die Ästhetik hier keine Rolle, wichtig ist nur seine Eignung für das harte Leben im Penninengebirge. Charlotte schaut auf die Spitzen ihrer kleinen Stiefeletten und weiß, dass ihr Vater sie für so viel Frivolität tadeln wird.

Der Wagen biegt hinter der Kirche ab, und dort ist auch schon das Pfarrhaus. Obwohl das graue Haus irgendwie geschrumpft zu sein scheint, strahlt es noch immer einen sicheren Status aus. Emily geht die Church Street hoch, und Charlotte folgt ihr mit zögerlichen Schritten, vorbei am Feld mit den Tausenden von Gräbern, so viele schon von Bewohnern, die sie noch selbst gekannt hat. In Haworth wird niemand alt; wenn eine Mutter zwei von ihren vier Kindern behält, dankt sie dem Herrn.

Emily macht das Gartentor auf, und da steht Tabby, ihr altes Dienstmädchen, und putzt den kupfernen Türklopfer. Tabby ist sehr krank gewesen und hat fast drei Jahre bei ihrer Schwester im Nachbardorf gelebt, aber inzwischen geht es ihr besser, und sie arbeitet wieder im Pfarrhaus. Charlotte umarmt die zerbrechliche alte Frau und atmet den Geruch der billigen Seife ein, die hier fast jeder für die Wäsche benutzt. Ein vertrauter Geruch, der ihr jetzt zuwider ist. Hat sie selbst so nach Haworth gerochen, als sie in Brüssel ankam? War auch sie von diesem elenden, trübseligen Geruch umweht, sodass jeder ihn riechen konnte?

Ihr Vater kommt dazu, und Tabby, Emily und Charlotte weichen instinktiv zurück, um ihm Platz zu machen. Es kommt ihr vor, als würde sie ihn zum ersten Mal sehen: dieser kerzengerade aufgerichtete Mann mit dem Charisma eines großen Anführers oder Denkers, zu großen Taten geboren, aber durch sein Schicksal an eine kalte Kirche in einer armseligen, windigen Gegend gekettet.

»Papa«, sagt Emily, und sie lehnt sich an ihn, woraufhin er, in einer seltenen Anwandlung von Gefühl, ihr einen Kuss aufs hellbraune Haar gibt und die Hand nach seiner Ältesten, nach Charlotte, ausstreckt.

Martha bringt Tee, Toast und Marmelade. Einst Charlottes Lieblingsessen, aber jetzt hat sie Lust auf Brötchen mit Schweinefleisch in Aspik. Ein Krug Wasser wird auch auf den Tisch gestellt, aber es sieht so grünlich aus, dass es in Brüssel nicht mal die Hunde trinken würden. Emily scheint der enorme Kontrast zwischen Haworth und dem Quartier Isabelle gar nicht aufzufallen. Sowie sie die Schwelle des Pfarrhauses überschritten hat, hat sie ihr düsteres Schweigen abgelegt und macht einen zufriedenen Eindruck. Sie trinkt Tee am Kamin und kramt mit ihrem Vater, Branwell und Anne Erinnerungen an ihre Kindheit hervor. Keeper liegt neben ihr auf den Fliesen, und sie massiert ihm mit den Fingerspitzen die Hautfalten im Genick. Als die Gänse Victoria und Adelaide im Vorgarten anfangen zu schnattern, fängt sie vor lauter purer Lebensfreude an zu strahlen und läuft ans Fenster, um nach ihren Lieblingen zu schauen.

»Emily, vielleicht etwas ruhiger, hm?«, sagt ihr Vater mit sanft tadelndem Ton. Schließlich sind sie in Trauer.

In Gedanken sieht Charlotte ihre Tante Elizabeth in ihrem Lehnstuhl am Ofen sitzen. Ihr weißes Haar war so struppig, dass es etwas Jungenhaftes hatte, ihre Hände waren immer in Bewegung, auch beim Tee immer mit Stopfen und Flicken beschäftigt, und ab und zu ließ sie nachdenklich ihren Blick auf einem ruhen. Sie kannte einen besser, als man sich selbst kannte. Ihr Lehnstuhl steht jetzt in der Ecke bei der Tür, und ihre Kissen mit den aufgestickten sonnengelben Ginsterblüten aus ihrem geliebten Cornwall liegt jetzt auf dem Sofa und wartet vergeblich auf sie.

Noch in Belgien, kurz bevor der Zug vom Brüsseler Bahnhof nach Mechelen losgefahren war, hatte Charlotte von der keuchenden Gertrude den Brief mit der Nachricht von Tante Elizabeths Ableben bekommen. Bei ihrer Ankunft in Haworth war ihre Tante bereits begraben.

Oh ja, Charlotte hat sie geliebt, und sie fände es wunderschön, wenn die Tante jetzt mit einer Schüssel von ihrem herrlichen Apfelpudding hereinkommen würde, doch der Tod hat keinen Platz in ihrem Leben, solange sie ihre Aufmerksamkeit auf etwas Schönes richten kann.

»Erzählt mir von Constantin Heger«, sagt ihr Vater. »Wie findet ihr seine Unterrichtsmethode?«

Plötzlich lösen sich Tante Elizabeth und der Krug mit dem grünlichen Wasser in Luft auf. Charlotte legt ihrem Vater die Hand auf den Arm. Sie musste Emily versprechen, dass sie den Brief von Monsieur Heger erst am dritten Adventssonntag übergibt, um die Trauerzeit nicht zu stören, aber nichts wird sie daran hindern, von ihrem lieben Monsieur zu sprechen.

Gott ist gnädig, und am zweiten Adventssonntag bedeckt er Haworth mit einer Schneeschicht. Ein luftiger, träumerisch weißer Pelz, es sieht aus, als wären Tausende von schlafenden Lämmchen auf die Stadt herabgesunken. Der Schnee verbirgt, was hässlich ist, und dämpft, was laut und grob klingt. Die eisige Kälte bringt ein frisches Prickeln mit, und der Schnee funkelt mit unzähligen Sternen. Über den Eingängen der Geschäfte wird Efeu aufgehängt, und wenn die Tür einer Bäckerei aufgeht, schlägt einem ein Duft nach Zimt, kandiertem Ingwer und Butterteig entgegen. Wenn der Abend hereinbricht, hört man die hellen Stimmen der Kinder aus der Fabrik, die jetzt von Haus zu Haus ziehen und Weihnachtslieder singen.

Am dritten Advent sitzt Charlotte nach dem Mittagessen mit ihren Schwestern und ihrem Vater am Tisch. Branwell liegt auf dem Sofa und deklamiert Stellen aus Gedichten aus dem *Bradford Herald*, einer Zeitung, die er ausnehmend schätzt, nachdem vor ein paar Monaten zwei Sonette aus seiner Feder darin abgedruckt worden sind.

»Ist doch toll, dass ich jetzt der Lehrer des jungen Edmund Robinson werde, oder?«, sagt er auf einmal und legt die Zeitung aus der Hand. »Ich hab den Eindruck, der Junge ist ganz aufgeweckt. Und seine Mutter ist ein Juwel von einer Frau! Sie hat keinen Hehl daraus gemacht, dass sie mich äußerst charmant fand.«

»Jetzt mal nicht zu übermütig«, mahnt sein Vater. »Ich habe allerdings ein sehr gutes Gefühl dabei, dass Anne und du in Zukunft zusammen auf Thorp Green sein werdet.«

»Papa«, sagt Charlotte und legt den Brief auf den Tisch. »Das ist für dich, von Monsieur Heger. Entschuldige, dass ich ihn dir erst jetzt gebe, aber ich wollte dich in deiner Trauer nicht stören.«

Emily schaut argwöhnisch von ihrer Schreibarbeit auf, aber nachdem ihr Vater mit seinem Taschenmesser das Siegel aufgebrochen hat, beugt sie sich tief und mit solch gespielter Inbrunst über ihre Arbeit, dass sie wie eine uneinnehmbare Festung wirkt.

»Lies du ihn vor, Charlotte«, sagt ihr Vater. »Meine Augen sind zu müde.«

Sie fühlt, wie sich ihr Magen zusammenkrampft.

»Verehrter Mr Brontë«, beginnt sie vorsichtig und übersetzt beim Lesen gleich vom Französischen ins Englische. »Sie werden sicher mit Vergnügen hören, dass Ihre Töchter bemerkenswerte Fortschritte in diversen Fächern gemacht haben. Diese Erfolge sind ihrem Eifer und ihrer Durchsetzungsfähigkeit zu verdanken. Wir hatten selten das Vergnügen, solche außergewöhnlichen Schülerinnen in unserer Obhut zu haben.«

Ihr Vater strafft zufrieden den Rücken.

»Ich hatte nicht die Ehre, Sie persönlich kennenzulernen«, fährt Charlotte fort, »und doch hege ich aufrichtige Bewunderung für Sie, denn wer einen Vater nach seinen Kindern beurteilt, der wird sich niemals irren. Die Erziehung und das Feingefühl, das wir in Ihren Töchtern, *Mesdemoiselles*, gesehen haben, flößt uns Hochachtung für Ihre Persönlichkeit ein.«

Sie kann ein Lächeln nicht unterdrücken, aber aus dem Augenwinkel sieht sie, dass Emily immer noch an ihrem Gedicht schreibt oder zumindest so tut. Seit sie zu Hause ist, hat sie sich mit ganz neuem Enthusiasmus auf die Schöpfung ihrer fiktiven Welt gestürzt.

»Wir können nicht verhehlen, dass uns das Fortgehen zweier so geschätzter Schülerinnen traurig und besorgt stimmt.« Charlotte spricht jetzt lauter und mit mehr Überzeugungskraft. »Ihre plötzliche Abreise trifft uns sehr, weil wir fast schon elterliche Gefühle für sie hegen. Ihre Ausbildung ist unterbrochen worden, und sie haben ihre Aufgaben unerledigt liegen lassen müssen, und das zu einem Zeitpunkt, zu dem die letzte Abrundung bereits absehbar gewesen wäre. Noch ein Jahr, und Ihre Töchter wären perfekt auf die Zukunft vorbereitet gewesen, sie hätten eine gute Ausbildung genossen und wären befähigt gewesen, andere zu unterrichten.« Sie schweigt, damit die Worte zu jedem durchdringen können.

»Es bestanden Pläne, Miss Emily Klavierunterricht beim besten Lehrer von Belgien angedeihen zu lassen. Wie Sie wissen, hat sie unseren jüngsten Schülerinnen selbst schon Stunden gegeben. Miss Charlotte hat gerade mit dem Unterrichten begonnen, und sie hat schon etwas von der selbstsicheren Ausstrahlung, die für eine Lehrerin unentbehrlich ist. Noch ein Jahr, dann hätten wir mindestens einer ihrer Töchter eine Stellung in unserem Pensionat anbieten können. Auf die Art hätten sie die gewünschte Unabhängigkeit erreicht, von der die meisten jungen Frauen nur träumen können.«

Emily blickt immer noch nicht auf, aber bei so vielen warmen Worten muss sie doch auch dahinschmelzen!

»Ich finde, wir müssen zurückgehen, Papa«, sagt Charlotte abrupt, denn sie will zu einem Schluss kommen. »Dem steht nichts entgegen. Du weißt, dass Emily und ich unser Kostgeld in den letzten Monaten durch Unterricht selbst verdient haben.« Sie spricht in einem Ton, der keinen Widerspruch duldet, als ob ihr Vater nicht mehr über sie zu bestimmen hätte.

Emily steht so brüsk auf, dass ihr Tintenfass umzufallen droht.

»Nein«, sagt sie. Nur dieses eine rebellische Wort.

»Komm schon, Emily«, sagt Charlotte. »Sei nicht so dumm, wir haben es doch gut im Pensionat. Und du würdest Klavierunterricht am Conservatoire Royal bekommen.«

Emily beginnt am ganzen Körper zu zittern.

»Nein!«, ruft sie. »Nein!« So heftig, dass ihre Augäpfel hervortreten. Sie läuft einmal im Kreis wie ein verängstigtes, gequältes Tier und hebt mit gespreizten Fingern die Hände. Anne will sie umarmen, aber Emily stößt ihre Schwester grob zurück und stürmt über den Flur in die Küche.

Charlotte und die anderen hören, wie die Hintertür zugeschlagen wird.

»Oh nein«, sagt Branwell, »jetzt geht sie bestimmt in die Heide.«

Vater Brontë legt die Fingerspitzen aufeinander und ringt sichtlich nach Selbstbeherrschung. Zwischen seinen Augenbrauen ist eine Sorgenfalte erschienen.

»Emily lässt sich nichts befehlen«, sagt er mit Nachdruck und lässt seinen Blick auf Charlotte ruhen. »Das darfst du nicht.«

»Dann geht sie eben nicht mit«, sagt Charlotte, die wütend ist über so viel Unvernunft. »Aber ich gehe. Ich schon.«

Sie läuft in den Flur, und noch bevor sie ihre Haube aufgesetzt und ihren Mantel übergeworfen hat, steht Branwell vor ihr. Er zieht seine Winterjacke an, nimmt Emilys Umhang von der Garderobe und macht die Haustür auf.

Ohne ein Wort laufen sie zu den Feldern hinterm Pfarrhaus. Emily würde ihr Heil niemals zwischen Häusern suchen.

Schnee bedeckt das kahle Moorland, das auch im Sommer kaum mehr hervorbringt als ein paar Sträucher und kleine Tiere. Die frischen Fußabdrücke müssen von Emily stammen, aber sie selbst ist nirgends mehr zu sehen. Sie muss gerannt sein.

»Emily!« Branwell legt die Hände wie einen Trichter an den Mund. Sein rötliches Haar weht ihm ums längliche Gesicht, und er nimmt die Brille ab, um die Gläser zu trocknen. Sie laufen nebeneinander weiter, und er reicht ihr einen Arm.

»Emily ist stark«, sagt er, »sie wird keine Dummheiten machen.«

»Branwell!«, ruft Charlotte aus, denn das ist genau die Angst, die sie beschlichen hat: dass sie Emily aus ihrem bereits fragilen Gleichgewicht gebracht hat, sodass sie stundenlang über die Heide laufen wird. Charlotte reißt sich von ihm los und fängt an zu rennen. Als ihre Lungen anfangen zu brennen, verlangsamt sie ihre Schritte, um wenig später wieder in Laufschritt zu verfallen. Branwell holt sie ein. Ein Steinfalke schwebt über ihnen in der Luft und lässt sich vom Luftstrom emportragen.

»Emily!«, schreit Branwell so laut er kann.

Sie folgen dem Moorweg, entlang an niedrigen Mauern, die aus grauen Steinen aufgeschichtet sind, und ohne recht zu überlegen, schlagen sie die Richtung zum Wasserfall ein. Charlotte schiebt die kalten Hände unter ihren Mantel, und Branwell hält den Kragen von seiner Jacke zusammen. Der Pfad geht jetzt bergauf, Charlotte hat wieder angefangen zu rennen – und da, das ist doch Emily, oder nicht? Doch, das ist sie!

Die Steine sind rutschig vom Schnee, und Charlottes Stiefel sind für dieses Gelände nicht gemacht. Sie strauchelt, doch Branwell fasst sie am Ellenbogen und fängt sie auf. Zum ersten Mal seit Langem überkommt sie ein Gefühl der Zärtlichkeit für ihn. Er ist ihr Bruder.

Emily sitzt auf dem Felsbrocken am Wasser, auf den sich niemand setzen würde, wenn sie in der Nähe ist, weil sie nämlich als kleines Mädchen ihren Alleinanspruch auf diesen Platz angemeldet hat. Ihr Zopf hat sich gelöst, das Haar hängt ihr zerzaust auf die Schultern. Ihr magerer, eckiger Körper zittert in der Kälte, denn sie trägt nur ihr Kleid und einen Schal darüber. Sie hat etwas von einer tragischen Heldin, die sich vom Felsen stürzen will. Aber hier gibt es weit und breit keine wogende See, hier gibt es keine Klippen, nur den Wasserfall, der ihnen so vertraut ist und der plätschert und rauscht und alle Sorgen davonspült – wenn man es zulässt. Branwell legt

Emily den Umhang um, und jetzt, nachdem sie sie unversehrt wiedergefunden haben, würde Charlotte am liebsten wieder von Brüssel anfangen.

»Ein Wort«, sagt Emily, ohne den Blick von den Steinen im Wasser abzuwenden. Ein Wort, und du stößt mich vom Rand. Ein Wort, und ich gehe zwischen zwei kämpfende Hunde und lasse mich zerfleischen. Ein Wort, und ich esse nichts mehr, keinen Bissen.

Charlotte ermahnt sich selbst zur Beherrschung. Na gut, beschließt sie. Dann gehe ich eben allein nach Brüssel zurück. Bleib du ruhig hier.

Emily will nicht mal zurück ins Pfarrhaus. Noch nicht, sie will später nachkommen. *Ja*, das glaubt sie, und ihre Hände flattern wie erboste Krähen. Und *nein*, sie wird keine Dummheiten machen. Sie will Charlotte nicht mal erlauben, ihr den Umhang zuzubinden.

Es ist, als würde ein Seeungeheuer mit dem Dampfer raufen. Es rempelt das Schiff mit seinem geschuppten Kopf an und verpasst ihm mit seinem geschmeidigen Schwanz in regelmäßigen Abständen einen Schlag auf den Achtersteven. Besessene kugelrunde Augen. Es hebt den Kopf etwas über das schwarze Wasser und stößt ein grässliches Gebrüll aus. Das Schiff steigt auf den Wellen weit nach oben, um dann wieder zurückzufallen. Nur die Konstitution eines wahren Seemanns ist so einem rauen Tanz mit der See gewachsen.

Charlotte sitzt auf ihrer Pritsche im Bauch des Schiffes, obwohl sie lieber an der frischen Luft wäre, doch die Wellen schlagen über das Schiffsdeck, und ein Matrose hat sie mit einem Fluch und einer mürrischen Geste nach unten geschickt.

Auf dem Bett über ihr liegt eine stöhnende Frau. Ihre kleine Tochter tupft ihr die Stirn mit einem feuchten Tuch ab. Ein paar Mädchen, die um die dreizehn sein mögen, haben sich untergehakt und laufen bei jedem Schwanken und Wanken kichernd hin und her, um der Angst und der Übelkeit etwas entgegenzusetzen. Welle um Welle um Welle.

Hier ist niemand, der Charlotte kennt und weiß, dass sie keinen Verwandten im Raum mit den Männern hat. Sie ist ganz allein auf dem Weg nach Brüssel. Obwohl sie gestärkt sein sollte durch den Segen ihres Vaters, starrt sie voller Elend auf den Boden ihrer Metallschüssel. Sie ist nur eine Seele, die sich nach Liebe sehnt.

IN DER FALLE

XXI

Obwohl die Turmuhr von Saint-Michel und Sainte-Gudula gerade mit dumpfem Echo vier Uhr geschlagen hat, baden die unregelmäßigen Formen des Gartens vor dem Fenster bereits in blauer Dunkelheit. Der Wind atmet eisig gegen die Scheiben.

»*I love you*«, sagt Monsieur Heger. Er sitzt ein wenig zusammengesackt an seinem Schreibtisch, die Hände locker auf dem Schoß liegend. Dabei zieht ein wehmütiges Lächeln über sein Gesicht.

»Wie bitte?«, fragt Charlotte leise, und sie merkt, wie ihre Lippen zittern. Seine Worte hätten sie in entzückten inneren Jubel ausbrechen lassen, wenn er sie nicht in Gesellschaft einer dritten Person ausgesprochen hätte, was gelinde gesagt seltsam ist.

Sie sitzt in dem schweren Lehnstuhl von Monsieur. Auf dem Schreibtisch liegt das aufgeschlagene Englischlehrbuch neben seinem silbernen Tintenfass und einem Stapel Hausaufgaben, die sie vorsichtig zur Seite geschoben hat. Maurice Chapelle und er haben – als Schüler auf ganz normalen Stühlen – auf der anderen Seite des Tisches Platz genommen. Bei ihrer Rückkehr nach Brüssel hat Madame Heger sie gebeten, ihrem Mann und dem Musiklehrer jede Woche ein paar Englischstunden zu geben.

Bei ihrer vorigen, ersten Stunde hat Monsieur Chapelle ihr in gebrochenem Englisch erklärt, dass er der Schwager von

Monsieur Heger ist. Oder besser gesagt: der Schwager seiner verstorbenen Frau. Als sie das hört, ist sie wie vom Donner gerührt, vor allem weil Madame so gut mit dem Musiklehrer zurechtkommt. Ist sie denn gar nicht eifersüchtig auf die Frau, die ihre Vorgängerin in Monsieurs Bett war?

»*I love you*«, murmelt Monsieur nochmals, und er wirkt aufrichtig: die kleinen Augen, die geschürzten Lippen. Und dann, quälend langsam und auf Französisch: »Verstehen Sie denn nicht, *Miess* Charlotte? Das sind die einzigen englischen Worte, die ich kann.«

Daraufhin fängt er an zu strahlen, weil er seine Äußerung für einen sichtlich gelungenen Scherz hält, und Maurice Chapelle bricht in wildes, hohes Gekicher aus und lehnt sich fast schon heulend an die Schulter seines Schwagers.

Sie könnte Monsieur schlagen, hier und jetzt, mit aller Heftigkeit, die in ihr aufwallt. Wie nah all diese Gefühle in ihrer Brust nebeneinanderliegen: Wollust, Hoffnung, Liebe, Wut, Zärtlichkeit und Eifersucht; manche sind wie aus Samt, andere glitschig kalt wie ein Fisch oder scharf wie ein Dreizack. Sie wendet den Blick von den Männern ab, geht an die Tafel und schreibt mit Kreide die ersten Verszeilen an, die ihr in den Sinn kommen.

For long ago I loved to lie
Upon the pathless moor,
And hear the wild wind rushing by
With never ceasing roar.

Es ist ein Gedicht ihrer Schwester Anne, aber vor ihrem inneren Auge sieht Charlotte nur Emily: ihren langen, mageren Körper in einem Flanellkleid, auf dem feuchten Moorboden liegend, eine Hand auf dem Moos ruhend.

Sie dreht sich zu den Männern um, und mit blinden Augen gibt sie ihnen den Auftrag, diese Strophe für die nächste Stunde zu übersetzen. Das Chaos in ihrem Inneren lähmt sie und sie wünschte, dass sie sich in einen warmen Schal wickeln und aufs Bett legen könnte.

»*Ma chère Mademoiselle* Charlotte!«

Da kommt Madame Heger über den Flur gelaufen, mit ihrem klingelnden Schlüsselbund an einem seidenen Band um ihre Taille. Sie ist wieder ganz ihr altes, offenherziges Ich, aber ihre Wangen sind kirschrot, und sie ist ein wenig außer Atem.

»Sie haben heute Nachmittag keinen Unterricht, nicht wahr? Könnten Sie etwas für mich tun? Lena hat ihren freien Tag und ich muss unerwartet weg.«

Sie legt Charlotte die Hand auf den Arm.

»Ich weiß, das gehört natürlich nicht zu Ihren Aufgaben«, sagt sie mit perfekt gespielter Bescheidenheit, »aber könnten Sie wohl kurz auf meine Kinder aufpassen? Ich kann wirklich niemand anders damit betrauen, *ma chère*. Claire ist bei meiner Schwester, es geht also nur um Marie und Louise. Prospère liegt im Bett. Wenn er weint, können Sie ihm etwas Brei geben, den bereitet Ihnen das Küchenmädchen zu.«

Ihr Lächeln ist so süß und fettig wie Sahnekaramell, aber ihre braunen Augen bleiben kühl. Ohne Charlottes Antwort abzuwarten, eilt sie mit ihrem Schlüsselbund weiter, wobei sich ihre Hüften so bezaubernd rhythmisch wiegen, dass man es nicht mehr anständig nennen kann. Wer, oh wer, könnte Madame etwas abschlagen?

Marie und Louise sitzen im großen Salon. Louise versucht gerade, einer ihrer Porzellanpuppen ein rosa Band um den Kopf zu binden und murmelt ihr mütterliche Worte zu.

»*Mademoiselle*«, sagt sie, als Charlotte sich neben ihr hinkniet. »Sind Sie zum Teetrinken zu mir gekommen?« Und sie schenkt Lufttee in ein winziges Tässchen, das mit blauen Blumen in Erbsengröße bemalt ist. Während Charlotte so tut, als würde sie von ihrem Tee nippen, erzählt Louise, dass sie einen kleinen Freund hat. Simon, wirklich wahr, *Mademoiselle*, und er ist so klein und lieb und darf in ihrem Puppenbett schlafen. Und auf einmal war Simon verschwunden und in der Hütte des bösen Nachbarshundes mit der lila Zunge gelandet, und dann, *Mademoiselle*, ist Papa ihn holen gegangen. Papa war der Einzige, der ihr glauben wollte.

Und sie bietet Charlotte einen Keks an, unsichtbar auf einem kleinen Teller, und nimmt sich selbst einen echten Keks aus der Schale auf dem Salontisch. Was für eine Fantasie das Kind hat!

Marie sitzt schmollend in einem tiefen Sessel und schaut ab und zu aus den Augenwinkeln zu ihnen herüber.

»Sie ist böse, weil *maman* und Lena weg sind und Sie gekommen sind, um auf uns aufzupassen«, erklärt Louise altklug, woraufhin ihre Schwester ihr die Zunge so weit herausstreckt, dass es schon wehtun muss. Marie hat Monsieurs schmale Augen, schießt es Charlotte durch den Kopf, sogar ihr Stirnrunzeln sieht genauso aus wie seins. Das stimmt sie ein bisschen zärtlich, aber nur ein bisschen, denn das ist ja auch das Kind von Madame. Madame, die ihr ihre Kinder anvertraut.

Louise kommt mit dem hübschesten Bilderbuch an, das sie je gesehen hat, so schwer und groß, dass das kleine Mädchen es kaum tragen kann. Es sind die Fabeln von Jean de la Fontaine, illustriert mit Bildern in zarten Aquarellfarben.

»Das ist der erste Teil«, sagt Louise stolz, als sie Charlotte das Buch gegeben hat und neben ihr auf die Bank klettert. Sie steckt den Daumen in den Mund und hält nur noch einmal kurz im Saugen inne, um zu sagen: »Du brauchst die aber nicht alle vorzulesen.«

Charlotte blättert genüsslich das Buch durch und lässt die Fingerspitzen über die Illustrationen gleiten. Der Frosch im hellgrünen Gras, wie er sich aufbläst, und der Ochse mit seinen dümmlichen Augen. Der schmeichlerische Fuchs, in flüchtigem Gold, und der Rabe, mit einem Schnabel in der Farbe von Orangen.

»›Die Grille, die den Sommer lang zirpt' und sang‹«, liest Charlotte vor, und Louise drückt sich mit ihrem warmen Körper an sie. »›litt, da nun der Winter droht', harte Zeit und bittre Not.‹«

Auf einmal kommt Marie zu ihr und zieht Louise den Daumen aus dem Mund.

»Eklig«, sagt Marie. »Das hat *maman* verboten, das ist eklig.«

Und Charlotte wird mit einem so verächtlichen Blick bedacht, dass sie fast schon lachen muss. Louise ist solche Ausbrüche ihrer Schwester offenbar gewohnt, denn sie reagiert mit einem gelassenen Seufzer und legt ihre Hand auf die Grille mit ihren schmerzlich mageren Gliedmaßen, zum Zeichen, dass Charlotte weiterlesen soll. Das tut sie auch, und Marie bleibt ein bisschen verdattert neben ihnen stehen und hört zu. Als der eisige Wind kommt und die Grille ratlos zwischen den kahlen Sträuchern nach Larven und Halmen sucht, hört man durchdringendes Geschrei von oben.

»Das ist Prospère«, sagt Marie vorwurfsvoll, als hätte die englische *Miess* den Kleinen allein dort oben zurückgelassen. »Er hat Hunger.«

»Dann geh ich ihn holen.« Vorsichtig bettet sie den Kopf der fast schon eingeschlummerten Louise auf ein Kissen.

»Sei so lieb, Marie, geh zum Dienstmädchen und sag Bescheid, dass sie Brei für Prospère machen soll.«

Marie hat offensichtlich keine Lust, ihr zu gehorchen, denn sie bleibt zunächst stehen wie ein kleiner Gartenzwerg, doch dann scheint sie sich zu besinnen und rennt über den Flur zur Küche.

Als Charlotte unten an der schmalen Treppe steht, hört sie, wie Prospère vor sich hin brabbelt. Vor ihrem inneren Auge sieht sie ihn mit seinen kleinen Fingerchen spielen. Die Treppe führt ins Obergeschoss des Pensionats, in dem rechts der Gebetsraum und der Schlafsaal liegen und links die Räume, die den Hegers vorbehalten sind. Sie kommt manchmal hierher, um in der Bibliothek am Ende des Korridors Schulbücher oder Bleistifte zu holen. Eine Tür steht einen Spaltbreit offen: Ist das etwa das Schlafzimmer von Monsieur? Und von Madame, wenn sie jede Nacht das Bett teilen. Ihre Neugier ist so groß, dass sie einen Blick hineinwirft.

Sie schaut direkt in die Augen von Monsieur, und ihr stockt der Atem, als würde sie vor einem sich aufbäumenden Pferd stehen. Monsieur! Seine Augen, dunkel vor Bestürzung, das dicke, ungekämmte Haar, das sein Gesicht umgibt. Die Farben im Zimmer sind düster – Grau, Weinrot, ein stumpfer Goldton – und sein Körper wird beleuchtet von wenigen Strahlen kalten Tageslichts, das sich zwischen den Gardinen einen Weg ins Zimmer sucht. Breite, muskulöse Schultern – nackt –, sein Bauch weiß und dicklich. Seine Brust, weiche Haut über kontrollierter Kraft. Ein Ausschnitt von seinem Oberschenkel. Stark wie der eines Mannes, der körperliche Arbeit tut: ein Treidler, der nach einem harten Arbeitstag im Fluss gebadet hat und ans Ufer watet. Und dabei doch ihr

Lehrer. Sein Blick bekommt etwas Gieriges, das sich an ihr festhakt wie ein Anker und irgendwo zwischen ihren Rippen hängen bleibt. Er hat ein Leinenhemd in der Hand, das er offenbar gerade anziehen wollte, und jetzt hängt es vor seinem Schambereich.

Sie weiß, sie hätte weitergehen müssen. Hinterher wird sie daran denken, wie schnell das alles ging und wie wenig Zeit zum Überlegen blieb. Er ließ das Hemd fallen, ohne ihren Blick loszulassen. Sie sieht ihn: einen Mann, der so viel männlicher ist als ihr Bruder Branwell, den sie in betrunkenem Zustand auch einmal unbekleidet durchs Haus hat laufen sehen. So viel männlicher als der ausgemergelte, grünliche Greis aus der Stubbing Lane, dessen Leiche sie vor dem Begräbnis gewaschen hat.

Dies hier ist der Mann, der ihr gehören sollte. Aus dem Augenwinkel sieht sie sein Geschlecht. Ihr Begehren wächst ebenso wie das seine, und sie spürt das Verlangen, sich an ihn zu drücken. Es ist dieses Gefühl, das Animalische daran, das die Magie des Augenblicks für sie zerstört. Sie reißt sich los, obwohl es ihr einen schmerzlichen Stich in der Brust versetzt, und läuft den Korridor entlang bis zur Treppe, wobei sie fast über ihre Röcke stolpert.

Als sie wieder unten im Salon bei Louise ist, kommt das Dienstmädchen gerade mit einem Teller Brei herein, gefolgt von Marie, die ihr ein Stück Wurst abgebettelt hat, an dem sie eifrig herumknabbert.

»Marie«, sagt Charlotte mechanisch, »deine Hände sind ganz fettig.«

Das Mädchen zieht die Brauen hoch und schaut auf den Brei, und Charlotte wird bewusst, dass sie die Existenz von Prospère total vergessen hat. Sie kann nicht nach oben zurückgehen. Sie muss aber zurückgehen!

Als sie unten an der Treppe ist, hört sie Monsieur zärtlich und neckend mit seinem kleinen Sohn sprechen. Dann geht die Tür des Karrees zu, und man hört das Geräusch harter Absätze auf den Fliesen im Flur. *Madame est de retour*.

XXII

Das Pensionnat Heger ähnelt einem Bienenkorb, in dem Madame die Königin ist, die Lehrerinnen und Schülerinnen die Arbeitsbienen und Monsieur wie ein tapferer Drohn, der für die Befruchtung der Königin sorgt. Diese Konstellation hat jahrelang hervorragend funktioniert, doch nun droht sie in sich zusammenzubrechen, weil eine Arbeiterin es sich in den Kopf gesetzt hat, die Königin von ihrem Thron zu stoßen. Ein vollkommen widernatürliches Benehmen, das nur darauf zurückzuführen sein kann, dass sie aus Britannien gekommen und nicht mit den hiesigen Sitten vertraut ist. Obwohl wir natürlich einräumen müssen, dass die intensiven Pheromone, die der Drohn in ihrer Nähe abgibt, der weiblichen Gemütsruhe nicht gerade förderlich sind.

Einen Tag, nachdem Constantin Heger der jungen Dame aus Yorkshire seinen nackten Körper gezeigt hat, geht in Brüssel der Karneval los: bunt, stinkend und laut, wie ein Haufen wild gewordener Hähne mit Kämmen und Kehllappen in der Farbe von rohem Fleisch, glänzend gelben Flügeln und silbergrünen Hahnenschwänzen, die auf dem Markt aus ihrer Kiste ausgebrochen sind. Da die Engländerin Charlotte und die Französin Suzette noch nie einen Brüsseler Karneval erlebt haben, will Monsieur Heger sie zu Mittag mit in die Stadt nehmen.

»Großartige Idee, *chéri*«, sagt seine Gattin unbekümmert, als er ihr morgens beim Frühstück sein Vorhaben mitteilt. Sie verteilt einen Löffel Traubengelee auf ihrem gebutterten Brot. Sie ist glücklich, sie liebt das Leben. Warum auch nicht? Sie ist die Königin.

Draußen ist es eiskalt, ein eingefrorener grauer Himmel, wie eine Glocke über die Welt gestülpt, doch Monsieur marschiert mit einer jungen Frau an jedem Arm zu den Straßen und Plätzen, auf denen Getränke und Stimmung die Körpertemperatur aufheizen. Unsere Gesellschaft hat sich nicht verkleidet, obwohl man sagen muss, dass Charlottes Äußeres seit ihrer Rückkehr aus Yorkshire ein paar subtile Veränderungen erfahren hat. Ihr abgetragener brauner Umhang hängt im Kleiderschrank im Schlafsaal. Sie trägt nun einen dunkelblauen Mantel, den sie sich nach einem Modell aus der *La Gazette du Bon Ton* hat nähen lassen. Und noch mehr: Die dünnen geflochtenen Zöpfe, die rechts und links von ihrem Gesicht zu tiefsitzenden Schnecken aufgesteckt waren, sind verschwunden, und nun tanzen kecke kurze Korkenzieherlöckchen um ihre Wangen (in ihrem Nachtkästchen liegt eine Haarlocke, in ein Taschentuch gewickelt, die sie Monsieur in Bälde zu schenken hofft). Außerdem hat diese Tochter eines englischen Predigers gestern Mittag an der Türschwelle auf dem Korridor des Pensionats ihren bangen, argwöhnischen Fuchsblick verloren. Denn sie glaubt, dass man sich in sie verliebt hat.

»Das Wort ›Karneval‹ kommt von ›*carne vale*‹«, doziert Suzette mit ihrem flaumigen Schnurrbart. Sie ist außer Atem, weil Monsieur so ein Tempo anschlägt. »Der Abschied vom Fleisch und allem Fleischlichen. Oder denken Sie an eine Verschmelzung von *carne* und *valere* in dem Sinne, dass das Fleisch regiert?«

Monsieur gibt eine Antwort, aber es ist nicht ganz eindeutig, ob er über Speck und Koteletts oder über fleischliche Gelüste spricht. Sie sind nämlich gerade auf dem Grand Place angelangt, und der Lärm schlägt über ihnen zusammen wie eine Welle. Karneval! Ein paar freizügige Frauen veranstalten einen Freudentanz zum Schlag einer Trommel, da wird ein haariges Bein in die Höhe geworfen, und noch einmal, und ihre langen Hemden sind bis zur Höhe ihrer Hinterbacken mit Senf beschmiert.

Auf nach Verapa – wer steigt mit ein?
Dort soll die Arbeit viel leichter sein.
Nach Herzenslust trinken und essen
Und schnarchend die Sorgen vergessen …

Dort kommt ein Domino mit vier Bierkrügen, sein bemehltes Gesicht ist weiß, liegt aber im Schatten einer tief in die Stirn gezogenen Mütze. Er tanzt wie der Teufel, das Bier schwappt über den Rand, und seine Begleiter, hässliche Frauen in Bettlaken, nehmen ihm die Krüge aus der Hand, und der Domino lässt Winde fahren, so laut, dass er mindestens drei Wochen lang Kohl gegessen haben muss. Und Charlotte möchte nur noch weg. Wie widerlich das alles ist, sie kennt es nicht, versteht es nicht, Kind der Hügel, auf denen es keinen größeren Lärm gibt als das Heulen des Sturms. Sie findet es ganz schrecklich und lässt den Arm von Monsieur los, doch er fasst sie fest bei der Hand und ruft ihr ins Ohr: »Bei mir sind Sie sicher.«

In einer anderen Gruppe ist der Narr eine Frau, die beim Grinsen ihre verfaulten Zähne entblößt. Ein Schwarm Dominos, der sich an ihren Hängebrüsten aufgegeilt hat, versucht sie mit einem Netz zu fangen. Suzette wird von einem Pierlala in einen Ringelreihen hineingezogen, sein mit roten Bommeln verzierter Hut und seine weiße Jacke sind ganz steif vom getrockneten Schlamm, aber in seiner Hose hat er eine Falte, und seine Schuhe sind aus glänzendem Kalbsleder. Dann kommt die Fanfare – »zurück, zurück!« – und nach den Hörnern, Trommeln und Trompeten kommt eine Gruppe mit auffälligen Masken aus Lumpen, Holz, Papier und Farbklumpen, in Tischdecken und Harlekinkostümen. Unter den Knien sieht man, wer sich unter all dem versteckt: ein Bettler als König mit einer Krone und schorfigen Beinen, ein Dienstmädchen mit Holzschuhen als Ritter, und ihr hölzernes Schwert trifft einen Mönch, der ihr gern unters Kettenhemd fassen würde. Und dazu die Gerüche in der kalten Luft, das Bier und all dieses Fleisch, so viel Fleisch – »Alles muss weg, alles muss weg!« –, denn um Mitternacht beginnt die Fastenzeit: Spanferkel am Spieß, Würste mit dicken Fettstückchen. Butterklumpen in der Pfanne, eine Frau backt Pfannkuchen, und an einem anderen Stand schmilzt die Butter im Waffeleisen. Die Stapel mit dem süßen Gebäck können nie allzu hoch anwachsen, bei all den gierigen Fingern und hungrigen Mündern. Lange hölzerne Stelzen bahnen sich einen Weg durch das Gewimmel, und schauen Sie nur: Dort oben steht ein Mädchen, ein Zigeunerkind mit dem verängstigten Gesicht einer alten Frau, und ihr Bruder geht mit der Mütze herum, um Geld einzusammeln.

Überlassen Sie sich ganz Ihren Sinnen! Ein Mann küsst eine Frau und danach eine andere Frau, und beide Frauen lachen darüber. Diese Zuchtlosigkeit, diese Gottlosigkeit! Aber beschützt durch Monsieur wagt Charlotte es dann doch, sich umzusehen. Wie groß die Versuchung ist, ihren Widerstand aufzugeben und sich durch den Sinnesgenuss mitreißen zu lassen.

Auf einmal entdeckt sie Emile. Dort steht er, wie ein reines Kind in einem blassen Lichtstrahl inmitten einer Arena, seine Augen so hell und magnetisch, und doch scheint niemand

Notiz von ihm zu nehmen. Er verteilt Pamphlete. Seine Lippen bewegen sich murmelnd, bestimmt etwas auf Flämisch, aber dies ist kein guter Moment für Engel oder Herolde. Ein Bauernsohn, der in der einen Hand eine Waffel mit Sirup hat, greift sich mit seiner freien Hand ein Pamphlet und lässt es dann auf die Pflastersteine fallen. Eine Gruppe betrunkener Soldaten rennt Emile um ein Haar um. Eine nette Dame (eine Schneiderin oder ein Kindermädchen) hält ihr Pamphlet fest und schaut ihm ins Gesicht, so hübsch, aber dann wird sie von ihrem Begleiter weitergeschleppt. Auch Charlotte hat keine Zeit, ihn anzusprechen, denn Monsieur fasst sie am Arm, und sie ist wie der treue Hund an der Leine seines Herrn. Suzette indessen ruft voller Eifer, dass sie die Farben und Klänge dieses folkloristischen Geschehens in eine wilde Komposition für Klavier und Geige fassen wird.

Nicht weit vom Grand Place, in der vornehmen Konditorei Chez Nina an der Rue de la Madeleine, sitzen Henriette Claret und ihre schöne Tochter Arcadie an einem ausgiebigen *goûter*. Sie haben über Mittag eingekauft, und Jos, der Kutscher, hat soeben zwei Hutschachteln mit wirklich wunderschönen Hüten – einem für Arcadie und einem für ihre *maman* – zur Kutsche mitgenommen. In der Konditorei mit dem langen Buffet, den Leuchtern aus venezianischem Glas und Kellnerinnen in schwarzen Kleidern und gestärkten weißen Schürzen, riecht es nach frisch gemahlenen Kaffeebohnen, Spekulatius und Vanille. Mit einem Kuchenteller voller Süßigkeiten auf dem runden Marmortisch wäre dies ein wahrer Augenblick des Genusses, aber entweder ist Henriette der Eclair schlecht bekommen oder das Gespräch mit ihrer Tochter läuft nicht nach Wunsch, denn sie sieht perplex aus, wie sie da in ihren *café au lait* starrt.

In den Erzählungen aus dem neunzehnten Jahrhundert ist nichts so einfach, wie die Zeit zurückzudrehen. Man steckt einfach die Platten von vorher wieder in die Laterna magica. Wir wollen mal nachsehen, was Henriette Claret in der *Wundersamen Geschichte der Arcadie Claret* so überrascht hat. Da haben wir Arcadie, mit ein paar feinen Pinselstrichen auf der Glasplatte verewigt. Sie sitzt an einem kleinen gusseisernen Tisch mit Marmorplatte, und ihre Finger betasten die Bänder ihres Hütchens. In der Ecke links oben sieht man Jos mit den Hutschachteln und ein Dienstmädchen, das ihm die Tür aufhält. Das nächste Bild wird projiziert, und dort steht in gekringelten Buchstaben: »*Maman*, darf ich meine Lippen öffnen, wenn der König mich küsst?«

Kein Wunder also, dass wir Henriette leicht verdattert sehen. Sie starrt in ihren Milchkaffee und weiß nicht, was sie antworten soll, wo sie doch sonst selten um eine Antwort verlegen ist. Trotzdem, diese Frage konnte sie nicht kommen sehen. Mehr noch: Es würden bestimmt noch andere Fragen dieser Art kommen, die noch weiter gehen. Es ist ihre Pflicht, sie zu beantworten, noch bevor sie sich stellen; sie hätte schneller sein müssen! Ach, wie mädchenhaft jung Arcadie aussieht, mit ihrem kindlichen Schmollmund und ihren großen Augen ohne rote Ränder oder bläuliche Schatten.

»Du meinst die Lippen von deinem Mund, nicht wahr?«, flüstert Henriette, wobei sie sich so weit zu Arcadie vorbeugt, dass ihr schwerer Busen fast in der Schale mit dem Gebäck hängt.

Arcadies Lider flattern überrascht, und sie schaut nicht zu ihrer Mutter, sondern knöpft sich mit gespielter Sorgfalt die Satinhandschuhe auf. Ihre Wangen röten sich leicht, als hätte sie gerade ein paar Schlucke süßen warmen Wein getrunken.

»Na, antworte schon!«, sagt Henriette.

»*Mais oui, maman*«, lispelt Arcadie, denn sie wüsste gar nicht, was für andere Lippen ihre Mutter sonst meinen könnte. Sie schaut sich verstohlen um, um sich zu vergewissern, dass niemand gehört hat, wie sie sich über so etwas Gewagtes wie *küssen* unterhalten. Sowohl die Dame als auch der langhaarige Irische Setter am Tisch neben ihnen schauen sie äußerst interessiert an und haben die Ohren gespitzt. Die Bedienung, die an den Tisch kommt, um Kaffee einzuschenken, scheint jedes Detail von Arcadies Kleid und der Frisur ihrer Mutter gründlich zu mustern. Man erkennt sie! Es sieht ganz so aus, als würde *tout Bruxelles* über ihre Freundschaft zum König im Bilde sein.

»Nimm noch eines, *mon petit chou*«, sagt Henriette und hält ihrer Tochter die Schale mit den Köstlichkeiten hin, doch Arcadie schüttelt den Kopf und schlägt mit ihren weißen Handschuhen nervös auf die Tischkante.

Es gibt doch keinen Moment im Leben, den man mit so einem entzückenden Gebäck mit Cremefüllung nicht aufhellen könnte, denkt Henriette, während sie eine Mille-Feuille-Schnitte auf ihren Teller gleiten lässt. Doch das ist eine Lebensweisheit, die sich ihrem Kind noch nicht erschlossen hat. Ach, was sitzt ihre Tochter denn da und grübelt? Sie sollte doch absolut selig darüber sein, von Leopold geküsst zu werden. In Wiesbaden hat sie den König ausführlich bewundern können, während er mit Arcadie vor ihr herlief. Lange gerade Beine hat dieser Mann, und einen herrlich strammen Hintern. Zugegeben: Er ist zweiundfünfzig und Arcadie noch keine siebzehn. *Ob sie ihre Lippen öffnen darf?* Einen Moment lang befällt sie fast ein wenig Panik. Ist er am Ende doch ein alter Lüstling, wie Babette angedeutet hat?

»Du darfst ihn auf keinen Fall unter deine Röcke lassen«, zischelt sie. »Und er darf seine Hose nicht ausziehen. Dafür ist es viel zu früh.«

»*Maman*«, flüstert Arcadie erschrocken. »Was redest du denn da?«

»Er hat dich doch nicht etwa schon defloriert?« Henriettes mollige Finger fassen ihre Tochter fest am Handgelenk.

Das ist zu viel für Arcadie. Sie hat keine Ahnung, wovon ihre Mutter redet, aber es ist bestimmt etwas ganz Ekliges. Sie schüttelt trotzig die Hand ab, schiebt ihren Stuhl nach hinten und eilt zur Garderobe.

Im *Chez Nina* wird gestarrt, es wird getratscht. Henriette fühlt die Blicke von Gästen und Personal auf der Haut wie Spritzer von heißem Fett. Sie hört das aufgeregte Geflüster und unterdrücktes spöttisches Gelächter. Eine ältere Dame, die aussieht wie eine fette Katze, starrt sie aus schmalen, bösartigen Augen an.

Wie schlecht dieses Frauenzimmer gekleidet ist, versucht Henriette sich selbst Mut zuzusprechen, denn eine schlecht gekleidete Frau kann ihr gar nichts anhaben. Dieses Kleid sieht ja aus wie eine Pferdedecke. *Mon Dieu*, und daneben sie selbst, in üppigem roten Satin mit goldenen Biesen. Sie lässt die Hand in den Muff auf ihrem Schoß gleiten, um den wärmenden Hermelinpelz zu streicheln. Diese Frauen sind nur neidisch, so einfach ist das. Arcadie und sie gehören jetzt zur Welt der Großen: Sie haben Umgang mit Königen und Fürsten – nun ja, zumindest mit *einem* König. Die Adligen werden sich verpflichtet fühlen, sie in ihre Kreise aufzunehmen, wenn sie sich mit Leopold gut stellen wollen. Und dann wird sich das Bürgertum wohl oder übel anschließen müssen.

Wo bleibt Arcadie nur? Am liebsten würde Henriette ihr nachgehen, aber wenn sie nicht noch mehr Aufmerksamkeit auf sich ziehen will, bleibt sie lieber ganz ruhig hier sitzen. Sie rührt Zucker in ihren Kaffee und löffelt Sahne aus dem Kännchen. Das Bild ihrer Tochter taucht vor ihrem inneren Auge auf. Von den Papilloten bekommt sie einen richtig üppigen Lockenkopf. Oder ist ihre Frisur doch etwas zu üppig? Ist sie nicht eigentlich zu jung für das Kleid aus steifem violettem Changeantstoff? Und dann die Schuhe mit den Absätzen, auf denen sie kaum laufen kann …

Ihre Arcadie, ihr ganzer Stolz, ihr Schatz!

Henriette wird tatsächlich einen Moment lang von Zweifeln befallen. Noch kann sie zurück. Noch kann sie ihr Mädchen seiner Umarmung entreißen. Sie kann die milde entrüstete Mutter spielen, die ihre Tochter beschützt und seine Majestät vor einem törichten Fehltritt bewahren will. Charles hat eine Schwester in der Schweiz, vielleicht muss Arcadie sie einmal besuchen. Charles wäre sich da bestimmt einig mit ihr. Aber sowie Henriette einen Bissen von ihrem Mille-feuille nimmt und die Zuckerschicht unter ihren Zähnen knirscht, werden ihre Gedanken träge, und ihre Sorgen schmelzen in der sahnigen Puddingfüllung. Oh, oh, oh! Im *Chez Nina* isst man wirklich die besten Kuchen von Brüssel.

Arcadie in die Schweiz schicken und den König beleidigen? Sie weiß verdammt gut, dass sie das nicht tun wird. Es ist zu Arcadies eigenem Besten, dass der König sie küsst. Es gibt Väter, die ihre Töchter für ein paar Schafe oder einen Kartoffelacker verheiraten. Charles möchte, dass Arcadie einen Offizier oder einen Landarzt heiratet. Henriette wischt sich resolut einen Puddingklecks von der Oberlippe. Ganz bestimmt nicht. Arcadie ist für den König bestimmt. Dies ist die Gelegenheit für die ganze Familie, gesellschaftlich aufzusteigen.

Außerdem würde Charles einen Adelstitel bekommen, ihre Söhne würden wunderschöne Uniformen tragen, und Henriette und Pauline würden junge Männer aus den besten Familien heiraten. Es ist schwer für eine Mutter, sich die Tochter vom Busen zu reißen und sie dem König zu schenken. Doch sie muss an den Wohlstand denken, der Arcadie dadurch zuteilwerden wird.

Die Tränen schießen ihr in die Augen bei dem Gedanken, wie sie sich selbst aufopfert. Ja, sie muss die Unschuld ihres eigenen Kindes drangeben – aber nicht zu schnell. Stück für Stück. Arcadie muss Seine Majestät warten lassen, so wie Anne Boleyn den König von England hat warten lassen. Babette hat ihr die Geschichte von König Heinrich VIII. und der wundervollen Anne erzählt – was für eine Verführerin. Arcadie soll mit ihrem König vor den Altar treten, aber sie wird nicht enthauptet werden – ach, wie grauenvoll! Hastig ersetzt sie das grässliche Bild von Arcadie auf dem Schafott durch Arcadie als mittelalterliche Fürstin in einem Mantel aus Tigerfell, mit einer Krone voller Edelsteine auf den blonden Locken. Wer weiß, vielleicht wird sie einst, in der strahlenden Blüte ihrer Jugend, den Platz der kränklichen Königin Louise einnehmen.

Als Arcadie wieder an den Tisch kommt, nach dem Rosenwasser duftend, das in einem Flacon neben dem Waschbecken stand, rollt ihrer Mutter tatsächlich gerade eine Träne über die Wange.

»*Maman*«, sagt sie zärtlich und legt ihrer Mutter den Arm um die Schultern. »Du brauchst nicht zu weinen.«

»Er darf dich küssen, mein Kind«, sagt Henriette mit zitternder Stimme, in banger Erwartung der Reaktion ihrer Tochter. Zu ihrer Verwunderung, aber auch Erleichterung beginnt Arcadie breit zu lächeln, als ob sie gerade ein flauschiges weißes Hündchen mit kariertem Schleifchen bekommen hätte.

»*Merci maman*«, sagt sie, und sie nimmt sich aus der Schale neben dem Kaffee eine Zuckermandel, die sie zwischen ihre vollen roten Lippen schiebt und auf ihre junge rote Zunge gleiten lässt.

Als sie die Konditorei verlassen, herrscht auf der Straße schreckliches Gedränge. Man hört Trommeln, und auf den Gehwegen stehen überall Menschen.

»Oh nein, diese Menschenmenge!«, ruft Henriette. »Den Karneval hatte ich völlig vergessen.«

Sie schaut sich um, um herauszufinden, wo ihre Kutsche geblieben ist. Jos steht mit der Peitsche in der Hand auf dem Gehweg, aber seine Aufmerksamkeit ist ganz auf zwei laszive Mädchen gerichtet, die sich die Gesichter bemalt haben wie heidnische Wilde.

»Jos!«, ruft Henriette, und sie fasst Arcadie am Ärmel, um mit ihr die Straße zu überqueren.

In diesem Moment, gerade als Arcadie einen Schritt auf die Straße macht, ihre seidenen Schühchen mit Pferdeäpfeln beschmutzt und der Trommler für Henriette fast anhält, wird sie gesehen von Charlotte Brontë, einer etwas farblosen jungen Dame mit aufgelösten Korkenzieherlocken, die am Arm eines Herrn auf dem Gehweg steht und wartet.

Ein junges, frisches Gesicht, eine Schönheit, wie man sie nur selten sieht, und Charlotte erkennt sie wieder. Sie weiß sofort: Das ist das Mädchen vom Strand, das Mädchen, das sie im Hotel in Ostende gesehen hat. Die Erinnerung ist schwach, aber der Neid ging zu tief, um dieses Mädchen ganz zu vergessen. Die lorbeergrünen Augen, der üppige Mund, der klare Teint. Wie prächtig sie gekleidet ist – wie eine Prinzessin. Sie würde Monsieur gern fragen, wer dieses Mädchen ist, doch sie unterlässt es, weil sie seine Aufmerksamkeit nicht auf eine Schönheit lenken will, neben der ihre eigene bescheidene Anziehungskraft verblassen muss.

Einen Moment schaut sie seitlich auf Monsieur, und sie würde ihn am liebsten auf die Wange küssen. Sie lacht, lacht, obwohl diese graue Kälte an ihren Fingern und Zähnen nagt und sie lieber mit diesem Mann in einem warmen Bett liegen würde.

Er zieht Suzette und sie in ein Café. Er trinkt Bier und Suzette lässt sich auf einen Krug von ihm einladen. Charlotte lehnt ab und bittet um Wasser, aber der Caféinhaber lacht sie aus.

»Calvinistin!«, ruft Monsieur ihr ins Ohr, so laut, dass ihr das Trommelfell wehtut. »Prüde Protestantin!« Sein Atem ist warm und säuerlich, die Haut seiner Wangen sieht schlaff aus, und er muss sich kurz abstützen, indem er seinen Arm um die Taille einer hübschen rothaarigen Bedienung legt. Gerade als Charlotte überlegt wegzulaufen und im Gedränge dort draußen zu verschwinden, sagt Monsieur etwas zu Suzette, und die Französin verlässt das Café mit grimmiger Miene.

»Ich hab sie zum Konservatorium geschickt«, ruft Monsieur. »In einer Stunde beginnt ihr Geigenunterricht und sie muss noch ihr Instrument holen.«

Unerwartet sind sie allein: Monsieur und die junge Frau, die gestern seinen nackten Körper gesehen hat und vor lauter Verlangen die ganze Nacht kein Auge zugetan hat.

Fleisch, Fleisch – überall so viel Fleisch. Auf der Straße wird Brot mit Pastete verkauft, und auch Pastete ohne Brot.

Vierzig Tage fasten, aber vorher noch fressen wie die Tiere. Monsieur kauft ihr eine Waffel mit Sirup. Sie schlürft heiße Schokolade aus einer Tasse und ist glücklich. Er sagt, dass sie schön ist und wunderbar schreiben kann, und wiegt sich hin und her. Er tanzt mit ihr einen Rundtanz mit, und dies ist kein betrunkener Tanz, sondern der Tanz zweier Liebender. Er zieht sie halb hinter einen Stand, seine Finger packen ihren Oberarm, und er küsst sie, direkt auf den Mund. Der Kuss scheint eine Ewigkeit zu dauern, und dann stehen sie wieder auf der Straße, und seine Hand gleitet aus ihrer. Suzette steht mit einem harten Zug um den Mund vor dem Stand und schaut sie an.

»Monsieur«, beginnt sie mit bescheidenem Ton, doch in ihren dunklen Augen liegt etwas Vipernhaftes. Sie hat im Gedränge eine andere Schülerin vom Konservatorium getroffen, und nein, heute findet kein Unterricht statt, weil es der letzte Tag des Karnevals ist.

Sie laufen zu dritt zurück zum Pensionat, aber nicht mehr Arm in Arm. Erst überspielt der Lärm die Stille, die zwischen ihnen herrscht, doch dann wird es still, und es stellt sich heraus, dass sie einander nichts mehr zu sagen haben.

XXIII

Flüstere einer Frau ein Geheimnis ins Ohr, und du hättest es genauso gut laut in die Welt hinausrufen können. Mit einem kühlen Windstoß wird das Geheimnis des Kusses ins Karree geweht. Es kreist leise murmelnd zu den Schlafsälen empor und rauscht in den Falten der Röcke in die Klassenzimmer hinein. Auf dem Seufzer einer Wäscherin schaukelt es in den Garten hinaus, raschelt in der Schubkarre mit den gefrorenen Blättern und tanzt im Saum von Gertrudes Wollumhang.

Hör mal her, ich muss dir was erzählen ... Hör mal her ... Es läuft murmelnd durch den Korridor, schwirrt um die Ecke und erreicht dann Madame, die mit einem Bleistift in der Hand bei der Köchin steht und das Haushaltsbuch durchgeht. Es weht ihr leicht gegen den Hals und jagt ihr einen Schauder über den hübschen Rücken. Die Direktorin hat ein Ohr für Geheimnisse: die Geheimnisse der jungen Frauen, die ihrer Obhut anvertraut sind, die Geheimnisse der Lehrerinnen und die ihres Gatten, denn sie ist nicht so töricht, einem Mann ohne Weiteres zu vertrauen. Sie fühlt, sie hört, sie weiß. Suzette, die über eine Erkältung klagt, die sie sich am Faschingsdienstag geholt hat. Wie eiskalt der Tag war, und wie sie fortgeschickt wurde und Fräulein Charlotte und Monsieur danach nicht sofort wiederfand. Sie waren verschwunden.

»Wie – verschwunden?«, fragt Juffrouw Blanche und reißt die schiefen Nasenlöcher auf wie ein verschreckter Hase.

»Wie – verschwunden?«, fragt Madame leichthin, während sie ihren Bleistift anspitzt. So schlimm wird es schon nicht sein. Erzähl es mir ruhig, es ist bestimmt alles ein Missverständnis. Ich vertraue meinem Mann und Mademoiselle Charlotte, sie ist eine Pfarrerstochter.

Im Schlafsaal sitzt Suzette auf dem Bett der klatschsüchtigen Renate. Die Vorhänge haben sie zugezogen. »Hinter einem Stand mit heißer Schokolade«, vertraut Suzette ihrer neuen Freundin an. Geheimnisse erfordern Freundinnen. »Ich bin nicht ganz sicher, was sie da gemacht haben«, fügt sie ehrlicherweise hinzu, »aber ich habe einen ganz starken Verdacht.«

Sie späht zwischen den Vorhängen in den leeren Schlafsaal, denn niemand sonst soll ihr Geheimnis erfahren.

»Ehrenwort«, schwört Renate, und sie küsst das Medaillon mit Unserer Lieben Frau, das sie an einer Kette um den Hals trägt.

Charlotte sitzt im Speisesaal und stochert in ihrem eingesalzenen Kabeljau und dem Karottensalat. Die Fastenzeit hat begonnen, aber was kümmert es sie? Ihr Herz pumpt das junge, rote Blut durch die Adern, und sie fühlt sich geschmeidig und stark wie eine Wildkatze. Juffrouw Blanche knabbert an einem trockenen Stück Brot und starrt sie an.

»Woher die innerliche Freude?«, erkundigt sie sich, und ihr kleiner Mund verzieht sich wohlwollend, obwohl ihr Schniefen eher geringschätzig klingt.

Und Charlotte prustet los, es ist das erste Mal, dass sie im Pensionat so laut herauslacht. Wie lustig diese Blanche aussieht mit ihrer Kaninchenschnute, und wie glücklich ein Mensch doch sein kann! Frauenaugen schauen sie verwundert an, und es ist gut möglich, dass Suzette ihrer Tischnachbarin etwas zuflüstert, doch niemand kann Monsieur und ihr etwas anhaben. Es ist Liebe.

Später, nach Einbruch der Dunkelheit, läuft sie in den Garten und dreht Pirouetten zwischen den Birnbäumen, immer und immer weiter im Kreis herum, und sie schlingt die Arme um den Oberkörper und atmet gierig die frische, grüne Luft ein. In ihrer Tasche steckt ein sorgfältig zusammengefalteter Zettel, den sie zwischen den Seiten des Romans *Paul et Virginie* gefunden hat, den Monsieur ihr ins Pult gelegt hat. Auf dem Zettel steht in kraftvollen, entschlossenen Bleistiftstrichen. *Je vous aime, Charlotte.*

Es ist so weit. Sie ist nicht mehr allein.

XXIV

Der Frühling kommt.

Ein Frühling, der kalt beginnt, mit Farn- und Palmwedeln aus Eis auf den Fensterscheiben. Im Garten versucht die aufsässige kleine Marie, mit einem Stein das Eis auf einer Pfütze zu zerbrechen. Der Milchwagen rattert laut am Morgen. Juckende wollene Umschlagtücher und Schrunden an Händen und Füßen.

Charlotte friert, wenn sie morgens aus dem Bett kriecht, doch sie ist verliebt. Monsieur reibt ihr die geschwollenen roten Hände hinter der Tür seines Arbeitszimmers warm und drückt dann einen Kuss auf die Innenseite ihrer Handgelenke. Er ist die Wärme. So wird sie sich auf ewig an ihn erinnern: seine Arme, der starke Bizeps. Er hält sie fest, streicht ihr die Haare aus dem Gesicht, fährt ihr zärtlich mit den Lippen über die Nase. Zärtlichkeiten, die sie nicht kennt und von denen sie nicht wusste, dass ihr Körper so bereitwillig darauf reagieren würde. Sie fragt ihn nicht nach der Zukunft, vertraut aber darauf, dass sie eine Zukunft haben. Und Jesus sprach: »Gehe hin; dir geschehe, wie du geglaubt hast.« Sie glaubt, und der Herr wird ihnen helfen. Aufrichtige Liebe bekommt ihre Chance. Was Claire Heger und Monsieur haben, ist nicht mehr als eine sachliche Absprache: eine Schuldirektorin, die einen Ehemann brauchte, und ein Mann, der nach dem Tod seiner Frau und seines Sohnes ratlos dastand und leicht zu überreden war, sich auf einer weichen Bettstatt auszuruhen.

Charlotte steht im Schlafsaal und hört draußen die Glocken läuten, doch sie weigert sich, den weisen Worten zu lauschen, die ihr Vater bei seinen sonntäglichen Predigten in den Kosmos schickt: seine Aufforderung, die Lüste zu mäßigen, seine Ermahnung zur Pflicht. Sie macht das Fenster auf, und die Tauben flattern vor dem Hintergrund der Kirchtürme erschrocken hoch. Gott anzurufen ist kein Privileg der Geistlichkeit. Sie faltet die Hände und betet für ihr Glück.

Es wird Frühling, und solange der andauert, lebt sie im Himmel auf Erden. Die Fastenzeit ist vorüber, und damit die Kälte und der Hunger, der nicht gestillt werden darf. In einem Garten voller Blüten bekommt sie von ihren Schülerinnen sogar Geburtstagsgeschenke: eine Zeichnung vom Pensionat, ein paar getrocknete und gepresste Blumen in einer Karte, ein Frühlingsgedicht.

Er liebt sie. Seine Briefe in ihrem Pult, in den Büchern versteckt, die er ihr schenkt, zwischen ihren Aufsätzen. Sowie sie ihren Pultdeckel hochklappt, schlägt ihr das Aroma seiner Pfeife entgegen. Er liebt sie und äußert sich sehr lobend über ihre Aufsätze. Sie hat schon immer gewusst, dass er ihren Schreibstil bewunderte, doch offenbar fand er es schwierig, es auszusprechen.

In einem Pensionat voller Frauen ist es unmöglich, eine männliche Lehrkraft heimlich zu lieben. Zu viele Augen, zu viel Eifersüchtelei und weibliche Intuition.

Sein Blick sucht ihren, als alle Schülerinnen und Lehrerinnen zu einem Bauernhof auf dem Lande spazieren. Lauter junge Damen in fröhlichen Baumwollkleidern, mit rosigen Wangen und strahlenden Augen, aber sie ist seine Auserwählte. Er schenkt ihr einen Becher Milch ein, kommt mit einer

Handvoll Radieschen zu ihr, um sie kosten zu lassen, ruft sie, damit sie sich die Kühe anschaut.

Bei der Englischstunde in seinem Arbeitszimmer schiebt er ihr den Fuß unters Kleid. Er bringt sie zum Lachen, sie kann nicht anders, sie prustet laut los, und Monsieur Chapelle weiß nicht warum, schaut fragend und mit einem überraschten Lächeln zwischen Monsieur und ihr hin und her. Ihre Liebe ist so schön – daran kann er doch keinen Anstoß nehmen?

Sie trifft sich mit Monsieur in einer Nebenstraße an der Zenne, wartet auf ihn, weil er ihr in einen Aufsatz ein Briefchen geschoben hat. Er drängt sie gegen die Mauer, lässt sie hastig los, als ein Mann mit einem Karren vorbeikommt, aber dann küsst er sie, presst sich gegen sie, will sie lieben. *Je vous aime, Charlotte.* Er fährt ihr mit der Hand unter den Rock und fühlt nach, wie feucht sie ist. Er ist ihr Lehrer, und sie ist ganz die seine.

Und dann ist das Frühjahr vorbei. Er schreibt, dass er sie sprechen muss, in seinem Arbeitszimmer. Der Ton seines Briefes ist nüchtern. Sie weiß nicht, was sie denken soll, aber ihr Glaube ist nicht tot, so oft er in ihrem jungen Leben auch schon erschüttert worden ist. Hat er eine Lösung gefunden, will er mit ihr durchbrennen? Das ist nicht möglich, das geht nicht. Aber sie würde es trotzdem tun. Sofort, sofort, Monsieur.

Monsieur legt ihr eine Hand auf die Wange.

»Sei nicht böse, *mon amour*, aber du darfst Maurice Chapelle und mir keinen Englischunterricht mehr geben. Sie möchte es lieber nicht. Ich … Wie soll ich das sagen … Ich habe nicht mehr so viel Zeit für dich.«

»Nicht mehr so viel Zeit«, wiederholt Charlotte tonlos.

Mon amour. Er fährt ihr mit dem Daumen über die Lippen, während er einen Abstand zwischen ihnen ankündigt. Er zögert, möchte eine weniger banale Erklärung geben, besinnt sich aber.

»Es tut mir leid«, sagt er, und während sie noch nach Worten sucht, um eine Frage zu formulieren, macht er schon die verräterisch quietschende Tür auf und verschwindet auf den Flur.

»Keine Sorge, *Mademoiselle*«, sagt Monsieur Chapelle, und seine übermäßige Freundlichkeit verrät sein Mitleid. Er hat sie beiseitegenommen, als sie mit den anderen jungen Damen ins Klassenzimmer kam. »Das Englische ist ganz gewiss eine nützliche Sprache.« Er lehnt seinen mageren Körper ans Klavier, die langen Beine gestreckt, und fährt sich mit dem kleinen Finger über das dünne flachsblonde Schnurrbärtchen. »Auf Ihrer Insel können Sie damit kommunizieren, und auch in Amerika ist es äußerst populär.« Und mit einem entschuldigenden Lächeln fügt er hinzu: »Aber Sie müssen zugeben, dass Englisch für Lieder völlig ungeeignet ist, es ist einfach nicht melodisch. Außerdem haben wir in Brüssel wenig Gelegenheit, Englisch zu sprechen. Was für einen Nutzen hätte es dann, es zu lernen? Ich will mich lieber auf die Sprache der Musik konzentrieren.«

Woraufhin er sie stehen lässt, um Madame Heger zu begrüßen, die gerade an der Tür erschienen ist. Und oh, wie aufgekratzt Madame klingt, und ein neues Lied hat sie auch dabei.

»Madame hat ein neues Lied!«, ruft Monsieur Chapelle seinen Schülerinnen zu, und sie stoßen begeisterte kleine Schreie aus. Charlotte schlüpft aus dem Klassenzimmer, weiß nicht, wohin, und geht schließlich zurück in den Schlafsaal. Ein Auftritt von Madame ist mehr, als ihre überspannten Nerven jetzt vertragen können.

Ihr Herz ist ein müder Muskel. Sie liegt im Bett und sieht Monsieur vor sich, spürt seine Handfläche auf ihrer Wange. »Es tut mir leid«, sagte er und ließ sie stehen. Wie naiv sie war, sich vorzustellen, dass sie ihre Romanze vor Madame verbergen könnten. Madame ist keine *imbécile*. Hinter ihrem liebenswürdigen Lächeln verbirgt sich eine mit allen Wassern gewaschene Spionin. Eine erfahrene Direktorin weiß über Intrigen und Liebeleien Bescheid, verfügt über Informanten und liest fremde Briefe.

Es ist bekannt, dass Madame während des Unterrichts im Schlafsaal herumschnüffelt, um die Schränke zu »inspizieren«. Gertrude kontrolliert für sie die Wäsche, um in Erfahrung zu bringen, wer seine Tage hat und wer nicht. Die Liebesbriefchen von Monsieur konnten Madames Aufmerksamkeit nicht lang verborgen bleiben. Wahrscheinlich hat sie auch den Inhalt ihres Pults durchsucht.

Sie setzt sich aufs Bett, legt die Arme um die Knie und starrt ins Dunkle. Madame sieht eine Gefahr in Charlottes Umgang mit ihrem Mann, und vielleicht ist das eher ein gutes Zeichen.

Wenn sie nur jemanden hätte, mit dem sie sprechen könnte. Wenn sie, so wie die anderen jungen Frauen hier, eine Freundin hätte, die sie am Ärmel zupfen, zu der sie ins Bett schlüpfen könnte, um ihr ein Geheimnis anzuvertrauen und sie um Rat zu fragen. Tränen laufen ihr über die Wangen, und sie ist zu mutlos, um sie wegzuwischen.

Em, ich vermisse dich so.

Mit ihrer Schwester hatte sie im Pensionat eine Insel gebildet, eine eigenwillig geartete Insel, und außer Louise de Bassompierre hatte keines der Mädchen hier an ihr Ufer klettern können. Sie selbst hat mit niemandem Freundschaft geschlossen, mit keinem der kühlen, albernen, oberflächlichen belgischen Mädchen und mit keiner der Lehrerinnen. Sie hat nicht mit ihnen gesprochen und sie sprechen nicht mit ihr, der exzentrischen, stolzen Engländerin.

XXV

Hastig läuft sie durch den Garten des Pensionats. Sie hält den Kopf gesenkt und verbirgt ihr Gesicht unter dem Rand ihres Hütchens. Sie verlässt den Garten und lässt das Tor hinter sich ins Schloss fallen. Die Rue d'Isabelle liegt verlassen da, und doch lagert eine Atmosphäre erwartungsvoller Spannung darüber. Dieser erste Septembertag ist so sonnig, dass es in den Augen wehtut. Sie zögert ganz kurz und schaut sich nach dem Tor um. Noch kann sie zurück in den Schlafsaal, noch kann sie sich in ihr Bett legen und die Decke über sich ziehen. Sie könnte behaupten, dass sie krank ist (und das wäre ja nicht mal gelogen), aber sie hält es nicht mehr aus in den Mauern der leeren Schule. Alle – abgesehen von der Köchin, dem Hausmädchen und ihr – sind vor zwei Wochen zu ihren Familien in die Sommerferien gefahren, etwas, was sie sich nicht leisten kann.

Auf der Terrasse des Vauxhall im Parc de Bruxelles blättert eine Mutter in der Zeitung, während ihre kleinen Söhne ihre Kreisel aufziehen. Beim Musikpavillon liegt ein Pärchen im Gras unter den Linden. Er liest ihr etwas vor, bestimmt ein *poème*, und sie liegt mit geschlossenen Augen da, überlässt sich ganz unbekümmert der Sonne und seiner Stimme. Charlotte kann sich dieses Glück nicht anschauen, sie will fort. Die Beete sind noch voll blühender Pflanzen. Der Sommer ist eine Zeit der Blüte. Auch für sie, auch für sie! In ihrer Brust sitzt eine

Blumenknospe, die mit aller Macht hervordrängt, die jedoch im Keim erstickt wurde und zum Verdorren verdammt ist.

An den Quais herrscht reges Treiben – es ist Markttag – und sie läuft zwischen den Ständen umher, ignoriert die Rufe eines kahlen dicken Kerls, der Fleischmesser anpreist, und schaut auf den Boden, um die frischen, zufriedenen Gesichter der Hausfrauen und Hausmädchen nicht sehen zu müssen. In der Luft liegt der süße Geruch von Melonen, und ein Stückchen weiter der stechende Gestank von verdorbenem Fisch. Ein Bauer, der eine junge Kuh anpreist, das nervöse Gewieher eines Pferdes, eine Dame mit schwarzem Schleier, die ihrem Kutscher Anweisungen gibt. Und überall die Sonne: die Sonne, die sogar die harten, toten Pflastersteine durch ihr Wärmen und Streicheln in weiche Kissen verwandelt, die streichelt, ihr das Gesicht mit sanften Händen streichelt, als ob sie Charlotte trösten wollte. Doch sie will diese Zärtlichkeiten nicht, wie ein trotziges Kind, das sich von seiner Mutter abwendet. Jede Zärtlichkeit, die nicht von Monsieur kommt, weist sie zurück. Ein Junge lässt eine Schüssel voll Eier fallen, eine Frau zerrt ein Schaf an einem Strick hinter sich her, und Charlotte ist völlig verwirrt.

Auf dem Marché aux Grains bleibt sie stehen und weiß nicht, welchen Weg sie einschlagen soll. Ach, wenn sie doch zu Mary gehen könnte, doch die lebt nicht mehr im Schloss Koekelberg. Nach Marthas Tod hat Mary eine Weile bei einer befreundeten Familie in der Rue Royale gewohnt, und letzten Monat ist sie nach Deutschland abgereist, wo sie an einer Jungenschule unterrichtet.

Charlotte dreht sich einmal um ihre eigene Achse. Wohin, sag mir doch, wohin? Zu Marthas Grab auf dem protestantischen Friedhof. Ein Friedhof muss doch etwas Vertrautes haben, schließlich hat sie ihre ganze Jugend neben Gräbern zugebracht. Also, die Quais entlang und durch die Stadt, Richtung Rue Royale. Nachdem sie die Porte de Louvain hinter sich gelassen hat, geht es bergauf. Die Atmosphäre wird drückend und sie fühlt, wie ihr ein Schweißtropfen über den Rücken läuft. Sie ist nicht sicher, wo es zum Friedhof geht, denn sie hat vergessen, eine Karte mitzunehmen, und Emily ist nicht hier. Doch sie hat Zeit: Im Pensionat wird sie niemand vermissen. Ihr warmes Essen wird an ihrem Platz am Tisch kalt werden, und das Küchenmädchen wird den Inhalt des Tellers gleichgültig in den Hundenapf leeren.

Sie sitzt am Grab und versucht, an Martha zu denken. Die junge, fröhliche Martha, tot in ihrem Sarg, blass und in Fetzen wie ein Kleid, das jahrelang an einer Wäscheleine vergessen wurde und den Elementen ausgeliefert war.

Und sie liebt ihn. Sie liebt ihn.

»Monsieur«, murmelt sie. »Monsieur.«

Die Sonne ist überall, und die Stunden wollen schier nicht vergehen. Die Zeiger der Turmuhr an der mittelalterlichen Kirche scheinen zu kriechen, als würden böse Mächte sie zurückhalten. Ihr einziger Trost liegt darin, dass sie sich jetzt bis zur vollkommenen Erschöpfung treiben kann, dann wird ihr die Nacht endlich ein paar Stunden des Vergessens bescheren. Sie läuft zurück in die Stadt, und obwohl sie müde ist und Blasen an den Füßen hat, ist ihr der Weg zu kurz. Sie biegt um die Ecke zur Rue d'Isabelle, dort liegt das Pensionat. Der Tag war ermattend heiß und die Abenddämmerung lässt noch auf sich warten, doch sie will noch nicht hineingehen. Das Pensionat ist ihr Gefängnis, und solange ihre Schülerinnen nicht zurück sind und ihre Anwesenheit nicht verlangt wird, bleibt sie dem Institut lieber so viel wie möglich fern.

Dröhnendes Glockengeläut reißt sie aus ihren Gedanken. Es ist die hypnotische Stimme der Kirche Saint-Michel und

Sainte-Gudula, die die Gläubigen zur Vesper ruft. Sie weiß nicht, was sie überkommt, aber sie läuft rasch in Richtung Kirche, durch die Rue de la Chancellerie und die lange Kalksteintreppe hinauf. Neben dem Portal steht ein Bettler und streckt die Hand aus, und sie gibt ihm eine Münze, nicht für sein Seelenheil, sondern für ihres.

Wie kühl es in der Kirche ist! Frauen mit Rosenkränzen zwischen den Fingerspitzen sitzen vereinzelt auf den Bänken. Sie würde sich am liebsten auf die Fliesen legen, aber sie setzt sich ans äußerste Ende einer Bank und wartet, bis das Abendgebet zu Ende ist. In einer verlassenen Ecke der Kirche wird die Beichte abgenommen. Die Beichte! Sie ist eine Sünderin und muss ihre Geschichte erzählen. Jemand muss sie anhören. Eine einfache Frau aus dem Volk nähert sich dem Beichtstuhl, sie ordnet sich das fettige Haar, indem sie es glatt an ihren Schädel streicht, und zupft ihre Schürze zurecht. Kann der Priester sie denn sehen? Ist die Beichte nicht anonym?

Sie kann es sich noch überlegen: Sie kann wieder auf die Straßen zurückgehen, auf denen sie niemand kennt. Doch sie bleibt lieber sitzen und wartet. Die Frau kommt mit der Andeutung eines Lächelns auf den Lippen wieder aus dem Beichtstuhl.

Sie steht auf, weiß kaum, was sie da tut. Diese Tradition ist ihr fremd – wie muss sie den Priester überhaupt ansprechen? Sie schlüpft in den Beichtstuhl, lässt den rotsamtenen Vorhang hinter sich herabfallen und wird beinahe überwältigt vom Geruch nach Weihrauch, Pfeifentabak und altem Schweiß. Es dringt gerade genug Licht ins Innere des Beichtstuhls, um vage das Gesicht hinter dem geflochtenen Gitter wahrnehmen zu können.

»*Mon père*«, sagt sie, und das Blut steigt ihr ins Gesicht. »Ich habe gesündigt.«

»Sind Sie Ausländerin?«, fragt der Priester streng, offenbar überrascht von ihrem Akzent.

Sie bejaht und fügt hinzu, dass sie protestantisch erzogen wurde. Er will wissen, ob sie immer noch Protestantin ist, und sie nickt, was er anscheinend nicht sieht, deswegen räuspert sie sich und flüstert: »*Oui, mon père.*« Als er erklärt, dass sie dann auch nicht beichten kann, steigen ihr die Tränen in die Augen. Wenn er sie jetzt fortschickt, ohne sie ihre Geschichte erzählen zu lassen, wird sie wahnsinnig. Das sagt sie ihm und fleht ihn an, sie anzuhören.

»*Ma fille*«, sagt der Priester sanft, und sie erstickt fast an ihren Tränen. »Beichten Sie und lassen Sie dies Ihren ersten Schritt in die wahre Kirche sein.«

Sie erzählt ihm alles, sie überschlägt sich fast dabei. Vom sicheren, aber doch einengenden Leben im Haus ihres Vaters und wie sie ihm entkommen ist. Wie sie in Brüssel ihre Freiheit genießen wollte, sich jedoch in ein Pensionat einschließen ließ. Das Gesicht des Priesters kommt näher an das Gitter, sie fühlt seinen Atem auf ihrer Wange.

»Erzählen Sie mir, was Ihre Sünde ist.«

»Ich liebe jemanden.«

»Daran ist nichts Verkehrtes.«

»Er ist verheiratet.« So, nun ist es heraus, sie hat es gesagt. »Er ist verheiratet und hat Kinder mit dieser Frau.«

»Dann müssen Sie diese Gefühle ausmerzen. Sie müssen sie aus Ihrem Geist reißen wie die Disteln aus einem Blumenbeet. Beten Sie zum Herrn und bitten Sie Ihn um Hilfe. Beten Sie zu Maria. Ich kann Sie lehren, wie man das macht.«

Er erteilt ihr die Absolution, obwohl sie lügt, denn sie kann sich nicht bessern, sie hat nicht die Absicht, Belgien zu verlassen und Abstand von Monsieur zu nehmen.

Als sie den Beichtstuhl verlässt, sieht sie, dass der Priester in seiner schwarzen Soutane auch gerade herauskommt. Sie schaut sich um, aber es warten keine Menschen mehr. Die Kirche ist leer. Alle sind draußen, im schwülen Sommerabend.

Der Priester ist jung, aber sein Gesicht hat die molligen Hängebacken, die so typisch sind für die Geistlichen dieses Glaubens. Er nimmt ihre Hand zwischen seine Hände, doch sein Griff ist schlaff.

»Sie müssen zu mir kommen, Mademoiselle«, sagt er. »Morgen früh ins Pfarrhaus an der Rue Montagne du Parc.« Sie soll über ihre sündigen Gedanken sprechen, und er wird ihr helfen, ihrem Drang zu widerstehen. Der Katholizismus, der wahre Glaube, wird Ruhe in ihr Herz bringen.

»*Oui, mon père*«, sagt sie unterwürfig, aber sie weiß, dass sie ihn nicht aufsuchen wird. Am Ende würde er sie mit seinen freundlichen Worten und seinem Trost noch dazu verführen, Katholikin zu werden!

Als sie draußen ist, weiß sie immer noch nicht, wohin sie gehen soll. Sie will in den Armen des Mannes ausruhen, den sie liebt. Es würde sie nicht stören, wenn es unter freiem Himmel wäre, wenn er alles für sie verlassen würde und sie beide so arm wären wie die Obdachlosen, die auf der Vortreppe der Kirche schlafen. Doch Monsieur ist dort, wo er ist. An der Küste, auf der Terrasse einer weißen Villa: Er mit seiner Pfeife, Madame mit ihrer Stickarbeit, Louise, die der kleinen Claire geduldig ein Hüpfspiel beibringt. Es kann gar nicht anders sein, er muss auch an sie denken und die Tage zählen, bis er wieder zu ihr zurückkommen kann.

Diese Nacht im Pensionat geht sie die Treppe hinunter. Ihre Kerze wirft ein schummriges Licht auf die Stufen und ihre blassen Füße. Dort, unter der Treppe im Karree, befindet sich das Kabinett der Hausmeisterin. Die Tür ist unverschlossen. Hier steht der Schrank mit Hustensäften und anderer Medizin. Er ist verschlossen, aber sie weiß, wo der Schlüssel liegt, nämlich in der kleinsten Schublade von Gertrudes Schreibtisch.

Sie geht vor dem Schrank in die Hocke und sieht durch die Glasscheibe das Laudanum. Zwei Exemplare der vertrauten blauen Flasche mit dem Korken. Ein paar Tropfen helfen gegen Kopfschmerzen, Krämpfe, Durchfall und melancholische Anwandlungen. Sie könnte sie beide austrinken. Oder würde sie sich dann übergeben? Es ist ein bitteres Zeug, vielleicht muss sie es mit Zucker vermischen.

Sie setzt sich auf die Fliesen und starrt auf die Fläschchen.

Am Morgen wird sie sich nicht erinnern können, wie lang sie dort gesessen hat, aber schließlich muss sie doch wieder nach oben gegangen sein.

Und dann, ebenso plötzlich wie sich die Schule geleert hat, füllt sie sich auch wieder. Kutscher und Dienstboten tragen Koffer, Stiefel und Bücherkisten die Treppen hoch, und in den Klassenzimmern und Salons hört man die aufgeregten Stimmen besorgter Mütter und ihrer lebhaften Töchter, die in ihren neuen Herbstkleidern aussehen wie prächtige Fasanen. Es werden Tränen vergossen, aber: »Es ist ja nicht für lange, *mon petit chou*, wir kommen dich bald mal wieder einen Sonntag holen!«

Charlotte empfängt die Mädchen, die sie unterrichten wird, denn von diesem Schuljahr an hat sie ihre eigene Klasse, der sie Französisch- und Englischstunden geben soll. Sie geht Madame Heger aus dem Weg und wartet auf ihren Lehrer. Als die Tür schon seit Stunden geschlossen ist und Madame zur Inspektion in den Schlafsaal kommt, um zu sehen, ob auch die letzte Hutschachtel auf dem Kleiderschrank steht und keine Bänder oder Schuhe mehr unter den Betten liegen, wagt Charlotte vorsichtig nachzufragen, ob Monsieur auch zu Hause ist und ob er ab morgen den Unterricht wiederaufnehmen wird.

Madame schaut sie nicht an, während sie mit kritisch hochgezogenen Augenbrauen das Laken an einem Bett straff zieht.

»Mein Mann ist am Athénée Royal, um die Jungen willkommen zu heißen«, sagt sie und schüttelt grimmig ein Kopfkissen auf. »Sie finden den Stundenplan morgen im Speisesaal.«

Ihre Stimme klingt beherrscht, und als sie sich im Schlafsaal umschaut und in die schönen Hände klatscht, als wollte sie damit das neue Schuljahr einläuten, sieht Charlotte das Unfassbare: die volle Rundung von Madames Bauch.

»Victoria!«, juchzt ein junger Mann mit grauer Jacke, und er wirft seinen Hut so begeistert in die Luft, dass man ihn für einen glühenden Bewunderer der jungen Königin in der Kutsche halten muss.

Die Menschenmenge, die sich entlang der Rue Royale eingefunden hat, besteht zum Großteil aus Brüsselern: Müttern mit Kinderwagen, Lehrern, Schülern und Beamten, die für diesen Anlass einen halben Tag freibekommen haben. Aber man hört auch englische Rufe.

»*God save the Queen!*«, schreit ein Grüppchen englischer Schulmädchen aus vollem Halse, und sie schwenken ihre roten, blauen und weißen Bänder.

Es ist Charlotte zuwider, dass es so viel Freude und Farbe in der Welt geben kann, wenn sie selbst doch so schwermütig ist. Sie kneift die Augen im grellen Sonnenlicht zusammen. Eine Kutsche mit hohen Würdenträgern des englischen Hofes fährt vorbei, und dann folgt der offene Wagen mit Queen Victoria. Die Kutsche fährt so langsam und dicht am Gehweg vorbei, dass Charlotte das Gefühl hat, sie könnte einsteigen. Victoria sitzt neben ihrem Onkel, dem belgischen König Leopold, bei dem sie ein paar Tage zu Besuch ist, und sie ist ganz schrecklich vergnügt! Sie entblößt ihre kleinen weißen Zähne beim Lachen und winkt mit ihrer molligen Hand, die in einem Handschuh aus blauem Satin steckt. Eine lebhafte Dame, wenn auch ziemlich langweilig gekleidet – man kann nichts Königliches an ihr entdecken.

Sie hat die Liebe, weiß Charlotte, sie hat ihren Albert. Es tröstet sie, dass die Victoria, die sie von den Portraits kennt – mit dem dicken dunklen Haar, dem Mund, der so klein und feucht ist wie die zitternde Schnauze eines Rehkitzes, und den staunenden blauen Augen –, nur wenig Ähnlichkeit mit der echten Victoria hat. Die junge Königin hat ein fliehendes Kinn, schwere Lider und ist – nun ja, sie ist wirklich ein bisschen dick. Neben ihrem großen, gut aussehenden Onkel wirkt sie eher unscheinbar. Sie ist die mächtigste Frau der Welt, aber auch ihr ist keine Schönheit gegeben.

Das Jubelgeschrei, die Flaggen und ihre kleine Königin zu Besuch – und doch gibt es in der ganzen Stadt keinen Freund, dem sie vertrauen kann. *Sei stark, Charlotte.* Ihre Finger schließen sich um Marys Brief. *Lass ihn los, Charlotte, verlass Brüssel.* Aber das kann man unmöglich von ihr verlangen. Nach der

Kutsche von Victoria und Leopold kommen die Reiter der königlichen Garde in ihren weißen Uniformen. Als die erste bürgerliche Kutsche folgt, schickt Charlotte sich an, die Menge zu verlassen und die Straße zu überqueren.

»Hure!«, ertönt plötzlich eine grelle Frauenstimme. »Dreckige Hure!«

Erschrocken dreht Charlotte sich um und zieht dabei unwillkürlich die Schultern hoch. Ein vierschrötiges, in Lumpen gehülltes Dienstmädchen wirft einen Pflasterstein nach einer jungen Dame in einem offenen Wagen, der gerade stehen bleiben musste, weil sich die Kutschen stauen. Der Stein prallt an der oberen Kante der Tür ab. Ist sie das wieder? Die hübsche junge Dame duckt sich nicht, sondern richtet ihren Blick herausfordernd und stolz auf ihre Feindin, während ihre Mutter, die neben ihr in der Kutsche sitzt, sich mit angstverzerrtem Gesicht vor ihre Tochter wirft, um sie abzuschirmen.

»Das ist diese Hure von Arcadie Claret!«, ruft das Dienstmädchen. »Die schläft mit dem König, während unsere Königin auf dem Krankenbett liegt!«

Das Mädchen vom Strand.

XXVI

Ihre schlurfenden nackten Füße auf dem Holzboden und ihr Gezeter wegen eines verschwundenen Ohrrings, die Wolken von Talkpuder, das ihren Körpergeruch verbergen soll, während die Woche vergeht, ihre Klagen über den Ofen, der einfach nicht ziehen will. Und überall – in den Waschschüsseln, auf dem Boden, im Haferbrei und sogar im Brot eingebacken – ihre langen Haare in endlosen Schattierungen von Braun und Blond, und einmal auch dick und schwarz. So viele Frauen, und dennoch fühlt Charlotte sich einsam. Sie ist wie eine Gefangene, die im Kerker ihrer Freilassung harrt. Eine Taube landet auf der Fensterbank und starrt mit ihren Knopfaugen dreist ins Zimmer. Charlotte friert und will einen Schal aus dem Kleiderschrank nehmen, doch sie bleibt auf dem Bett sitzen, wie versteinert in ihrem Kummer.

Vereinzelt sieht sie Monsieur: auf dem Flur, im Klassenzimmer, im Speisesaal. Er ist in ein dringendes Gespräch mit Juffrouw Sophie oder Juffrouw Blanche vertieft, blättert wie wild in seinen Unterlagen, gießt sich hastig einen Schuss Milch in den Kaffee. Privatstunden bekommt sie nicht mehr, und im Unterricht in französischer Literatur liest er ihre Aufsätze nicht mehr vor. Er korrigiert sie zwar noch, aber wo früher die

Ränder voll waren mit seinen Anmerkungen zu Stil und Inhalt, streicht er jetzt gerade mal die Rechtschreibfehler an, und von denen macht sie ohnehin immer weniger. Sie wartet auf ein Wort von ihm, aber wie lange kann man in einer Wüste der Stille auf eine Stimme warten?

Verzweifelt zieht Charlotte sich Abend für Abend in ihr Klassenzimmer zurück und schreibt einen Aufsatz, den Monsieur einfach nicht mehr ignorieren kann. Es ist die Bittschrift eines armen Malers an einen Baron, mit der Bitte um Unterstützung. *Milord*, ihre Feder kratzt über das Papier, *ich würde Sie niemals um Hilfe bitten, weil Sie eben reich und mächtig sind. Aber Sie sind mir ebenbürtig, was die Intelligenz angeht, und mir überlegen, was Erfahrung und Tugendhaftigkeit betrifft.* Mit steifen, kalten Fingern legt sie den Aufsatz auf Monsieurs Schreibtisch. *Verzeihen Sie mir meine Vermessenheit, Milord, aber ich wage zu sagen, dass ich Genie besitze. Sie können mir helfen, der Unbekanntheit und dem Elend zu entkommen und meine Talente erblühen zu lassen.*

Über eine Woche später findet sie den Aufsatz in ihrem Pult. Er enthält nicht mehr als eine Korrektur hier und da, gerade eben lesbar, weil Monsieur mit dem Bleistift kaum aufgedrückt hat. Nun ist der Moment gekommen, in dem sie etwas Impulsives tun muss (das liegt in ihrer Natur, und in schlechten Zeiten kann sie sich nicht mehr beherrschen). An diesem Morgen gibt sie ihrer festen Gruppe von Schülerinnen Englischunterricht, ihrer – wie Madame es nennt – »ausgewählten kleinen Gruppe kluger Schülerinnen«, eine Bezeichnung, die sie aufs Äußerste erstaunt, weil sie der Meinung ist, dass keines der belgischen Mädchen hier auf der Schule auch nur in einem Fach hervorstechen würde.

»Erzählen Sie mir von Ihrem Sonntagnachmittag, Joséphine«, bittet sie auf Englisch. Das Mädchen fährt sich mit der

Spitze ihres Zopfes übers Kinn und starrt sie an, als hätte sie gerade Arabisch gesprochen.

»Erzählen Sie uns, was Sie am Sonntagnachmittag gemacht haben. Ein paar Sätze nur, so schwer ist das doch nicht.«

Joséphine verdreht die Augen und zuckt gelangweilt mit den Schultern. Sie schweigt weiter, und in Charlotte beginnt der Zorn aufzusteigen, eine heiße Wut, die die Kälte in ihrem Körper und Geist wie mit Peitschenhieben vertreibt.

»Also gut.« Charlotte schlägt ihr Buch auf und sagt resolut: »Sie gehen nachher nicht in den Garten, sondern bleiben alle hier, um einen Aufsatz darüber zu schreiben, was Sie am Sonntagnachmittag gemacht haben.«

»Ach, *Mademoiselle* Charlotte«, ruft die schöne Aimée, »tun Sie uns das nicht an!« Zweifellos will sie in der Pause zum verbotenen Pfad im Garten, um einen Liebesbrief von ihrem Verehrer aus einem Fenster des Athénée Royal aufzufangen.

Die Mädchen flüstern aufsässig, und niemand scheint Anstalten zu machen, zur Feder zu greifen. Godelieve, eine Flämin, beginnt demonstrativ zu hüsteln, und Charlotte ist angewidert von ihrem dümmlichen Aussehen und ihren stumpfen Augen, die nur aufleben, wenn sie Böses im Sinn hat. Godelieve hüstelt, bis jeder hinschaut, und schiebt dann herausfordernd ihr Wörterbuch mit dem Ellenbogen vom Tisch. Klatschend fällt es auf den Boden.

Erst ist Charlotte sprachlos über so viel Unverschämtheit, aber dann schüttelt sie die letzte Apathie ab.

»Das Mittagessen fällt für Sie ebenfalls aus. Schreiben Sie einen detaillierten Bericht, was Sie diesen Herbst an sämtlichen Sonntagnachmittagen erlebt haben.«

Jedes Geräusch, jeder Atemzug scheint zu stocken: Das ist zu viel. Die einzige noch schlimmere Strafe, die Charlotte sich hätte ausdenken können, wäre eine sonntägliche Ausgangssperre gewesen – eine Strafe, die sogar Madame Heger erst ein Mal verhängt hat, und zwar über eine Schülerin, die auf dem Grand Place einen Arbeiter geküsst hat. Sichtlich erschrocken hebt Godelieve ihr Wörterbuch auf.

In der Vormittagspause geht Charlotte ein Glas Wasser holen und sagt der Köchin Bescheid, dass ihre Schülerinnen nichts essen werden. Das sorgt für Aufregung, denn »Ach, es ist doch so ein ungemütliches, nasses Wetter« und »Die Mädchen brauchen doch ihre Suppe!«.

Auf dem Weg zurück zum Klassenzimmer streifen ihre Fingerspitzen den letzten Brief von Mary, der in ihrer Schürzentasche steckt. Mary schreibt ihr immer wieder, dass sie aus Brüssel fortgehen soll. *Jetzt sofort, Charlotte. Du rennst in dein Unglück, wenn du bleibst.* Mary hat bestimmt recht, sie sollte weggehen, aber dazu ist sie im Moment nicht stark genug. Sie muss für das kämpfen, was ihr lieb und teuer ist.

Als die Mittagsstunde kommt, bekommt sie auch Hunger, und es will ihr nicht gelingen, sich auf die Korrektur der Arbeiten zu konzentrieren, die vor ihr gestapelt liegen. Die Mädchen sitzen über ihre Pulte gebeugt und schreiben an einer Strafarbeit, die – wie Charlotte nur zu gut weiß – nur den Zweck hatte, ihre eigene Wut zu kühlen. Aber hat sie denn kein Recht auf Gefühle? Ist sie als Lehrerin ein seelenloses Wesen, das nur einschläfernde Texte diktieren darf, ihren Schülerinnen hinterherschnüffeln und wie eine Bauchrednerpuppe das sagen muss, was Madame ihr in den Mund legt?

Godelieve sitzt so tief über ihr Blatt gebeugt, dass ihre Nasenspitze fast das Papier berührt. Sie sollte mit den Eltern des Mädchens über eine Brille sprechen, warum hat sie das noch nicht getan? Und wie blass Alexandrine aussieht! Das Fasten wird ihr nicht guttun, denn sie hatte in letzter Zeit öfters unter Schwindelanfällen zu leiden. Eine vage Zärtlichkeit für ihre Schülerinnen durchfährt sie, und sie bereut es, so eine alberne Strafe verhängt zu haben. Bei näherem Hinsehen ist Godelieve vielleicht gar nicht so dumm; hat sie neulich nicht ein Gedicht auf Englisch geschrieben? Zwar nur über einen Wurf Kätzchen, aber wirklich ganz gut und rührend.

Das Leben dieser Mädchen ist flach wie das flämische Flachland. Alles wird für sie entschieden, und ein oder zwei Jahre nachdem sie die Schule verlassen haben, werden sie Mütter werden, verheiratet mit dem Sohn eines Geschäftsfreundes von Papa oder einem älteren Mann mit Adelstitel. Oder – wenn sie Glück haben – mit einem jungen Mann ihrer Wahl, so er denn wohlhabend ist und aus guter Familie kommt.

Vielleicht ist ihr Leben gar nicht so schlecht. Vielleicht ist ja in Wirklichkeit ihr eigenes Leben ein Chaos, eine Kette verkehrter Entscheidungen?

Zum ersten Mal bereut sie, dass sie im Pensionat keine Freundschaften geschlossen hat. Mit den älteren Mädchen und den Lehrerinnen wäre das durchaus möglich gewesen.

Zärtlichkeit wallt in ihr auf und starkes Verlangen nach Monsieur überkommt sie, und sie weiß, dass sie nicht länger getrennt von ihm sein kann.

Kurz vor Ende der Mittagspause und dem Beginn von Juffrouw Sophies Geschichtsstunde, ruft sie Aimée zu sich und gibt ihr einen zusammengefalteten Zettel.

»Bring diese Nachricht zu Monsieur Heger im Athénée Royal. Jetzt sofort.«

Ich will Sie sehen, Monsieur. Kommen Sie zu mir, heute Abend um elf in meinem Klassenzimmer.

Sie hat Hoffnung. Er wird kommen, er wird sie in die Arme nehmen und sich nicht mehr mit vagen Ausflüchten herausreden.

Während des Abendessens im Speisesaal scheint es, als hätte sie die Beulenpest, so deutlich wird sie gemieden. Das Küchenmädchen »vergisst« sogar, ihr Tee zu bringen, was sie doch schon seit ihrem ersten Abend in Brüssel für sie tut, weil Charlotte abends keinen Kaffee verträgt. Nach dem Essen holt sie ihren Mantel, murmelt Gertrude zu, sie wolle einen Bekannten besuchen, und läuft aus der Schule. Sie setzt sich in die Kirche Saint-Jacques-sur-Coudenberg und beobachtet die frömmelnden Betschwestern, die um diese Zeit noch zum Beten herkommen. Als sich auch diese Frauen auf den Heimweg gemacht haben, unternimmt sie einen Versuch, einen albernen französischen Roman zu lesen, den sie in der Unterrichtsstunde einer Schülerin abgenommen hat. Ihre Hände verkrampfen sich vor Kälte. Sie bleibt sitzen, bis die Frauen im Pensionat höchstwahrscheinlich alle im Bett liegen. Monsieur hat jeden zweiten Dienstag im Monat eine Versammlung des Saint-Vincent-de-Paul-Vereins, und dann kommt er gegen elf Uhr nach Hause. Gerührt senkt sie den Kopf, als sie an ihn denkt: Sie kennt ihn, als wäre er ihr Mann.

Als sie über den Gartenpfad des Pensionats läuft, sieht sie im Karree und im kleinen Salon noch eine Gaslampe brennen, doch Madame wird jetzt sicher bald nach oben gehen. Sie ist hochschwanger, Ende November soll sie schon entbinden.

Charlotte steht um Viertel vor elf am Fenster ihres Klassenzimmers, mit einer Kerze neben sich auf der Fensterbank. Sie trägt keinen Schal, denn sie will elegant wirken, doch der Ofen ist schon seit Stunden aus und es ist kühl. Eine Straßenlaterne wirft ihr goldenes Licht auf den Gartenweg beim Karree: das Tor, die kahlen Bäume, der Pfad. Und dort ist Monsieur (wie gut sie ihn kennt!); er legt den Riegel vor und kommt jetzt aufs Haus zu. Er sieht sie, und mit einem lebhaften Ausdruck auf seinem lieben Gesicht hebt er die Hand leicht zum Gruß. Unglaublich, dass sie jemals vermutet hat, dieser Mann könne seine Frau schlagen, nur weil er so eine männliche Ausstrahlung besaß. Er ist ein guter Mensch. Nicht mehr lange, dann wird er bei ihr sein. Es dauert eine ganze Weile, aber er hängt sicher erst seine Jacke auf. Es dauert ziemlich lang. Sie steht an der Tür und legt die Hand auf die Klinke, aber sie wagt sie nicht aufzumachen: Sie will das leere Karree nicht sehen. Es kann nicht sein, dass er nicht kommt. Schließlich läuft sie zurück ans Fenster, macht es auf und beugt sich vor, um zu den Fenstern auf der rechten Seite zu spähen. Das Licht im Karree ist gedämpft, und auch im kleinen Salon ist es jetzt dunkel.

Später fasst sie an die Türklinke von Gertrudes Kabinett: Sie ist abgeschlossen.

»Sie wollten mich sprechen«, sagt Madame Heger seufzend. Sie klingt noch heiserer als sonst und zieht ein Taschentuch aus dem Ärmel. Der November ist dieses Jahr besonders feucht und kalt, und mehrere Bewohner des Pensionats haben sich erkältet. »Aber bevor Sie sprechen, *Mademoiselle* Charlotte, möchte ich Sie etwas fragen.«

Charlotte hat die ganze Nacht kein Auge zugetan, und sie hat auch nicht gefrühstückt. Sie fühlt sich miserabel, sitzt aber trotzdem so aufrecht wie möglich auf dem weichen Sofa und hat die gefalteten Hände in den Schoß gelegt.

»Warum haben Sie Ihre Schülerinnen so streng bestraft?«, fragt Madame. »Weil Joséphine nicht in fließendem Englisch erzählen kann, dass sie am Sonntag auf ihrem Pony im Park ausgeritten ist? Essensentzug ist eine körperliche Strafe, *Mademoiselle*. In den Schulen von Yorkshire mag so etwas vielleicht gebräuchlich sein, aber hier sind wir milder.«

»Unterricht mit zu weicher Hand macht schwach, faul und respektlos«, sagt Charlotte, doch ihre Stimme klingt wenig überzeugend. Hat sie selbst nicht immer gegen Schulen wie Cowan Bridge protestiert, wo man ihren Schwestern und ihr verdorbenes Essen vorsetzte?

»Wollen Sie sagen, dass ich nicht respektiert werde? In meiner eigenen Schule?« Madame schnieft und putzt sich die Nase. Die Schwangerschaft verursacht ihr Schwellungen im Gesicht und dazu eine fleckig-rote Haut, aber sie ist noch immer zu hübsch, um Mitleid zu erregen. Wie sollte Charlotte auch Mitleid haben können mit der Frau, die Monsieurs Kind unter dem Herzen trägt? Sie gibt keine Antwort und konzentriert sich auf die verschlungenen Blumenstängel mit den ausgeblichenen roten Blüten auf dem Perserteppich.

»*Bon*.« Madame klatscht in die Hände. »Worüber wollten Sie mit mir sprechen? Geht es um die gestrigen Umstände in Ihrer Klasse?«

»Ich möchte Ihnen meine Entlassung anbieten, Madame.«

Voilà, Sie haben gewonnen. Lassen Sie mich jetzt gehen.

Die Blüten breiten sich vor einem königsblauen Hintergrund aus.

»Mir ist nicht klar, warum Sie das tun«, sagt Madame, ganz die Heuchlerin, »aber ich werde darüber nachdenken. Sehen Sie mich bitte einmal an.«

Charlotte blickt widerwillig auf, und Madame scheint doch keine so virtuose Schauspielerin zu sein, denn ihr ganzes Äußeres spricht von Erleichterung.

»Ihr Studium ist abgeschlossen, *ma chère*«, sagt Madame, und setzt sich unvermittelt und mit überraschender Eleganz neben Charlotte aufs Sofa. »Ich halte es für eine gute Idee, wenn Sie nach Hause zurückgehen und dort eine Schule gründen.« Sie rutscht noch ein Stück näher an Charlotte heran und fügt in gnädigem Ton hinzu: »Seien Sie nicht verbittert. Alleinstehende Frauen können große Erfüllung und Zufriedenheit erlangen, indem sie anderen dienen.«

Madames Gnade, Madames Weisheit: wie ein gemeines Küchenmesser werden sie ihr mit einem schrillen Wutschrei zwischen die Rippen gestoßen. Charlotte steht brüsk auf und will den Salon verlassen, doch in diesem Moment geht die Tür auf und Monsieur betritt das Zimmer.

»*Miess* Charlotte! Was tun Sie denn hier?«

Sie will wortlos davonstürmen, doch er fasst sie am Oberarm.

»Was ist hier los? Setzen Sie sich hin! Setzen Sie sich!«

Er schiebt sie zu einem Sessel, doch sie weigert sich, sich hinzusetzen.

»*Mademoiselle* Charlotte hat ihre Kündigung angeboten«, sagt Madame.

»Kündigung? Das ist doch völliger Wahnsinn! Das hast du doch nicht angenommen, hoffe ich?«

»Ich werde darüber nachdenken.«

»*Miess* Charlotte ist hier an der Schule unentbehrlich. In ein paar Tagen geht sie außerdem wieder mit mir zu den flämischen Arbeitern. Ich habe mir heute Mittag überlegt, wie nützlich sie mir dort sein könnte.«

Und Charlotte, die sich schon wie tot fühlte, spürt, wie wieder etwas Leben in sie zurückkehrt, und trinkt seine Worte durstig in sich hinein.

Madame schiebt ihr Taschentuch in den Ärmel und steht auf.

»Ach, ist das so, Constantin? Ich glaube, dass wir das lieber unter vier Augen besprechen.« Mit wiegendem Gang und einer stützenden Hand unter ihrem Bauch geht sie zur Tür und macht sie weit auf. »*Mademoiselle*, ich werde Ihnen meine Entscheidung mitteilen. Sie können jetzt gehen.«

Noch am selben Abend wird Madame – zu früh, wie es aussieht – von einer Tochter entbunden, die zu leicht ist und von der man sagt, dass sie es nicht schaffen wird: Julie Marie. Monsieur weicht seiner Frau und ihrem neugeborenen Töchterchen so gut wie gar nicht von der Seite. Monsieur Chapelle ist so nett, einen Monat lang für seinen Schwager den abendlichen Unterricht am Vieux Marché zu übernehmen, obwohl man sagen muss, dass ihm vor diesen derben Arbeitern schaudert. Und Charlotte? Charlotte wartet.

XXVII

Sie kommt die Treppe herunter, und da steht er. Tiefe Falten haben sich in seine Stirn gegraben, und die Falte zwischen seinen Augenbrauen sieht aus, als hätte man sie ihm mit einem scharfkantigen Stein in die Haut geritzt. Ein grüblerischer Blick, seine große Hand auf dem Geländer.

Der Dezember ist zur Hälfte vergangen, und endlich wird Monsieur sie wieder zur Abendschule mitnehmen. Ihre Locken haben am Ende des Tages nicht mehr so viel Spannkraft, aber sie hat ein frisch gestärktes Kleid angezogen und den dunkelblauen Mantel über den Arm gelegt.

»Komm«, sagt Monsieur ein wenig matt. Er nimmt den Mantel, aber als er ihn ihr gerade um die Schultern legt, kommt Madame ins Karree. Ihr Kopf ist geschrumpft, die blasse Haut hängt ihr lose von den Knochen, aber sie hat ihren rasselnden Schlüsselbund und das Kassenbuch im Anschlag.

»*Chéri*, willst du wirklich gehen?«, fragt sie freundlich. Sie ist wie der erschöpfte Held, der nach einer schweren Schlacht heldenhaft und mit gezücktem Schwert wieder aufs Schlachtfeld geht. »Ah, ich sehe, dass *Mademoiselle* Charlotte dir Gesellschaft leisten will, aber ich befürchte, das wird nicht möglich sein.«

Dieses Mal ist es ein Schwert, das sie ihr mit dem liebenswürdigsten Lächeln ins Herz stößt.

»*Chéri*, ich muss dringend das englische Kindermädchen anschreiben, das uns seine Dienste angeboten hat«, sagt Madame und bindet ihrem Mann sorgfältig den Schal. Kaum ist sie fertig, lockert er ihn wieder ein bisschen. »Und das muss heute Abend noch geschehen«, fährt sie fort, »denn dann kann unser Nachbar den Brief mitnehmen, wenn er nach London abreist.« Und dann, an Charlotte gewandt: »Sie müssen mir helfen, *Mademoiselle*. Mein Englisch ist so erbärmlich.«

Charlotte fühlt, wie ihr eine seltsame, schwindelnde Hitze in den Kopf steigt. Dieses Karree und Madame mit ihrem kirschroten Umschlagtuch und ihre tapferen Augen hinter einem dunstigen Schleier.

»Das bricht mir das Herz«, murmelt sie und wirft Monsieur einen bittenden Blick zu. Es kann doch nicht sein, dass ihr diese wenigen Stunden mit ihm auch noch genommen werden. Er macht die Tür zum Garten auf und bedeutet ihr, dass sie schon mal hinausgehen soll.

»Jetzt nicht, Claire, bitte«, hört sie ihn sagen, und dann sind sie auch schon zusammen auf dem Gartenweg. Sie zittert am ganzen Körper, als sie auf das Tor zuläuft. Oh, wenn Madame ihnen nur nicht nachläuft!

Monsieur schiebt den Balken des Tors auf, und da liegt die Straße, aber zu ihrem Schrecken sieht sie Gertrude mit ihrem Korb auf dem Gehweg stehen.

»Helfen Sie ihr tragen«, sagt Monsieur kurz angebunden und läuft voraus.

Sie hat kaum neben Gertrude Platz genommen, auf einem Stuhl, der ganz hinten an der Wand des Pfarrsaals steht, als Emile plötzlich vor ihr steht. Der Unterricht soll gleich beginnen, aber er macht keine Anstalten, sich einen Platz an einem der Tische zu suchen.

»Darf ich mich neben dich setzen?«, fragt er, und noch bevor sie antworten kann, hat er schon einen Stuhl neben sie gestellt. Gertrude stößt sie mit Verschwörermiene in die Seite und flüstert: »Da hat einer angebissen, Mädchen. Das ist ein viel besserer Kerl für Sie.«

Charlotte ist ziemlich egal, wer oder was neben ihr sitzt, aber dann sieht sie, wie Monsieur zwischen den Köpfen von zwei Arbeitern hindurch einen Blick von ihr aufzufangen versucht, und sie sieht die Überraschung auf seinem Gesicht, als er Emile neben ihr entdeckt. Vielleicht wird er eifersüchtig, vielleicht begreift er, dass sie nicht ewig auf ihn warten wird.

»Warum kommst du jetzt wieder mit?«, fragt Emile eindringlich, und sie spürt seinen Atem auf der Wange. »Ich habe schon Ausschau nach dir gehalten.«

»Pscht«, zischt Charlotte, »Monsieur Heger fängt mit dem Unterricht an. Was machst du überhaupt hier? Du solltest dich lieber weiter vorne hinsetzen.«

»Hör zu, ich muss mit dir sprechen«, sagt Emile unerschütterlich. Obwohl seine Hose ein Fetzen ist und sein Dialekt seine niedere Herkunft verrät, zeigt er ruhiges Selbstvertrauen. »Es ist wichtig, für mich, aber auch für dich.«

Sie nickt, aber eher, um ihn zum Schweigen zu ermahnen, nicht als Zustimmung. Ein Arbeiter steht vorne und liest stockend einen Artikel aus *L'Observateur* vor, einer Brüsseler Zeitung. Emile dreht seinen Hut in den Händen, und sie sieht die Trauerränder unter seinen Fingernägeln, doch dann schaut er sie an, und sie sieht seinen hypnotisierend hellen Blick. Wenn ein Physiognomiker die Gesichtszüge dieses Mannes lesen würde, ohne seine Herkunft zu kennen, würde er zweifellos folgern, dass er aus einer adligen Familie stammt und eine klassische Bildung hat.

»Ich warte bei der Brücke auf dich«, sagt Emile. »Die Brücke, die zur Insel hinübergeht. Weißt du, wo das ist?«

Sie gibt keine Antwort, und er stößt sie mit dem Oberschenkel an.

»Charlotte, weißt du, wo das ist?«

Sie ist keine *Mademoiselle* mehr für ihn, er hat sie sich schon zu eigen gemacht.

Auf dem Rückweg ins Pensionat lässt Gertrude sich zurückfallen. Sie steht natürlich wieder irgendwo unter einer Markise und küsst ihren Jef, der sich in einem Getreidehandel zu einer Stellung als Vorarbeiter hochgearbeitet hat und ernsthafte Absichten mit ihr zu haben scheint.

Feine, kühle Regentropfen fallen in trauriger Kadenz auf sie herab.

Monsieur Heger geht vor Charlotte und steuert einen verlassenen Quai an. Das Wasser des Kanals sieht schwarz aus, und ihr Atem bildet kleine Wölkchen in der Finsternis. Er zieht sie nicht an sich und er küsst sie nicht, doch nach einer schmerzhaften Pause, in der er vergessen zu haben scheint, was genau er hier eigentlich tut, ergreift er ihre Hand – die nass und kalt ist, denn in ihrer Verwirrung vorhin im Pensionat hat sie ihre Handschuhe liegen lassen.

»Sie lieben mich nicht mehr«, sagt Charlotte und schaudert, als er seine warmen Lippen über ihre Fingerspitzen gleiten lässt.

»Nein, nein, das ist es nicht«, sagt Monsieur, doch als sie sich an ihn lehnen will, spannt er nervös die Muskeln an. »Nicht hier, Charlotte, wenn uns jemand sieht!«

»Sie lieben mich nicht mehr.«

»Doch, wirklich, und du musst auch in Brüssel bleiben. Ich brauche dich, ich kann nicht auf dich verzichten.« Seine Stimme stockt, weil ihn die Gefühle überwältigen, und im Dämmerlicht meint sie seine Augen feucht glänzen zu sehen. »Ich versuche schon seit Monaten, meine Gefühle für dich zu mäßigen, aber es gelingt mir nicht. Ich will dich bei mir haben, aber wir müssen diskret sein.«

Sie wagt ihren Traum für die Zukunft nicht auszusprechen, denn er ist skandalös. Wenn Monsieur sie nicht heiraten kann, ist sie bereit, in Sünde mit ihm zusammenzuleben. Aber eine solche Liebesbeziehung ist mit so viel Schmach verbunden, dass es kaum in Worte zu fassen ist, und wenn man es probieren würde, würden diese Worte hier am dunklen Quai ebenso skandalös klingen. Selbst die Frage, die sie schließlich stellt, dürfte sie gar nicht stellen.

»Meinen Sie … meinen Sie damit, dass Sie sich nicht für mich entscheiden?«

Verzweifelt schüttelt er den Kopf. »Wovon redest du da? Ich habe eine Familie, Charlotte.«

Madame Heger mit ihrer scheinheiligen Höflichkeit und ihren zu weichen Händen taucht vor ihrem inneren Auge auf. Sie verabscheut sie.

»Warum sind Sie an dem Abend nicht in mein Klassenzimmer gekommen?«

Beschämt wendet er den Blick ab, starrt auf eine leere Kiste, die auf dem Wasser schaukelt, aber dann bekommt sein Blick etwas Autoritäres, und er fasst sie bei den Handgelenken.

»Claire hat auf mich gewartet. Versteh das doch. Das bedeutet nicht, dass ich dich nicht liebe, das tue ich sehr wohl. Ich will dich besitzen.«

»Warum sollten Sie? Ich bin keine Schönheit, ich kann weder singen noch musizieren.«

»Ach, kleine Hexe, was faselst du denn da? Du und ich, wir sind eins, weißt du das nicht? Ich schmachte nach dir, du faszinierst mich. Ganze Welten fließen aus deiner Feder, Welten, die mir fremd sind. Endlose Möglichkeiten. Und dieser Eigensinn, dieser englische Eigensinn – ich will ihn brechen.«

»Dann sag es mir. Sag mir, dass du dich für mich entscheidest.«

»Wir können uns regelmäßig außerhalb des Pensionats treffen. Ich kann etwas organisieren, ein Zimmer in der Stadt.«

Sie fühlt, wie sich sein Griff lockert, und auf einmal lodert der Zorn in ihr auf.

»Hören Sie eigentlich, was Sie da sagen? Wie ist das nur möglich, Monsieur? Was Sie mir da vorschlagen, sind die Brotsamen, die von Ihrem Tisch fallen. Der Kuchen ist für Madame, und ich bekomme, was übrig bleibt, nachdem sie sich bedient hat. Sie wollen mich nicht, aber Sie wollen mich auch nicht an einen anderen verlieren. Muss ich als eine Art Sklavin bleiben? Was glauben Sie eigentlich, wer ich bin? Nur, weil ich weder reich noch schön bin, heißt das noch nicht, dass ich keine Gefühle habe.«

Sie reißt sich von ihm los und stößt ihn von sich weg.

»Sie haben mein Herz gewonnen mit all den schönen Sätzen von berühmten französischen Schriftstellern. Sie haben mir zugehört und haben mich aus der Dunkelheit geholt, Sie haben mich mit Ihrer Wärme verführt, und Sie haben mir Luftschlösser gebaut. Und jetzt blasen Sie sie fort, fort. ›Wovon redest du da, Charlotte?‹ Wovon ich rede, Monsieur? Von Ihren Lügen. Sie brechen mir das Herz.«

Bevor sie begreift, was sie tut, schießt ihre Hand vor und schlägt ihn mit voller Kraft ins Gesicht. Mit einem verblüfften

Aufschrei prallt er zurück, und sie läuft weg, erst mit raschen Schritten, dann fängt sie an zu rennen. Doch die Steine unter ihren Füßen sind rutschig, und als sie um die Ecke biegt, rutscht sie aus, schlägt auf den Boden und verletzt sich am Knie, ihr Strumpf ist zerrissen.

Sie stolpert weiter, aber sie kennt den Weg nicht. Finsternis umschließt sie. Es ist gefährlich hier, das weiß sie von Gertrude: Hier kann man überfallen werden, oder noch Schlimmeres. Aber das kann sie nicht mehr stören, ist sie doch ohnehin schon tot.

Dort an der Brücke steht eine verschwommene Gestalt, die jetzt auf sie zukommt. Erst gerät sie in Panik, doch dann erkennt sie Emile.

»Charlotte, was ist passiert?«

Sie will weiterlaufen, rennen, aber sie ist erschöpft und bleibt vor ihm stehen. Er nimmt sein Halstuch ab und will ihr den Schmutz vom Kinn wischen, aber sie nimmt es ihm aus der Hand und reibt sich die Wangen trocken.

»Komm her.« Er legt einen Arm um sie. »Ich freue mich so, dass du gekommen bist. Komm, du bist ja ganz durchgefroren.«

»Wir sind da«, sagt Emile.

Aus den Wirtshausfenstern strahlt ein vielversprechendes bronzenes Licht, und über der Tür ist ein Name angeschrieben, den Charlotte beim besten Willen nicht aussprechen könnte. Mit ihren feuchten Haarsträhnen, dem aufgeschürften Kinn und ihren schlammverschmierten Röcken sollte sie sich lieber nicht sehen lassen. Doch der leichte Druck von Emiles Hand auf ihrem Rücken und der Gedanke an ein Herdfeuer und eine heiße Suppe lassen sie nachgeben. Beim Eintreten schlägt ihr der Geruch von Blutwurst mit Äpfeln entgegen. Im Ofen brennt knisternd gutes, trockenes Holz. Emile sagt etwas zu zwei Männern mit schwarzen Schnurrbärten, die in ihren blauleinenen Arbeitshemden am Ofen sitzen, und deutet auf sie, mit ihrem nassen Haar und ihren schmutzigen Kleidern. Sofort machen sie den Platz am Feuer für sie frei. Wenn sie wirklich eine hübsche junge Frau wäre, hätten sie sicher eine ungezwungene Verbeugung vor ihr gemacht und sich erkundigt, was ihr passiert ist. So bleibt es bei einem mitleidigen Nicken.

»Setz dich hin«, sagt Emile, »und zieh die nasse Jacke aus. Ich komme gleich wieder.«

Sie hat es noch nicht oft erlebt, dass sich jemand so um sie kümmert, und es macht sie glücklich.

Eine Frau mit locker hochgesteckten schwarzen Locken und scharlachrot gefärbten Lippen singt ein Lied in einer merkwürdigen Mischung aus Straßenfranzösisch und einer Sprache, die Flämisch sein muss. Das Publikum johlt vor Vergnügen, und die Bedienungen bringen Bierflaschen. Und hoppla, da tanzt die Sängerin auch schon eine Runde mit einem jungen Soldaten, dessen Augen unter dem fettigen Haar ganz glasig sind vom Alkohol.

»Hier«, sagt Emile, legt Charlotte ein Handtuch um die Schultern und stellt ein Glas auf den Tisch. »Trink das aus.«

»Branntwein? Das ist viel zu stark für mich«, protestiert sie, aber nachdem sie sich die Haare trocken gerieben hat, schiebt er ihr das Glas hinüber und sie nippt daran. Der Branntwein hinterlässt eine angenehm glühende Spur in ihrer Brust. Emile hängt ihren Mantel über einen Stuhl vor dem Ofen und setzt sich dann gegenüber von ihr auf einen Hocker.

Man stellt ihr eine dampfende Schüssel Erbsensuppe hin. Die rothaarige Bedienung mit den schweren Brüsten starrt schamlos auf Emiles edles Gesicht, aber er würdigt sie keines Blickes. Das Mädchen erinnert Charlotte an die Kellnerin, die Monsieur im Karneval spielerisch um die Taille gefasst hat. Bei dieser Erinnerung schrumpft sie in sich zusammen, denn an dem Tag hat er sie zum ersten Mal geküsst, und sie war so voller Hoffnung.

Sie isst die herzhafte Suppe und tunkt nach Emiles Beispiel ihr Brot ein. Sie weiß nicht warum, aber ihr kommen wieder die Tränen, und sie fallen in ihre Suppe.

»Nur zu«, sagt Emile. »Lass es einfach heraus.«

Sie schaut sich scheu um und holt ihr Taschentuch hervor.

»Du musst diesen Heger loslassen«, sagt Emile. »Eine vernünftige Frau wie du will doch nichts mit einem verheirateten Mann haben.«

»Was um Himmels willen kümmert's dich?«, fragt sie grob, aber er spricht weiter: »Willst du irgendwann schwanger von ihm sein und dann auf die Straße gesetzt werden, eine Schande für deine Familie?«

Sie lässt vor Abscheu den Löffel in die Suppenschüssel fallen, und grüne Spritzer übersäen das Oberteil ihres Kleides. Emile reicht ihr wieder sein Halstuch und schaut sie durch seine dichten Wimpern an.

»Hör mir zu, bitte. Ich habe einen Vorschlag.« Er legt die Hände auf die Knie. »Lass uns zusammen nach Amerika gehen. Nicht nach Verapas, denn diese Kolonie von Leopold scheint ja eine große Enttäuschung zu sein. Gehen wir nach Wisconsin.«

Sie starrt ihn verblüfft an.

»Warte, Charlotte, hör mir zu, bis ich zu Ende geredet habe. Ein Onkel von mir wohnt in Wisconsin, dort ist es gut. Komm mit mir. Ich habe nicht viel sparen können, aber ich kann hart arbeiten, und ich habe meine Talente. Im Norden strömen immer mehr Farmer ins Land, und ich habe vor, einen Saatguthandel aufzumachen. Wir können klein anfangen. Du bist keine Fabrikarbeiterin, sondern eine gebildete Frau. Das ist unsere Chance auf Freiheit. Du bist eine emanzipierte Frau, Charlotte.«

Emanzipiert? Sie, die bereit gewesen wäre, mit einem verheirateten Mann durchzubrennen? Wenn sie sich nicht so jämmerlich fühlen würde, hätte sie laut losgelacht.

»Ja, emanzipiert«, beharrt Emile. »Was tust du denn sonst in Brüssel? Du hast keine Angst. Ich möchte, dass wir zusammen gehen.«

»Das ist absurd. Ich kenne dich doch kaum.«

Ihr beginnt zu dämmern, wie unsinnig ihre Anwesenheit hier ist. Sie steht jäh auf, nimmt ihren Mantel vom Stuhl und zieht ihn an. »Danke für die Suppe.«

Sie bahnt sich einen Weg zur Tür, was nicht einfach ist, denn gerade kommt eine ganze Gruppe von Gästen herein: aufgekratzte Arbeiter, in deren Atem man das Bier und den Genever riechen kann. Ein Mann, dem borstige weiße Haare aus Nasenlöchern und Ohren wachsen, streift sie im Vorübergehen und zwinkert ihr betrunken zu. Nach draußen, sie will nur noch nach draußen. Als sie die Tür aufmacht, kriecht ihr die eisige Kälte schlagartig unter die Kleidung. Es regnet nicht mehr, und sie fühlt den Drang, einfach davonzurennen.

»Charlotte, sei doch vernünftig!«

Sie dreht sich um. Eine Locke ist ihm in die Stirn gefallen, und sie würde sie ihm gerne zärtlich wegstreichen, aber dann auch wieder nicht. Emile fasst sie am Ellenbogen und geht ein Stückchen mit ihr, bis sie eine stille Straße erreicht haben.

»Du fühlst nichts für mich, Emile. Das Ganze wäre für dich doch nur eine nützliche Lösung. Warum hast du dir kein schönes Mädchen ausgesucht?«

Er antwortet nicht, sondern drückt sie sanft gegen die Wand eines Lagers.

»Ich will dich«, murmelt er an ihrem Hals. »Heirate mich, Charlotte. Und dann lass uns gemeinsam von hier fortgehen.«

Die raue Wand und seine Finger, die sich mit ihren verschränken. Einen Moment scheint es, als wollte sie sich in seiner Umarmung verlieren, doch er drückt sich nicht mit dem ganzen Körper an sie, wie es ein Mann tut, der eine Frau besitzen will. Sein Mund ist nicht gierig wie der von Monsieur.

»Emile«, flüstert sie brüsk, »lass mich gehen.« Und als das nicht zu ihm vorzudringen scheint, wiederholt sie die Worte schreiend und macht sich von ihm los.

»Ho, ho«, sagt er beschwichtigend und hebt die Hände.

Bevor sie anfängt zu rennen, dreht sie sich noch einmal nach ihm um. In seinen intensiven hellen Augen liegt Enttäuschung – oder ist es Gekränktheit?

Noch an diesem Abend schiebt sie ihre schriftliche Kündigung unter der Tür von *le salon de madame* durch. Diese Stadt, dieses Brüssel, macht sie wahnsinnig: Sie muss fort, sie hat sich müde gekämpft. Als sie im Bett liegt, versucht sie zu schlafen, doch es will ihr nicht gelingen, und gegen vier Uhr morgens geht sie zitternd vor Schwäche und Kälte nach unten. Das Kabinett von Gertrude ist nicht abgeschlossen, und sie nimmt sich vorsichtig ein Fläschchen Laudanum aus dem Medizinschrank.

XXVIII

Während Charlotte sich auf den lieblichen Wellen des Opiums forttreiben lässt, sich in der Tiefe der Nacht in leidenschaftlicher Umarmung mit Monsieur Heger vereinigt und ihm einen gesunden, molligen Sohn schenkt, beginnt es draußen zu schneien. Weiße Flocken segeln vom Himmel, so weich, so still und leicht schaukelnd wie gefiederte Pflanzensamen. Bei Tagesanbruch tragen die stumpfen Türme von Saint-Michel und Sainte-Gudula Mützen, und die Häuser sind zart bedeckt. Im Garten sind die Kronen der Birnbäume mit Weiß überzogen, als hätte man ein riesiges Mehlsieb über ihnen geschwenkt, und auf der Mauer sitzt die weiße Katze mit dem schwarzen Kragen, die gekommen ist, um ihre Milch zu trinken, aber vor einem Sprung in die tiefe, weiche Eiseskälte zurückschreckt. Vor den Mauern des Pensionats, die zahlreichen spiegelglatten Stufen zur reichen Nachbarschaft hinauf, fegt ein farbloses, unscheinbares, in Lumpen gekleidetes Mädchen von ungefähr sechzehn Jahren den Schnee vom Trottoir vor den vornehmen Häusern am Park. Ihr ungekämmtes Haar hängt wie ein weißer Wasserfall neben ihrem knochigen Gesicht. Am anderen Ende der Stadt, auf dem Quai de Poissonniers, rutscht eine braune Stute auf den glatten Pflastersteinen aus und reißt im Fallen das zweite Pferd des Gespanns mit zu Boden, was zur Folge hat, dass der ganze mit Ziegelsteinen beladene Karren umkippt.

Nur die albernsten und jüngsten Mädchen im Pensionat, die keine Ahnung haben, was für Unannehmlichkeiten der Schneefall mit sich bringt, freuen sich furchtbar, als sie die Vorhänge aufziehen und auf diese flaumig weiße Welt schauen. Sie schreien wie verrückt: »Es schneit! Es schneit!« Seltsamerweise wird Fräulein Charlotte von dem Aufstand nicht wach. Sie steht nicht mit den anderen auf, sondern bleibt reglos im Bett liegen, auf dem Rücken, mit leicht geöffnetem Mund.

Als Fräulein Charlotte um sieben Uhr nicht zum Frühstück erscheint, bietet sich Louise de Bassompierre an, nach oben zu gehen und nachzusehen, ob ihr nicht wohl ist. Ob dem so ist, ist nicht wirklich feststellbar, denn die Lehrerin ist in tiefen Schlaf versunken. Als der morgendliche Unterricht beginnt und man Madame Heger fragt, was die Schülerinnen von Fräulein Charlotte in der Zwischenzeit anfangen sollen, kommt sie persönlich, um ihr den Puls zu fühlen. Mit Louise geht sie die Treppe zum Schlafsaal hoch, wobei sie in der Eile ihre Röcke höher rafft, als schicklich wäre.

Ô ciel, durchfährt es sie, diese elende Engländerin wird sich doch nicht etwa etwas angetan haben? Einen Skandal gilt es unbedingt zu vermeiden.

»*Mademoiselle*, aufstehen!«, sagt Madame, fasst Charlotte an der Schulter und schüttelt sie mit derselben Heftigkeit, mit der das Hausmädchen draußen die Schneeklumpen aus der Türmatte klopft. Als diese Aufmunterung kein Resultat zeigt, schickt sie Louise in den Waschraum, um eine Schüssel Wasser und einen Waschlappen zu holen.

»Danke, Louise, und jetzt gehen Sie runter.« Sie braucht jetzt keine Zeugen.

Mitleidlos legt Madame das kalte, nasse Tuch auf Charlottes Hals. Die stöhnt im Schlaf und macht eine abwehrende

Handbewegung. Sie hat noch ihr Kleid an, zerknittert und voll grüner Flecken auf dem Oberteil.

»Machen Sie die Augen auf«, befiehlt Madame, und sie kneift ihre Patientin so wütend in die Wangen, dass die Fingerabdrücke noch Stunden später zu sehen sein werden. Wenn sie nicht davor zurückscheuen würde, die Bettwäsche nass zu machen, würde sie den Inhalt der ganzen Schüssel über Charlotte ausgießen. »Machen Sie die Augen auf, habe ich gesagt.«

Wie eine dieser neumodischen teuren Puppen mit den beweglichen Augen schlägt Charlotte die Augen auf, sowie sie in eine aufrechte Position kommt.

»Ach, natürlich, hab ich's mir doch gedacht.« Madame betrachtet sie aufmerksam. »Ihre Pupillen sind so klein wie Sandkörner. Meine Güte, wie töricht Sie sind!« Sie seufzt. »Nun ja, Ihr Zustand ist besser, als zu erwarten wäre. Schlafen Sie sich aus.«

Als sie unten ist, erklärt Madame den Mädchen im ersten Klassenzimmer, dass ihre Lehrerin ein bisschen krank ist und Ruhe braucht.

»*Mademoiselle* Charlotte geht wieder nach Hause, um dort mit ihren Schwestern eine Schule zu gründen, aber es betrübt sie sehr, dass sie sich von Ihnen allen verabschieden muss.«

»Wirklich?«, fragt Godelieve mit schuldbewusstem Blick.

»Ach, Mädchen, macht doch etwas Schönes für sie, was sie dann zur Erinnerung mit nach Hause nehmen kann«, schlägt Madame vor. »Ein Selbstportrait – oder nein, zeichnet euch gegenseitig. Godelieve, du kannst ja vielleicht ein Gedicht schreiben.« Dann zieht sie die Tür hinter sich zu und eilt zum Karree, wo sich das Hauspersonal versammelt hat, um sich den Wochenlohn auszahlen zu lassen.

»Gertrude«, zischt Madame die Hausmeisterin an und zieht sie am Ärmel zum Kabinett. »Entferne auf der Stelle sämtliches Laudanum aus dem Medizinschrank.«

Später, als Charlotte widerwillig von ihrer friedlich schaukelnden Fahrt auf einem Teich mit Wasserlilien zurückkommt, fühlt sie eine kühle Hand auf der Stirn.

»Trinken Sie ein bisschen Tee, *Mademoiselle*«, sagt das junge Mädchen an ihrem Bett.

Der Tee ist stark und süß, und sie erkennt Louise de Bassompierre. »Wie lange hab ich geschlafen?«

Louise lächelt. »Eine Ewigkeit. Aber Sie sind wieder wach und gesund, das ist das Wichtigste.«

Als Charlotte wieder in den Kissen liegt, bemerkt sie, dass Louise einen Brief in der Hand hat.

»Was ist das?«

Louise senkt den Kopf, und unwillkürlich streichelt sie das Papier mit den Fingerspitzen.

»Ein Brief, *Mademoiselle*. Für Ihre Schwester Emily.« Sie ist rot geworden. »Wären Sie so nett, ihn ihr zu übergeben, wenn Sie nach Hause fahren?«

»Ach Kind, meine Schwester hat dich längst vergessen.«

Charlotte schlägt die Decken zurück und setzt noch etwas wacklig die Füße auf den Boden.

»Bei allem Respekt, aber das glaube ich nicht«, sagt Louise und hebt ein gerahmtes Bild auf. »Das hat Emily mir geschenkt, als sie abreiste, sehen Sie.«

Charlotte nimmt das Bild auf den Schoß. Es ist eine Bleistiftskizze von einem durch Sturm und Blitzeinschlag zerstörten Nadelbaum, die zweifellos von der Hand ihrer Schwester stammt.

»Emily wird deinen Brief bekommen«, sagt Charlotte, »aber glaub mir: Du bist aus ihrem Herzen verschwunden, sowie sie den Fuß wieder auf englischen Boden gesetzt hat.«

Sie erschrickt selbst vor der Gemeinheit ihrer Worte.

Der Zug, der Zug. Er donnert durch das trostlose Flachland, vorbei an weißen Weiden, die gesäumt sind von kahlen Bäumen. Stille Dörfer, die wie ausgestorben wirken. Die Luft ist seltsam kobaltblau, hie und da funkelt noch ein Stern am Himmel. Es gibt fast nichts, was so einsam wäre, wie an einem Feiertag alleine zu reisen und dabei zu wissen, dass man auch am Abend noch nicht zu Hause sein wird. Charlotte ist am ersten Morgen des Jahres 1844 mehr als allein, denn ihr gegenüber sitzt Madame Heger. Wie ein Wachhund wird die Direktorin sie bis an die Treppe des Passagierschiffes begleiten.

Madame strickt, irgendetwas aus teurer Wolle für eines ihrer Kinder. Das Klicken der Stricknadeln und ihre geschäftigen Hände. In regelmäßigen Abständen hält sie ihr Werk in die Höhe, um es zu betrachten. So reisen sie zusammen von Brüssel nach Ostende: die junge Frau, die einen verheirateten Mann liebt, und die erfahrene Frau, die weiß, wie sie ohne viel Aufhebens eine Affäre ihres Mannes im Keim ersticken kann. Vor Charlottes geistigem Auge, in der Reflexion der nassen Scheibe, reist Monsieur Heger mit. Er trägt einen Morgenmantel mit fernöstlichem Motiv über seinem Pyjama. Wie seine Hände zitterten, als er ihr frühmorgens im Karree sein eigenes Exemplar von *Les Fleurs de la Poésie Française* schenkte. Beim Überreichen ihres Zeugnisses, mit einem Siegel des Athénée Royal, gab er ihr einen verstohlenen Kuss neben das Ohr.

»Ich werde dich so vermissen«, flüsterte er heiser.

Der Hafen von Ostende ist ein Aquarell in Braun- und Grautönen: die Schiffe, die Quaimauer und der schmelzende Schnee.

Charlotte streckt Madame Heger mit steifem Arm die Hand hin, um sich zu verabschieden.

»Es ist besser so«, sagt Madame. »Bauen Sie sich ein Leben in Ihrem Herkunftsland auf, *ma chère*. Dort sind Sie zu Hause. Wir sind der Meinung, dass es besser ist, wenn Sie nicht mehr nach Brüssel zurückkommen. Haben Sie mich gehört? Nie mehr.« Sie schüttelt Charlottes Finger flüchtig und grob. »*Au revoir, Mademoiselle.*«

»Ach, lassen Sie mich doch in Frieden!«, schreit Charlotte. Dann eilt sie die Brücke zum Passagierschiff hinauf.

VERBANNEN

XXIX

Beschämt ist die unternehmungslustige Abenteurerin, die ohne einen überquellenden Koffer voller Goldstücke nach Hause zurückkommt, ohne einen begehrenswerten Ehemann aus dem fernen Land am Arm. Charlotte, Tochter des Pfarrers, ist wieder zu Hause. Kommt, kommt, schaut euch das an! Ihr Herz in Scherben und keinen Ring an der Hand.

Der Wind schlägt ihr ins Gesicht, als sie die steile Hauptstraße von Haworth hinaufläuft. Zwei Fabrikarbeiter, Jungen, die sich die Schiebermütze keck falsch herum aufgesetzt haben, schleppen ihren Reisekoffer. Sie schlägt ihren Mantelkragen hoch und betet, dass ihr kein Bekannter begegnet. Als sie den kupfernen Türklopfer des Pfarrhauses fallen lässt, macht Emily ihr auf.

»Em«, stammelt Charlotte. »Em.«

Sie bricht in Schluchzen aus und will ihrer Schwester in die Arme fallen, doch Emily weicht zurück vor so viel Pathos. Mit gelinder Gereiztheit bedeutet sie Charlotte, dass sie mit dem Heulen aufhören und ins Wohnzimmer gehen soll.

Ihr Vater sitzt schreibend am Fenster und schaut auf. Es sieht aus, als würde eine milchige Haut über seinen Augen liegen.

»Wer war das an der Tür, Emily?«

»Ich bin es, Papa«, sagt Charlotte und kniet sich neben ihren Vater. Er legt ihr die Hand auf die nasse Wange.

»Ach, meine verlorene Tochter, endlich wieder zu Hause. Hast du Kummer, mein liebes Kind?«

»Ja«, sagt sie, aber dann lügt sie: »Der Abschied von meinen Schülerinnen ist mir so schwergefallen, Papa.«

Wie kann sie ihrem Vater, der Enthaltsamkeit und Selbstbeherrschung predigt, erzählen, dass sie den Ehemann einer anderen Frau liebt? *Du sollst nicht begehren deines Nächsten Haus noch alles, was dein Nächster hat.* Ihr Vater auf dem Predigtstuhl, seine stolze Haltung, sein innerer Blick auf den rechten Pfad gerichtet, seine weisen Worte widerhallend zwischen den hohen Bogengewölben.

Brüssel, 1. Januar 1844

Meine liebe Freundin,

Du bist an Bord des Schiffes, das Dich mit jedem Moment weiter von mir wegführt. Und ich sitze hier in meinem Arbeitszimmer, stecke meine Pfeife an und denke an Dich. Im Schein der Gaslampe erscheint Dein Bildnis vor mir. Da bist Du, meine kleine Hexe. Zurückhaltend und leidenschaftlich. Bescheiden und doch eigensinnig. Du liebst mich, und doch hast Du mich verlassen.

Heute Mittag habe ich mit meinen Kindern und ein paar Verwandten diniert, um den Neujahrstag zu feiern. Ich fühlte mich gar nicht gut, aber wollte nicht an der Tradition und der festlichen Stimmung rühren. Marie und Louise lasen ihre Neujahrsbriefe vor, und ich versuchte, mich auf ihre Worte zu konzentrieren. Aber in Gedanken war ich anderswo. Ich vermisse Dich, Charlotte.

Als ich vorhin über den Flur ging und am Speisesaal vorbeikam, glaubte ich Dich an dem langen Tisch über Deine Schreibarbeit gebeugt zu sehen. Mein Mädchen, vertieft in diese oder jene Tagträume, nachsinnend, was für eine fantastische Geschichte sie nun wieder für mich schreiben könnte. Ich warte auf

Deinen Aufsatz, aber es kommt keiner. Mein Tisch ist übersät mit Aufsätzen und schriftlichen Hausaufgaben, aber nichts davon ist die Mühe wert, es zu lesen. Wie arm ich mich fühle, seit Du heute Morgen abgereist bist. Niemand schaut mich so an, wie Du es getan hast, mit Deinen großen braunen Augen.

Nicht mehr lang, dann bist Du wieder in Deiner vertrauten Umgebung. Du wirst Trost finden bei Deinem Vater und dem Rest der Familie. So muss es sein, liebe Freundin. Hab keine Angst. Auf eine Frau wie Dich, mit all Deinen Talenten, wartet eine wundervolle Zukunft. Sei offen dafür. Darf ich Dich einfach bitten, mich nicht zu vergessen? Denk ab und zu an Deinen Lehrer in Brüssel. Deinen Lehrer, der seine vielversprechendste Schülerin verloren hat und nur für ein Zeichen von ihr lebt.

Mit all meiner Liebe
Constantin Heger

Haworth, 26. Juli 1844
An Constantin Heger

Monsieur,

ich bin zwar nicht an der Reihe mit Schreiben, aber ich habe so lange nichts von Ihnen gehört, dass ich es nun doch wage. Verzeihen Sie mir, dass ich Ihnen dieses Frühjahr einen viel zu sentimentalen Brief geschrieben habe. Aber nach Ihrem Brief Anfang Januar – aus dem so große Zuneigung sprach und der mir so viel Hoffnung und Freude brachte – haben Sie nichts mehr von sich hören lassen. Das macht mir schrecklichen Kummer. Aber Monsieur, ich mache Ihnen keine Vorwürfe. Und seien Sie ganz beruhigt: Diesen Brief schreibe ich in beherrschtem Ton.

Die Frau von Doktor Wheelwright hat mir erzählt, dass Sie in letzter Zeit einen sehr müden Eindruck machen. Das macht mir Sorgen. Bereiten Sie wieder ein Theaterstück mit den Schülern vor, wie in den letzten Jahren? Das verlangt großen Einsatz von Ihnen. Außerdem fangen demnächst die Examen an, und dann werden die Preise verliehen. Das Ende des Schuljahres ist eine schwere Zeit, und Sie müssen bestimmt so manchen freien Abend opfern. Ich finde es so bedauerlich, dass ich das Theaterstück nicht sehen werde. Es wird bestimmt wieder ganz großartig, denn Sie sind so ein begabter Regisseur.

Monsieur, es würde mir so viel Vergnügen bereiten, einen Brief von Ihnen zu bekommen. Wenn Sie zu beschäftigt sind, um mir zu schreiben, habe ich dafür natürlich Verständnis. Nichtsdestoweniger hoffe ich, dass Sie ein wenig Zeit für Ihre Lieblingsschülerin erübrigen können (bin ich das noch immer?). Der Brief kann ruhig kurz sein, ich erwarte nicht viel. Aber ich denke fast jeden wachen Augenblick an Sie, und ein Brief von Ihnen, so kurz er auch sein mag, würde mir wieder Kraft geben.

Ach, Monsieur, ich habe solche Angst, mein Französisch zu vergessen, wenn ich nicht mehr mit Ihnen korrespondieren kann. Sie werden sagen, dass ich mir ja auch mit einer Schülerin oder einer der Lehrerinnen schreiben könnte, aber keine von ihnen gebraucht die französische Sprache mit so viel Eleganz wie Sie. Sie sind mein Lehrer.

Richten Sie meine Grüße an Madame aus? Da sehen Sie, wie vernünftig ich bin.

Adieu, Monsieur.

»Störe ich?«

Ihr Vater kommt ins Zimmer. Seine dicken Brillengläser sind beschlagen, aber er scheint es gar nicht zu bemerken. Sein alternder Körper ist noch immer kräftig, und er weiß genau, wohin er im Haus die Füße setzen muss, ohne sich zu stoßen. Und doch zögert er, nur einen flüchtigen Moment lang, und fasst nach der Stuhllehne. Ein blinder Riese. Demnächst will er sich von einem Arzt in Manchester operieren lassen, aber der Star muss erst noch etwas weiter fortschreiten.

»Ich schreibe einen Brief, Papa. Er muss vor zwölf fertig sein, dann kann Davy ihn nach Bradford mitnehmen. Dann kann er ihn noch rechtzeitig an Mrs Wheelwright übergeben, die reist heute wieder zurück.«

»Aha, wieder ein Brief nach Brüssel.« Er setzt sich zu ihr an den Tisch und faltet die sehnigen, dick geäderten Hände. Sein Bart ist getrimmt und seine Nägel sind säuberlich gefeilt, was auf Charlotte fast etwas dandyhaft wirkt. Monsieur war so viel männlicher mit seinem wirren Haar und seinen schlecht rasierten Wangen und Kinn.

»Du bist deinen Freunden dort ja sehr treu«, sagt ihr Vater.

Aus seinen Worten kann man den milden Scherz heraushören, aber sein Gesicht bleibt ernst.

»Ich schreibe heute Mittag meine Predigt«, sagt er weiter. »Ich nehme an, dass du dann wohl mit deinem Brief fertig bist. Und, erzähl mir doch eines. Wann willst du nun endlich deine Schule aufmachen?«

Charlotte unterdrückt einen Seufzer und legt ihre Feder aus der Hand.

»Lass uns die Idee aufgeben, ein Schulgebäude zu mieten, Papa. Wir können hier im Pfarrhaus klein anfangen, wie du schon vorgeschlagen hast. Das würde die Kosten deutlich senken. Wenn Emily, Anne und ich uns ein Zimmer teilen, ist reichlich Platz für ein paar Mädchen.«

»Dann mach dich an die Arbeit, Charlotte. Du musst dringend etwas tun.« Er steht auf und tastet nach seinem Schlüsselbund, der irgendwo auf dem Tisch liegen muss. Charlotte schiebt seinen suchenden Fingern die Schlüssel hin. Nachdem ihr Vater die Wohnzimmertür hinter sich zugemacht hat, drückt sie sich die Faust aufs Herz, im Versuch, das Gefühl von Beklemmung von ihrer Brust zu vertreiben. Sie taucht ihre Feder in die Tinte.

Warum kann ich nichts weiter tun, als Abschied von Ihnen zu nehmen? Das Schicksal kann so gnadenlos sein. Doch der Tag wird kommen, an dem ich wieder nach Brüssel reise, Monsieur, das weiß ich gewiss. Ich werde einen Weg finden, Sie wiederzusehen, und sei es nur für einen Moment am Tor.

Adieu,
Charlotte Brontë

Haworth, 21. Oktober 1844

Monsieur,

Sie haben mir nicht geschrieben, und das betrübt mich. Nicht, dass ich Ihnen etwas übel nehmen würde: Sie sind ja immer so beschäftigt. In Ermangelung Ihrer Gesellschaft und Ihrer Briefe suche ich Trost in den Büchern, die Sie mir geschenkt haben. Ich habe sie so oft zur Hand genommen und noch einmal gelesen, dass sich die Seiten lösen und die Bindung ausfranst. Deswegen lasse ich sie jetzt neu binden. Eines nach dem anderen, sodass ich sie nicht alle gleichzeitig entbehren muss. Zu meinem Verdruss hat der Buchbinder kein Leinen in dem graugelben Farbton, in dem Paul et Virginie *gebunden war. Schlimmer noch: Er hat überhaupt kein gelbes Leinen, daher habe ich Lindgrün für alle Bücher ausgewählt.*

Jedes Buch ruft mir Erinnerungen ins Gedächtnis, Monsieur.

Dieses Frühjahr, unser Frühjahr, können Sie doch nicht vergessen haben? Ich lese immer und immer wieder Schillers Testament, *denn einmal fand ich es in meinem Pult mit einem Zettel von Ihnen zwischen den Seiten. Wie glücklich ich in diesem Moment war!*

Auf dem Weg zurück nach England wünschte ich mir fast, dass mein Schiff untergeht und ich ertrinke wie Virginie. Aber ich bin ganz lebendig im Haus meines Vaters, und dem, was mir Mrs Wheelwright über das Pensionat schreibt, kann ich entnehmen, dass Sie auch noch unter den Lebenden weilen. Erlauben Sie mir also, dass ich den Trübsinn abschüttle und wieder ans Leben glaube. Bitte, schreiben Sie mir. Ich gebe diesen Brief einem guten Freund mit, der nach Brüssel reist. Darf ich Sie bitten, ihm Ihre Antwort wieder mitzugeben? Er bleibt ein paar Tage vor Ort, Sie haben also genug Zeit zu schreiben. Geben Sie mir Gründe, wieder zu lächeln, Monsieur. Das habe ich schon seit Monaten nicht mehr getan. Ohne Lebensfreude will es mir auch nicht gelingen, eine Schule aufzumachen. Ich habe Ihnen im Mai und Juli geschrieben, aber es kam keine Antwort. Vielleicht erreichen meine Briefe Sie gar nicht? Geben Sie mir ein Lebenszeichen, bitte.

Adieu,
Charlotte Brontë

Haworth, 9. Januar 1845

Monsieur,

ich sterbe, wenn Sie mir nicht schreiben. Wie lange wollen Sie mich noch mit Ihrem Schweigen foltern? Ich kann nicht schlafen, Monsieur, und leide unter Kopfschmerzen. Nachts wälze ich mich im Bett hin und her und sehe Ihr Gesicht vor mir. Oh nein, das Bild verblasst nicht: Ich erinnere mich an jede Linie, jeden Schatten, ich könnte Sie zeichnen.

Monsieur, soll ich nach Belgien kommen? Schreiben Sie mir nicht mehr, weil Sie meinen, dass ein Wiedersehen unmöglich ist? Ich würde mich auch am Tor mit Ihnen treffen, oder lieber noch: an einen Ort, an dem wir ungestört sprechen können. Wissen Sie noch, diese kleine Brücke? Die können Sie nicht vergessen haben. Ich bitte Sie: Sagen Sie etwas.

Und wenn Sie mich nicht mehr wollen, wenn Sie keine Liebe mehr im Herzen tragen für die arme Charlotte, die einst Ihr Liebling war, dann lassen Sie es mich wissen. Lieber ein scharfer Schmerz als diese sich hinziehenden Zweifel. Ich weiß nicht, wie ich überleben soll, wenn Sie mir Ihre Freundschaft verweigern. Wahrscheinlich werde ich dann eine erloschene Frau sein, deren dumpfen Augen man ansieht, dass sie sich einmal ganz kurz am Leben wärmen durfte, dann aber wieder in die eisige Kälte hinausgejagt wurde. Es würde keine Geschichte mehr aus meiner Feder fließen, Monsieur: Ohne Sie bin ich nichts. À bientôt. Ich bringe kein Adieu mehr zustande. Mich verlangt so sehr nach dem Klang Ihrer Stimme, nach dem Druck Ihrer Hand.

Immer die Ihrige,
Charlotte

»Sie ist die Richtige für mich.«

Branwell liegt ausgestreckt auf dem Wohnzimmersofa. Er trägt ein aufgeknöpftes weißes Nachthemd, seine rotgeäderten Augen glänzen, seine Haut ist wachsbleich. So muss der leblose Körper von Shelley ausgesehen haben, als er an einem verlassenen Strand in der Toskana angespült wurde. Aber Branwell ist nicht tot, und er spricht theatralisch von der Liebe. Sein trostloses Aussehen ist einem Abend mit einer Flasche Gin im Black Bull geschuldet.

»Branwell, wie konntest du nur?«, bringt Charlotte mühsam hervor. »Was für eine Dummheit, sich in deine Arbeitgeberin zu verlieben. Mrs Robinson ist so viel älter als du. Oh Gott. Hat ihr Mann etwas davon mitbekommen?«

Branwell streicht sich mit einem Hauch von Selbstverliebtheit eine lange Haarlocke aus dem Gesicht. »Robinson ist ein Trottel. Der weiß von gar nichts. Diesen Sommer reise ich mit der Familie in ihr Sommerhaus in Scarborough. Lydia und ich freuen uns schon schrecklich darauf.«

»Branwell, was soll denn daraus werden?«

»Eines Tages werden wir zusammen sein«, sagt er heiser. »Du wirst schon sehen. Ich weiß es genau: Ihr haltet mich für einen Versager.« Seine Stimme geht in die Höhe, um seine Schwestern nachzumachen. »Branwell kann nicht mal ein anständiges Portrait malen. Und seine Gedichte – ach, die sind ja gar nicht zu vergleichen mit unseren meisterlichen Erzählungen und Gedichten. Und wetten, dass sie ihn bei der Eisenbahn entlassen haben, weil er Geld aus der Kasse gestohlen hat?«

Er sucht unter dem Sofa nach einem Glas. Ein Rest Wasser ist noch darin – vielleicht ist es auch Gin –, und er nimmt einen Schluck.

»Glaubt ihr wirklich, ich weiß nicht, dass jede von euch an einem Roman arbeitet? Ihr weiht mich nicht in eure Pläne ein, denn ich bin nur ein Dilettant, ein armer Trottel. So nennt ihr mich doch, oder? Nur Lydia sieht mich, wie ich wirklich bin. Sie findet mich wertvoll. Sie betet mich an.«

»Sei doch still!« Charlotte legt sich die Hände auf die Ohren, aber dann hört sie die Stimme ihres Bruders, als würde sie sie durch eine Wand aus Wasser hören: »Und du, bist du denn so heilig? Du leidest an schwerer Melancholie – ein gebrochenes Herz, könnte man meinen. Hat dieser Brüsseler Schulmeister wohl etwas damit zu tun?«

Ihre Hände zittern, und das Blatt Papier ist leer. Warum kann sie nicht gleichgültig sein, so wie Emily, und die Vergangenheit ruhen lassen? Der Brief von Louise de Bassompierre liegt vergessen und unbeantwortet auf dem Boden von Emilys Briefkorb, während sie selbst noch immer nach ein paar Zeilen von Monsieur schmachtet, in seiner energischen, undeutlichen Handschrift. Neben ihr liegt das Manuskript, an dem sie in den letzten Monaten gearbeitet hat. Es enttäuscht sie zutiefst, während Emily ein großes Werk geschrieben hat, wild und trostlos wie ihre geliebten Heidehügel, kraftvoll und gnadenlos wie der Wind, der über die Böschungen jagt. Wenn keine Antwort kommt, wird dies ihr letzter Brief sein, dann muss ihre Trauer ein Ende haben.

Haworth, 25. November 1845

Monsieur,
verzeihen Sie, dass ich Ihnen wieder schreibe. Über ein halbes Jahr habe ich mir versagt, zu diesem Zwecke zur Feder zu greifen. Ein Leidensweg, denn solange ich Ihnen Briefe schicke, fühle ich mich Ihnen verbunden. Ich halte es nun auch nicht mehr länger aus …

Ihr Brief, zwei gefaltete, auf beiden Seiten dicht beschriebene Blätter, liegt in den etwas groben, kurzfingrigen Händen von Constantin Heger. Die Gaslampe, der Duft seiner Pfeife und diese erlesenen, traurigen Worte aus der Ferne versetzen ihn in eine wehmütige Stimmung.

Charlotte! Er hätte nicht gedacht, dass er noch einmal von ihr hören würde.

»Constantin.«

Die Stimme seiner Frau. Wie sie ihn überwacht, seine Claire! Geräuschlos ist sie hereingekommen, auf ihren Satinpantoffeln. Ihr Morgenmantel ist offen, man sieht das Dekolleté ihres Nachthemds. Er kennt sie so gut. Ihr Geruch, warm wie Zimt, die Schwere ihrer Brüste. Warum muss er jetzt auf einmal an Suzette denken? Ihr Geigenspiel heute … Was für eine geheimnisvolle junge Frau sie doch ist, und dann dieses lange schwarze Haar, so weich, und seine Fingerspitze, die über ihren nackten Arm fuhr.

»Der Brief«, sagt Claire. »Ich will den Brief, gib ihn mir.«

Er behält den Brief unter dem Tisch in der Hand und macht keine Anstalten, ihn ihr auszuhändigen.

»Du hast ihr doch wohl nicht geantwortet?«

»*Mon amour*«, sagt er ernst. »Ich habe Charlotte Brontë schon seit Ewigkeiten nicht mehr geschrieben. Es schmerzt mich, dass du überhaupt fragst. Ich habe dir mein Wort gegeben. Vertraust du mir nicht?«

»Gib mir den Brief.«

Er hält ihn hoch in die Luft, und sie streckt sich danach.

»Gib ihn mir, Constantin.«

Mit einem kleinen Stöhnen lässt er den Brief los, und sie zerreißt ihn, nicht wütend, sondern mit kühler Entschlossenheit. Die Schnipsel fallen in den Papierkorb. Ganz kurz fährt ihre Hand durch das lockige Haar ihres Gatten, dann verlässt sie sein Arbeitszimmer.

Es ist Schlafenszeit, und Constantin Heger dreht die Gaslampe aus. Er klemmt sich ein dickes Buch von Rousseau unter den Arm und ist schon auf dem Weg zur Tür, doch dann besinnt er sich, legt das Buch wieder auf den Tisch und kniet sich neben den Papierkorb. Sorgfältig sammelt er die Briefschnipsel wieder heraus und steckt sie in einen Umschlag. In seinem Arbeitszimmer im Athénée Royal wird er ihn am nächsten Tag mit großer Hingabe wieder zusammenkleben. So kann er Charlottes Worte lesen und immer wieder lesen und sich über die Anbetung freuen, die ihm zuteilwird.

XXX

Manchester, Boundary Street 59 – eine bescheidene, aber anständige Pension. Im ersten Stock macht Charlotte das Fenster weit auf. Obwohl es ein trockener, ziemlich warmer Augustmittag ist, versteckt sich die Sonne hinter einem braunen Schleier, der von den Schornsteinen der Baumwollfabriken stammt. Charlotte stützt die Hände auf die Fensterbank und schaut zu der Reihe kleiner Backsteinhäuser, in denen die Arbeiter wohnen. Unten spielen Jungen mit kleinen Knöchelchen, und ein paar alte Leute sitzen auf Küchenstühlen vor ihrer Haustür. Charlotte legt ihr Schreibzeug auf den Tisch am Fenster. Im angrenzenden Zimmer, in dem schwere Vorhänge das Tageslicht und die Geräusche dämpfen, die von der Straße hereindringen, liegt ihr fast siebzigjähriger Vater und ruht sich aus. Vor ein paar Tagen ist er von dem berühmten Augenchirurgen Doktor Wilson am linken Auge operiert worden. Der Eingriff ist nach Wunsch verlaufen, und höchstwahrscheinlich wird ihr Vater – mit einer Brille – wieder sehen können. Doch bevor sie nach Haworth zurückkehren, muss er mindestens einen Monat Bettruhe halten. Er hat einen Verband am Auge. Im Moment schläft er. Charlotte würde ihn gerne selbst versorgen, aber nach Anweisung des Doktors hat ihr Vater eine Pflegerin angestellt, eine übertrieben hilfsbereite Dame, die ihr alles aus den Händen nimmt. Vor ihr liegt also ein Monat ohne dringende Verantwortung. Ein Monat, in dem sie unerwartet viel Zeit für sich selbst hat. Sie setzt sich hin und weiß auf einmal, was sie zu tun hat. Das ist die beste Zeit, um einen neuen Roman anzufangen.

Es war ganz unmöglich, an diesem Tage einen Spaziergang zu machen. Am Morgen waren wir allerdings während einer ganzen Stunde in den blätterlosen, jungen Anpflanzungen umhergewandert …

In dieser Fabrikstadt, gehüllt in braunen Dunst, an diesem kleinen Tisch am Fenster, schüttelt Charlotte ihre Bescheidenheit ab. Ihre Trauer ist der Melancholie gewichen, ihre Melancholie der Wut, und ihre Wut dem Entschluss, eine ungewöhnliche Geschichte zu erzählen. Sie spürt nicht mehr das Bedürfnis, Constantin Heger zu schreiben.

Charlotte denkt nach. Sie vergisst, sich zu langweilen, und sie vergisst, der Pflegerin und ihrem Vater Tee zu bringen. Sie ist wieder das kleine Mädchen im Internat Cowan Bridge, das von seiner großen Schwester Abschied nehmen muss. Maria sitzt auf einem Stuhl im Flur der Schule und wartet, dass ihr Vater sie abholen kommt – mit grauen Schatten unter den großen müden Augen, denn der nahende Tod ist wie eine Kohlezeichnung. Maria lacht tapfer und Charlotte küsst ihr die bleiche Wange, aber dann läuft sie auf den Pausenhof, um den anderen Mädchen beim Ballspielen zuzusehen. Maria, ich werde dich Helen nennen. Helen Burns.

Sie bewegte sich, schob den Vorhang zurück – und ich blickte in ihr bleiches, abgezehrtes, aber ruhiges Gesicht; sie schien so wenig verändert, dass meine Furcht augenblicklich schwand.

Während Charlotte nachdenkt, während die Gestalten aus ihrer Vergangenheit neue Umrisse, Farben und Namen bekommen, geht im Hafen von Antwerpen der Arbeiter Emile mit seiner jungen Ehefrau an Bord des Segelschiffs *Infatigable*, das bei Tagesanbruch Kurs auf Amerika nehmen wird.

Während Charlotte nachdenkt, nimmt Arcadie in der Bibliothek der Campagne Claret Abschied von ihrem Vater. Sie wird am nächsten Tag mit dem König zu einer Rundreise durch die Schweiz und Italien aufbrechen. »Es soll dir wohl ergehen«, sagt Charles Claret, und seine Stimme bebt vor Rührung. »Ach, Kind, ich hatte mir eine andere Zukunft für dich vorgestellt. Außerdem machst du unserer Familie Schande, auch wenn deine Mutter anders darüber denkt. Es tut mir weh, aber ich will künftig nichts mehr von dir hören.«

»Auch nicht, wenn du irgendwann Großvater wirst?«, fragt Arcadie.

»Auch dann nicht«, sagt er und wendet sich von ihr ab.

Charlotte ahnt nichts von den Abenteuern von Emile und Arcadie. Sie sieht in Gedanken die Mädchen des Pensionnats Heger durch den Garten mit den hohen Mauern schlendern. Schiefergraue Tauben fliegen auf vor dem Hintergrund der Kirchtürme. Sie geht Arm in Arm mit ihrem Lehrer durch die Rue d'Isabelle, und sein Gesicht wird von einem Fleckchen gelblichem Gaslicht beleuchtet. Monsieur, seien Sie Edward Rochester für mich.

Er hatte ein finsteres Gesicht mit ernsten Zügen und hoher Stirn; seine Augen mit den hochgewölbten, zusammengewachsenen Brauen sprühten in diesem Moment Wut und Zorn.

Und sie selbst? Jane soll sie heißen. Keine Heldin, die über Schönheit und Reichtum verfügt, sondern eine arme junge Frau mit bescheidenem Charme. Keine Arcadie, die mit kalbsledernen Stiefelchen an den Füßen am Strand tanzt. Jane

Eyre soll sie heißen, und ihre Stiefel sollen ausgetreten und glanzlos sein. Aber sie wird triumphieren.

Charlotte taucht die Feder in die Tinte.

DANKSAGUNG

Alleine hätte ich diese mühsame Arbeit nie bewältigen können. Mein Dank gilt daher all denen, die mir geholfen haben.

Lex Jansen, *mein Herausgeber, für die Chancen, die er mir gibt;*

Michel van de Waart, *mein Lektor, für seinen wertvollen Rat;*

Laetitia Powell, *Lizenzbeauftragte, für ihren Enthusiasmus;*

Clara Vanuytven, Els Put, Isabelle Rossaert, Liesbeth Van den Berghe, Ria Goris *und* Willem De Bock, *meine Freunde und Kollegen von Bloknot, für ihre strenge, aber wirklich nützliche Kritik;*

Serge Ruyten, *Filmregisseur und mein Sohn;*

Helen MacEwan, *Vorsitzende des Brüsseler Brontë-Vereins (Helen, unser nächstes Projekt ist ein Bronzedenkmal von Charlotte und Emily Brontë an der Stelle, wo einst das Pensionnat Heger stand);*

Freddy Thielemans, *Bürgermeister von Brüssel, für seine Unterstützung und seine Gastfreundschaft;*

Roel Jacobs, *Historiker, weil er mir seine beeindruckende Bibliothek zum Thema Brüssel zur Verfügung stellte;*

Professor Gustaaf Janssens, *Archivar des Königspalasts;*

Andrew McCarthy, *Direktor des Brontë Parsonage Museum bis Ende 2012, für seinen herzlichen Empfang;*

Sally McDonald, *Vorsitzende der Brontë Society;*

Johnnie Briggs, *Fremdenführer, für den unvergesslichen Spaziergang durch Haworth und die umliegenden Hügel;*

Eric Mathot, *Musiker, weil er für mich Musik ausgrub, die von jungen Mädchen in Brüsseler Pensionaten aufgeführt wurde (1840–1850);*

Brian Doyle *für die Übersetzung der englischen Leseprobe;*

Meinen Freunden Greet Noblesse, Jan *und* Maggy Noblesse, John Sandeman *und* Erica Di-Maccio *für ihre übersetzerische Arbeit;*

Den Autoren Sue Lonoff, Juliet Barker, Peter Jacobs, Eric Ruyssenaars, Paul Héger, Robert *und* Louise Barnard, Gita Deneckere, Margaret Smith *und den bereits verstorbenen* Henriëtte Claessens, Elizabeth Gaskell *und* Frederika MacDonald *für ihre Bücher, die ich fast täglich konsultiert habe;*

Selina Busch *für ihre Skizzen und den Grundriss des Pensionnats Heger;*

Henk Korff *von der Holy Trinity Anglican Church in Utrecht;*

Brian Bracken, *für den Artikel über Arcadie Claret, den er in einer alten Zeitschrift der Gemeinde Elsene fand (es ist ziemlich wenig über sie bekannt);*

Dem Dienst Cultuur van de Stad Oostende *und dem* Stadtmuseum Oostende*;*

Alessandra Ruyten, *meiner Tochter, angehende Autorin;*

Paul Noblesse, *meinem Mann, für seine Liebe und Unterstützung;*

Charlotte *und* Emily Brontë, *weil sie nach Brüssel gekommen sind und mir so ihre wunderbare Erzählung in den Schoß gelegt haben.*

NACHWORT

Für die Aufsätze, die Charlotte und Emily Brontë in Brüssel schrieben, habe ich mich an *The Belgian Essays* von Sue Lonoff orientiert. Ich habe sie frei aus dem Französischen übersetzt.

Charlottes Briefe an Constantin Heger und der Brief von Constantin Heger an Charlotte sind Fiktion. Sie ähneln den echten Briefen jedoch in Ton und Inhalt.

Die Fragmente aus *Jane Eyre* sind der deutschen Übersetzung von Marie von Borch entnommen.